संसद् में आमजन की बात

संसद् में आमजन की बात

हुक्मदेव नारायण यादव

प्रभात प्रकाशन, दिल्ली
ISO 9001:2015 प्रकाशक

प्रकाशक • **प्रभात प्रकाशन**
4/19 आसफ अली रोड,
नई दिल्ली–110002

संस्करण • प्रथम, 2019
मूल्य • चार सौ रुपए
मुद्रक • आर–टेक ऑफसेट प्रिंटर्स, दिल्ली

SANSAD MEIN AAMJAN KI BAAT
by Shri Hukmdev Narayan Yadav ₹ 400.00
Published by Prabhat Prakashan, 4/19 Asaf Ali Road, New Delhi-2
e-mail: prabhatbooks@gmail.com ISBN 978-93-5322-595-7

अमित शाह
अध्यक्ष
Amit Shah
President

भारतीय जनता पार्टी
Bharatiya Janata Party

28 मई, 2019

श्री हुक्मदेव नारायण यादवजी,

यह जानकर प्रसन्नता हुई कि आपके द्वारा अपने संसदीय भाषणों एवं लेखों का संग्रह **'संसद् में आम जन की बात'** के रूप में प्रकाशित किया जा रहा है।

सांसद जनता की भावनाओं एवं आकांक्षाओं का सच्चा प्रतिनिधि एवं देश की संसदीय परंपरा का कर्णधार है। आपने जिस कुशलता एवं कर्मठता से संवेदनशील जनप्रतिनिधि की भूमिका अभिनीत की है, वह प्रशंसनीय एवं अनुकरणीय है। आपने जिस प्रकार से संसद् के अंदर गाँव, गरीब एवं किसानों के मुद्दे उठाए, वे उल्लेखनीय एवं महत्त्वपूर्ण हैं। आपके संसदीय उद्बोधन एवं लेख संसदीय परंपरा के अमूल्य स्तंभ हैं।

मैं **'संसद् में आम जन की बात'** पुस्तक के सफल प्रकाशन हेतु हार्दिक शुभकामनाएँ प्रेषित करता हूँ एवं आपके यशस्वी कार्यों हेतु साधुवाद व्यक्त करता हूँ।

धन्यवाद।

भवदीय

(अमित शाह)

प्रति,
श्री हुक्मदेव नारायण यादव
पूर्व सांसद, लोक सभा
10, पंडित पंत मार्ग,
नई दिल्ली–110001

6–ए, दीनदयाल उपाध्याय मार्ग, नई दिल्ली–110002 । दूरभाष : +91 11 23500000
फैक्स : +91 11 23500190 । इ–मेल amitshah.bjp@gmail/com
6–A, Deendayal Upadhyay Marg, New Delhi–110002 । Phone: +91 11 23500000
Fax: +91 11 23500190 । E-mail amitshah.bjp@gmail/com

हुक्मदेव नारायण यादव
संसद् सदस्य
सभापति
कृषि संबंधी स्थायी समिति
(लोक सभा)

सत्यमेव जयते

कार्यालय : 138, संसद् भवन
नई दिल्ली-110 001
फोन : 011-23017502
23034793
फैक्स : 011-23017502

23.05.2019

अपनी बात

सोलहवीं लोकसभा में दिए गए भाषणों को पुस्तक रूप में छपवाया गया है, जो माननीय पाठकों के हाथ में है। इससे पहले 15वीं लोकसभा के भाषणों को छपवाया गया था, जो **संसद् में गाँव गरीब की किसान की बात** के रूप में प्रकाशित हुआ था। इस बार **संसद् में आमजन की बात** के नाम से प्रकाशित है।

सोलहवीं लोकसभा में दिए गए भाषणों को यूट्यूब पर करोड़ों लोगों ने सुना है। लंबे अरसे के बाद भी लोग उसे सुनते रहते हैं। श्रोताओं को उसमें अपने मन की बात सुनाई पड़ती है। गाँव-गरीब-किसान-मजदूर-निर्धन और निर्बल लोगों की बात संसद् में सुनाने का मैंने काम किया। गांधी-लोहिया और दीनदयाल के सिद्धांत तथा आदर्श को मैंने अपने जीवन में अंगीकार किया और उस पर निरंतर चलने का प्रयास किया।

मेरे निकट के कई मित्रों की सलाह रही है कि भाषणों और लेखों तथा प्रेस वक्तव्यों को पुस्तक के रूप में छपवाया जाए। मेरी धर्मपत्नी श्रीमती सुदेश यादव निरंतर प्रेरित करती रहती हैं। गाँव से चला था। हल-कुदाल चलाते हुए खेत की मेंड़ पर खड़ा होकर महराई, बारहमासा और बिरहा गाते हुए आगे बढ़ता गया। गाँव में मृदंग और झाल पर चौपहरा गाते हुए समाजवाद का और लोहिया के समता समाज का संदेश लोगों को सुनाता रहा। सामाजिक-आर्थिक क्रांति के साथ-साथ राजनीतिक चेतना का संदेश सुनाता रहा। मेरे पिताजी स्व. राजगीर यादव और आठ चाचा एवं चार चचेरे भाई सन् 1942 की क्रांति में चार साल की सजा पाए थे। गाँव के स्कूल में बोरे के टाट पर बैठकर पढ़ाई करता था। निर्धनता की पीड़ा और गाँव की

दुर्दशा को बचपन में भोगा था। मन में आग थी।

आठवीं क्लास में शहर में पढ़ने गया। लहेरिया सराय दरभंगा के बेंता शाहगंज में स्व. लुचाई यादव की झोंपड़ी में रहकर पढ़ा और हाईस्कूल पास किया। उनकी पत्नी स्व. सितबिया देवी मेरे पिताजी की चचेरी बहन थीं। उनकी खेती-गृहस्थी में हाथ बँटाते हुए संघ की शाखा में दोनों समय जाता था। मैं समाजवादी स्वयंसेवक रहा। समाजवाद और राष्ट्रवाद को सांस्कृतिक दिशा देने का प्रयास डॉ. राममनोहर लोहिया और पं. दीनदयाल उपाध्याय ने किया था। दुर्भाग्यवश दोनों की हत्या कर दी गई।

सांस्कृतिक राष्ट्रवाद तथा एकात्म मानव दर्शन के साथ-साथ समाजवाद का समन्वय मेरे जीवन का आदर्श रहा। आध्यात्मिकता के बिना दृष्टि और दिशा नहीं बन सकती है। समय आ गया है एकात्म मानववाद के आध्यात्मिक दर्शन और समाजवाद के सांस्कृतिक एवं राष्ट्रवादी चिंतन का समन्वय किया जाए। श्री नरेंद्र मोदी सत्ता, शासन और राष्ट्र को सम्यक् भाव से एकरूप कराने में लगे हुए हैं। निर्धन, निर्बल, उपेक्षित, उपहासित, पीड़ित, प्रताड़ित और वंचित समाज को समता, समाज के आधार पर संपन्न, समृद्ध और सबल बनाने के लिए समय सीमाबद्ध कार्यक्रम को सही दिशा दे रहे हैं।

करोड़ों का सपना साकार होते दिख रहा है। ऐसी स्थिति में इस पुस्तक का महत्त्वपूर्ण योगदान रहेगा। भाषा की अशुद्धि के लिए क्षमा करेंगे। यह आम जन की बात है। इसमें भावना का महत्त्वपूर्ण स्थान है। भाषा आम जन की है। सहयोग देने वाले सभी लोगों के प्रति आभार प्रकट करता हूँ।

—हुक्मदेव नारायण यादव

उत्कृष्ट सांसद और पद्म भूषण से सम्मानित

निवास : 10, पंडित पंत मार्ग, नई दिल्ली-110 001 • **फोन :** 23711317 • **मोबाइल :** 9013180264

अनुक्रम

मेरे चुनाव लड़ने का कारण क्या है? घोषणा और वक्तव्य

जनता दल सत्ताधारी दल है। इस दल का राष्ट्रीय अध्यक्ष निर्भय, निष्पक्ष और निर्गुट होना चाहिए। चुनाव के मैदान में जितने उम्मीदवार हैं, वे सभी गुट और घटक के सहारे खड़े हैं, परंतु मेरा न कोई गुट है और न कोई घटक। सभी गुट और घटक के उदारवादी, साहसी, सिद्धांत प्रेमी और दल के प्रति समर्पित लोग मेरा समर्थन कर रहे हैं। दल में शीर्ष पर गुटबाजी और घटकबाजी व्याप्त है, वह इस चुनाव में पूर्णतः उजागर हो रही है। इसके विरुद्ध में आवाज उठाता रहा हूँ और अकेले ही संघर्षरत रहा हूँ। गुटबाजी और घटकबाजी के कारण प्रतिभा, योग्यता, दक्षता, अनुभव और चरित्र की उपेक्षा की जाती रही है। अपराधियों, तस्करों, सांप्रदायिक तत्त्वों, शोषकों और सामंतों का वर्चस्व बढ़ते जाने से दल के संगठन का रूप बिगड़ रहा है। उदारवादी, चरित्रवान, निष्ठावान, संघर्षशील, सिद्धांतवादी तथा गांधी, लोहिया, आंबेडकर, पटेल, जयप्रकाश और आचार्य नरेंद्रदेव के आदर्शों पर चलने वालों को प्रोत्साहन मिले तो दल व्यवस्था परिवर्तन का औजार बन सकती है। जैसी समाज व्यवस्था की रचना करनी हो, वैसा ही दल का संगठन बनाना पड़ता है। मैं अध्यक्ष बनने पर दल को इसी रूप में लाने का प्रयास करूँगा।

व्यवस्था परिवर्तन वाणी से नहीं बल्कि आचार-विचार तथा व्यवहार से होता है। व्यक्ति के अंदर का रूप उसके कर्म से प्रकट होता है। जब से जनता दल के बनने की प्रक्रिया शुरू हुई, तभी से केंद्र में एक भी मुख्य पद पिछड़े, हरिजन, आदिवासी, अल्पसंख्यक और महिलाओं को नहीं दिया गया। पार्टी के अध्यक्ष, संसदीय बोर्ड के अध्यक्ष, उपाध्यक्ष, प्रधान महासचिव और संसद् में दल के नेता इन पाँचों स्थानों में से एक भी स्थान इन वर्गों को नहीं दिया गया। उस समय भी पत्र

लिखकर मैंने माँग की थी कि कम-से-कम तीन स्थान उन वर्गों को दिए जाएँ। नेता का पद तो नहीं मिला, हाँ, उसके सहायक के रूप में जरूर स्थान दिया गया। मेरा संघर्ष नेतृत्व के पद के लिए है, न कि सहायक के पद के लिए। आत्मसम्मान और आत्मविश्वास की भावना नेतृत्व करने से पैदा होती है, न कि सहायक बनने से।

प्रधानमंत्री के पद पर जब श्री विश्वनाथ प्रताप सिंहजी हैं, तब सहज और स्वाभाविक भाव से अध्यक्ष का पद उन्हीं वर्गों को मिलना चाहिए। परंतु सभी गुट और घटक के प्रधानों में से किसी ने भी इस वर्ग में से किसी को समर्थन नहीं दिया है। केवल प्रधानमंत्री ने किसी के भी पक्ष में अपनी इच्छा व्यक्त नहीं की है। हालाँकि उनके नाम का भी उपयोग तो हो ही रहा है। अब मेरा संघर्ष है कि जब शीर्ष के नेताओं की नजर में संपूर्ण देश में कोई पिछड़ा, हरिजन, आदिवासी, अल्पसंख्यक और महिला इस योग्य नहीं है, तब तक यह उस वर्ग के लिए एक चुनौती है। जैसे कर्ण ने कुरु राजकुमारों को प्रतियोगिता सभा में चुनौती दी थी, उसी तरह पुनः हस्तिनापुर में राजपुरुषों की सभा में चुनौती देने के लिए मैं उम्मीदवार बना हूँ। योग्यता, क्षमता, दक्षता, कर्मठता, तेजस्विता, ज्ञान, बुद्धि, विवेक, अनुभव और निष्ठा में यदि मैं किसी से भी कम हूँ तो मुझे यह पद नहीं दिया जाना चाहिए, इसकी भी प्रतियोगिता हो जानी चाहिए, मैं इसके लिए तैयार हूँ।

तीन बार ग्राम प्रधान, प्रखंड प्रमुख, तीन बार विधानसभा सदस्य, दो बार लोकसभा और एक बार राज्यसभा का सदस्य रहकर देख चुका हूँ। आचार्य नरेंद्र देव, लोहिया, जयप्रकाश, चरणसिंह, राजनारायण, कर्पूरी ठाकुर के अलावा चंद्रशेखर, देवीलाल, अजीतसिंह, राम कृष्ण हेगड़े और जॉर्ज फर्नांडीज के अत्यंत निकट भी रहा हूँ और कभी-कभी उनसे दूर भी चला गया। जनमोर्चा के रामधन और प्रधानमंत्री को समर्थन भी अपना पद त्यागकर किया था। जिन लोगों के लिए जोखिम उठाया, वे भी मुझे अपना नहीं समझते, क्यों? मैं आत्म-निर्देशित व्यक्ति हूँ, मुद्दों और कार्यक्रमों के आधार पर किसी का समर्थन और विरोध करता रहा हूँ। जहाँ सत्य, न्याय, नैतिकता और धर्म का अंश दिखाई पड़ता है, वहाँ मैं उसका समर्थन निस्स्वार्थ भाव से करता आया हूँ और आज भी कर रहा हूँ, जो आगे भी जारी रहेगा। विवेक और ज्ञान से काम लेता हूँ, परंतु आज सलाहकार, सहयोगी, समर्थक और प्रतिभाशाली की आवश्यकता नहीं है, बल्कि अचेतन और जड़ पदार्थ की तरह आदेश पालकों की आवश्यकता है। मेरा संघर्ष उस प्रवृत्ति के खिलाफ है और मैं इसलिए उम्मीदवार बना हूँ।

संगठन और सरकार दोनों में संबंध बराबरी का रहना चाहिए, कभी-कभी तो

संगठन को ऊपर दिखाई देना चाहिए। संगठन और सरकार में हमेशा संघर्ष चला है। भारतीय राजनीति में यहाँ भी कलह का कारण मध्यमार्गी दलों में रहा है। सरकार में जो व्यक्ति जाता है, जिससे दल के कार्यकर्ताओं को अनुपयोगी बना दिया जाता है। दल की नीतियों का और उस पर सरकार द्वारा अमल के कारण हुई उपलब्धियों का प्रचार भी संगठन द्वारा ही होना चाहिए। मैं दल को प्राणवान और गतिशील बनाकर गाँव की गलियों तक ले जाने का प्रयास करूँगा। केवल पंच-सितारा होटलों में लंच और डिनर पार्टी में ही दल नहीं रहेगा, बल्कि खेत की मेंड़ पर बैठकर रोटी और प्याज खाने वाले किसान और मजदूर भी दल की चर्चा करेंगे। यह संघर्ष इसलिए हो रहा है।

शिखर और सतह का संघर्ष हो रहा है, सरकारवादी, सत्तावादी, गुटवादी और घटकवादी एक ओर होंगे तो उदारवादी, समन्वयवादी, समतावादी, परिवर्तनवादी, सिद्धांतवादी और दबे-कुचले को विशेष अवसर देकर खुद खाद बनकर उन्हें ऊपर उठाने वाले दूसरी पंक्ति में खड़े होंगे। निर्वाचक मंडल के जितने सदस्य हैं, उन्हें गुट और घटक के आधार पर ही उम्मीदवार बनाया गया था। मैं ही अकेला व्यक्ति हूँ, जिसके कहने पर एक भी साथी को उम्मीदवार नहीं बनाया गया था, बल्कि जिनके उचित हक भी बनते थे, उन्हें भी बेरहमी से काट दिया गया था। दल के अंदर के शोषण, जुल्म, अन्याय और अत्याचार के कारण वर्षों से संघर्ष करने वालों की आत्मा कराह रही है, उन्हें गुलाम से बदतर समझा जा रहा है, आत्मसम्मान, स्वाभिमान, स्वतंत्रता और स्वधर्म की प्रेरणा आने वाली पीढ़ी को मिल सके, इसलिए मैं उम्मीदवार बना हूँ। मुझे विश्वास है कि गांधी, लोहिया, जयप्रकाश और चरण सिंह की राह के राही अपनी आत्मा को बंधक नहीं बनने देंगे। आत्मा की आवाज पर स्वतंत्र ज्ञान और विवेक से अपना मत देंगे। उनके सर्वाधिक मतों को प्राप्त कर मैं अध्यक्ष बनता हूँ तो दल की एकता और दल में सभी को समान अधिकार तथा सम्मान मिले, इसके लिए पूर्ण प्रयत्न करूँगा। मेरी जीत से दल मजबूत होगा और घटकबाजी तथा गुटबाजी का अंत हो जाएगा। सत्ताधारी दल के प्रधान के पद पर एक बार पिछड़े वर्ग के मेरे जैसे साधारण व्यक्ति को अवसर देना ही विशेष अवसर कहा जाएगा।

अंत में निर्वाचक मंडल के सदस्यों और नेताओं से मेरी विनम्र प्रार्थना है कि यदि मैं आप सभी के लिए ग्राह्य नहीं हो सकता हूँ तो पिछड़े, हरिजन, आदिवासी, अल्पसंख्यक और महिला में से किसी व्यक्ति को इस पद पर सर्वसम्मति से

बैठाया जा सके, इसका प्रयास होना चाहिए था, परंतु वह नहीं किया गया। अब जबकि गुप्त और स्वतंत्र मत के आधार पर प्रथम बार और यह दल का प्रथम चुनाव हो रहा है, तब तो ज्यादा चौकसी की आवश्यकता है। शाश्वत चौकसी की स्वतंत्रता की बुनियाद है। सभी राष्ट्रीय नेताओं के विरोध के बावजूद सुभाष चंद्र बोस कांग्रेस अध्यक्ष का चुनाव जीत गए थे। शायद इतिहास की उस घटना की पुनरावृत्ति होने वाली है। परोक्ष और प्रत्यक्ष रूप से कई नेताओं और प्रमुख साथियों ने आश्वासन ही नहीं दिया बल्कि मुझे चुनाव लड़ने के लिए प्रेरित भी किया। अब उनका नैतिक दायित्व हो जाता है कि मेरा समर्थन सार्वजनिक रूप से करें। उन साहसी प्रस्तावकों को भी मैं हृदय से धन्यवाद देता हूँ और आभार प्रकट करता हूँ कि उन्होंने घटकबाजी और गुटबाजी की सीमा को तोड़कर मेरी उम्मीदवारी का समर्थन किया तथा मेरे जैसे एक साधारण व्यक्ति को चक्रव्यूह में घुसने का अवसर दिया है। उनसे मेरी प्रार्थना है कि चक्रव्यूह में मुझे अभिमन्यु के जैसे अकेले नहीं छोड़ें, बल्कि इस न्याय समय में पूरा सहयोग भी करें। मेरी जीत उन्हीं ताकतों की जीत मानी जाएगी।

—हुक्मदेव नारायण यादव

□

एक लाख 25 हजार से ज्यादा फर्जी कंपनियों के विरुद्ध जाँच की जा रही है

नई दिल्ली। संसद् में कृषि संबंधी स्थायी समिति के सभापति एवं संसद् सदस्य हुक्मदेव नारायण यादव ने बयान जारी कर कहा है कि समाचार-पत्रों में प्रकाशित समाचार के अनुसार एक लाख 25 हजार से ज्यादा फर्जी कंपनियों के विरुद्ध जाँच की जा रही है। ये कंपनियाँ लोगों के भ्रष्टाचार द्वारा अर्जित काले धन को सफेद बनाने में लगी रही हैं। इस तरह देश के 5-10 लाख लोग इस काले धंधे में संलिप्त रहे हैं। हजारों अरब रुपए की लूट में संलग्न लोगों में व्यवसायी, उद्योगपति, सेवानिवृत्त अधिकारी और राजनेता शामिल हैं। दो-तीन हजार सी.ए. कंपनीवाले जाँच के घेरे में हैं, जो भ्रष्टाचार द्वारा अर्जित काले धन को सफेद बनाने में लगे थे। एक-दो हजार बैंक के अधिकारियों के विरुद्ध जाँच हो रही है, जो नोटबंदी के समय पुराने नोटों को अवैध तरीके से नए नोट में बदलने में लगे हुए थे। यदि मोटा-मोटे तौर पर हिसाब लगाया जाए तो कोई दस लाख के आस-पास भ्रष्टाचारी लोगों के विरुद्ध सख्ती से जाँच-पड़ताल चल रही है। वही लोग चिल्ला रहे हैं और राजनीतिक ध्रुवीकरण बनाने में लगे हुए हैं। श्री यादव ने युवा वर्ग से अपील की है कि वे संगठित होकर तथा आक्रामक होकर एकजुटता के साथ निर्मम और निर्मोही होकर क्रांति करें। जाति और दल की भावना से मुक्त हो जाएँ। 10-12 लाख लोगों की लूट के कारण देश भिखमँगा बना है। सरकारी पैसे से उनके भवनों को सजाया गया है। सरकारी धन से जाति के नेताओं के नाम पर स्मारक और भवन बनाए गए हैं। यदि कहा जाए तो जाति के नाम पर अंध समर्थन देनेवाले लोगों ने देश को बरबाद किया है। नरेंद्र मोदी भोग, भय, भ्रष्टाचार और भ्रांति के विरुद्ध लड़ रहे हैं। धर्म के नाम पर अथाह संपत्ति अर्जित करनेवाले भी नरेंद्र मोदी के विरुद्ध

जहर फैला रहे हैं। पाँच सितारा होटलों में करोड़ों रुपए खर्च कर इफतार पार्टी दी जा रही है। युवा वर्ग दोस्त और दुश्मन की पहचान करें। अपनी-अपनी जाति के भ्रष्ट नेताओं के विरुद्ध विद्रोही बनकर क्रांति करें। भ्रष्टाचार में लिप्त और भ्रष्टाचार के द्वारा राष्ट्र धन लूटनेवाले को गिरफ्तार किया जाना चाहिए और राष्ट्र विरोधी धारा में जेल में बंद किया जाना चाहिए।

(कौमी पत्रिका, 28 जुलाई, 2018)

□

'रोटी, कपड़ा और मकान, माँग रहा है हिंदुस्तान'

संसद् में कृषि संबंधी स्थायी समिति के सभापति एवं संसद् सदस्य हुक्मदेव नारायण यादव ने बयान जारी कर कहा है कि 'रोटी, कपड़ा और मकान माँग रहा है हिंदुस्तान' का नारा कई वर्षों तक समाजवादी लगाते रहे। श्री नरेंद्र मोदी हिंदुस्तान के गरीब किसान, मजदूर, निर्धन और निर्बल को ये तीनों चीजें मिल सकें, इसके लिए संघर्षरत हैं। उस दिशा में काम भी हो रहा है। ग्रामीण क्षेत्र की जनता की प्राथमिकता सड़क, बिजली, पानी, शिक्षा और स्वास्थ्य है। सभी सुविधाएँ सभी को उपलब्ध हो सकें, इसके लिए युद्धस्तर पर काम हो रहा है। आजाद भारत में दो समूह बनाए गए। 10–20 प्रतिशत ऊपर के लोगों के पास 60 प्रतिशत से ज्यादा संपत्ति है, जबकि 80–90 प्रतिशत लोगों के पास 30–40 प्रतिशत संपत्ति है। एक वर्ग बना, जो लुटेरा है और दूसरा कमेरों का है। पसीना बहानेवाले और परिश्रम करनेवाले पिछड़ा और दलित वर्ग के लोग निर्धन बनते गए। दूसरी ओर सुख–सुविधा और संपत्तिवाले लोगों के पास दौलत का ढेर लगता गया। इन सारी विषमताओं का कारण राज चलानेवाले लोग हैं। कुछ लोग केवल धर्म का नारा लगाते हैं। उनके लिए रोटी, कपड़ा, मकान, सड़क, शिक्षा, स्वास्थ्य और विकास का कोई मतलब नहीं है। दूसरी ओर जाति के नाम पर सत्ता पानेवाले लोग अपनी–अपनी जाति को अंध जातिवाद के नाम पर संगठित कर परिवारवादी राजनीति करते रहे हैं। सभी जाति और समुदाय के युवा वर्ग को सोचना चाहिए कि राजनीति और अर्थनीति जाति, संप्रदाय और भ्रष्टाचार के दुष्प्रभाव में फँस चुकी है। श्री नरेंद्र मोदी उस दुष्प्रभाव से देश को निकालने के लिए संघर्ष कर रहे हैं। जाति के नेता अपनी जातियों को गुलाम समझकर दूसरी जाति के नेता से गठबंधन कर परिवार के सभी

लोगों को विधानसभा, लोकसभा की सदस्यता तथा मंत्रीपद बाँट रहे हैं। जाति के युवा वर्ग को सोचना चाहिए कि ऊँची जाति के, खासकर ब्राह्मण समाज के युवा वर्ग को आगे आने की आवश्यकता है, जो जाति तोड़ो आंदोलन का नेतृत्व करे। पिछड़े और दलित समाज के युवा आर्थिक विषमता के विरुद्ध आंदोलन करें। जाति के कुछ लोगों के परिवार को स्वर्ग का सुख मिल रहा है, जबकि बाकी लोग नरक का जीवन जी रहे हैं। इसके लिए वे स्वयं जिम्मेदार हैं। देश के मठों, मंदिरों और वक्फ बोर्ड के पास यथाह संपत्ति है, जो उनकी कोठरियों में बंद पड़ी है। दूसरी ओर विकास के लिए विदेशों से लाखों करोड़ कर्ज लेना पड़ता है। क्या यही धर्म है ? अब समय आया है कि सभी पैसों को विकास के लिए लगा दिया जाए। गाँव, गरीब, किसान, मजदूर, निर्धन और निर्बल के जीवन में खुशहाली आए और उनके चेहरों पर लाली आए। यही सबसे बड़ा धर्म है। युवा वर्ग श्री नरेंद्र मोदीजी के इस धर्म युद्ध में सहयोगी बनें। निर्मम और निर्मोही बनकर अपने और पराए का भेद भुलाकर महाभारत के जैसे धर्मयुद्ध के लिए तैयार हो जाएँ।

(कौमी पत्रिका, 27 जुलाई, 2018)

□

राहुल गांधी के नाम खुला पत्र

आप युवा हैं और आपकी लंबी यात्रा है। दृष्टि, दिशा और संकल्प के अभाव में नेता समग्रता में चिंतन नहीं कर पाता है। महिला आरक्षण को लेकर आपने माननीय प्रधानमंत्रीजी को पत्र लिखा है। पिछले सत्र में आपकी आदरणीया माताजी ने भी पत्र लिखा था। 'बिना गुरु होहिं नहीं ज्ञान।' हमारी पीढ़ी के लोगों को गांधी, लोहिया, दीनदयाल, अंबेडकर और अन्य नेताओं का पथ प्रदर्शन मिला। आपसे आग्रह है कि आप एक गुरु की शरण में जाकर ज्ञान अर्जन करें, तब अंतर्दृष्टि खुलेगी। गांधी, लोहिया और दीनदयाल ने अभाव में रहकर गरीबी का अनुभव किया। ढोंग नहीं किया, बल्कि पूरे जीवन साधना की थी।

15वीं लोकसभा में महिला आरक्षण विधेयक आया था। सभी दलों के दलित और पिछड़ा वर्ग के सांसदों ने इसका विरोध किया था। आपकी माताजी की जिद के बावजूद विधेयक पास नहीं हुआ। लोकसभा में सदन के नेता की हैसियत से प्रणव बाबू ने घोषणा की थी, जब तक इस विधेयक पर आम सहमति नहीं बन जाती, तब तक सदन में यह बिल नहीं लाया जाएगा। आम सहमति क्यों नहीं बनी? आम सहमति बनवाकर 15वीं लोकसभा में आपने क्यों नहीं पास करवाया?

असल में आपकी पार्टी प्रारंभिक काल से ही पिछड़े वर्ग की विरोधी रही है। राष्ट्रीय स्तर पर एक भी पिछड़े वर्ग का नेता आपकी पार्टी में नहीं बन पाया। आपकी पार्टी ने अवसर नहीं दिया। दलितों को मायाजाल दिखाया और कठपुतली नेता बनाकर रखा गया। बिहार में पंचायती राज में 50 प्रतिशत महिलाओं को आरक्षण है, परंतु उसमें आरक्षण के अनुपात में पिछड़ा और दलित वर्ग की महिलाओं के लिए अलग से आरक्षण की व्यवस्था है। उसके कारण सामाजिक परिवर्तन आया है। लोकसभा और विधानसभा में तैंतीस प्रतिशत नहीं,

पचास प्रतिशत आरक्षण मिले, परंतु उसमें 50 प्रतिशत पिछड़ा वर्ग, दलित और आदिवासी महिला को आरक्षण मिले। यही तो संघर्ष रहा है। कांग्रेस पार्टी उच्च वर्ग और उच्च वर्ण की पार्टी रही है। कांग्रेस का वर्ग चरित्र सामंतवादी और परिवारवादी रहा है। कांग्रेस पिछड़ा विरोधी रही है। संविधान लागू होते ही दलित-आदिवासी जैसे पिछड़े वर्ग को आरक्षण क्यों नहीं दिया गया, काका कालेलकर कमीशन क्यों बनाया गया, फिर उस कमीशन की सिफारिश पर काररवाई क्यों नहीं की गई? 1977 में जनता पार्टी की सरकार में गृह मंत्री चौधरी चरण सिंह ने वी.पी. मंडल के नेतृत्व में पिछड़ा वर्ग आयोग बनाया। 1980 में सिफारिश आ गई। कांग्रेस ने लागू क्यों नहीं किया?

जब 1990 में वी.पी. सिंहजी ने मंडल कमीशन की सिफारिश को लागू किया, तब कांग्रेस पार्टी ने विरोध किया था। श्री नरेंद्र मोदीजी की सरकार ने पिछड़ा वर्ग राष्ट्रीय आयोग को संवैधानिक दर्जा देने के लिए संविधान संशोधन विधेयक को लोकसभा से पारित करवाया, तब राज्यसभा में कांग्रेस ने विरोध कर पास नहीं होने दिया। आज तक विधेयक रुका हुआ है। आप उस विधेयक को पास करवाने के लिए पहल क्यों नहीं करते हैं? आपकी पार्टी पिछड़ा विरोधी रही है। जब कांग्रेस का एकच्छत्र राज था, तब भी पिछड़ा वर्ग के किसी नेता को मुख्यमंत्री नहीं बनाया गया। पिछड़े और दलित नेताओं को आपकी पार्टी ने गुलाम समझा। संसद् का मतलब लोकसभा और राज्यसभा दोनों होता है। विधान मंडल में विधानसभा और विधान परिषद् दोनों होते हैं। फिर राज्यसभा में और विधान परिषद् में दलित एवं आदिवासी के लिए आरक्षण क्यों नहीं किया गया? इसके लिए भी आपकी पार्टी जिम्मेदार है। यदि 1950 में ही यह सब कर दिया गया होता, तो भारत का रूपांतरण हो गया होता।

आप बताएँगे कि पद्म पुरस्कार में आपकी पार्टी के शासनकाल में कितने पिछड़े वर्ग के नेता और दलित समाज के लोगों को पुरस्कार दिया गया? भारत रत्न दिया गया? क्या इन समुदायों में इसके योग्य कोई व्यक्ति नहीं था?

महिला आरक्षण के नाम पर आप धोखे की राजनीति करना चाहते हैं। छल और कपट वाली नीयत से राष्ट्र के समग्र विकास और रूपांतरण की बात नहीं की जा सकती है। मुसलिम समाज के पिछड़े भी पिछड़े वर्ग की सूची में शामिल हैं। उन्हें भी पिछड़ा वर्ग आरक्षण का लाभ मिल रहा है। आप किस मुसलमान की बात कर रहे हैं? इसलिए मेरा आग्रह है कि आप अपनी नीति और नीयत को

साफ करें। दृष्टि में व्यापकता और दूरदर्शिता लाएँ, दिशा बदलें। किसी सुयोग्य गुरु के पास जाकर ज्ञान अर्जित करें। गाँव-गरीब-किसान-मजदूर-पिछड़ा वर्ग और दलित के बीच दस साल रहकर उनकी पीड़ा को समझें। कपट का खेल बंद करें। युवा वर्ग सब समझ रहा है।

(कौमी पत्रिका, 30 जुलाई, 2018)

□

मोदी के खिलाफ भ्रम फैलाने का काम जारी

गाँव, गरीब, किसान, मजदूर, पिछड़ा, दलित और सभी निर्धन एवं निर्बल की आत्मवेदना की कहानी कौन जानने का प्रयत्न करता है? उनके नाम पर योजनाएँ बनती रही हैं। वे उस लोक लुभावन नारे और योजनाओं के भ्रमजाल में फँसते रहे हैं। जैसे मंदिरों में देवी-देवताओं के आगे अनेक प्रकार के भोजन परोसकर भोग लगाए जाते हैं, परंतु प्रसाद के नाम पर पुजारी और सभी व्यवस्थापक खाते रहते हैं, ठीक उसी तरह उन गरीबों के नाम पर योजनाओं का थाल परोसा गया, परंतु योजनाकारों ने मिल-बाँटकर खाने का काम किया। इस व्यवस्था को बदलना आसान नहीं है। केंद्र सरकार करना भी चाहे, तब भी रोकना कठिन है।

इसमें राज्य सरकारें, सरकारी संस्थाएँ, नौकरशाही तथा राजनीतिक तंत्र, सभी जुड़े हुए हैं। श्री नरेंद्र मोदीजी इसका समूल नाश करना चाहते हैं। संकल्प भी लिया है। इसके कारण देश में कुछ लोग हल्ला मचाने में लगे हुए हैं और भ्रमजाल फैला रहे हैं।

भारत में भय, भोग, भ्रष्टाचार और भ्रांति के बल पर शासन चलाया गया। नरेंद्र मोदी के विरुद्ध भ्रांति फैलाने का काम निरंतर चलता रहता है। इसको गहराई से समझना होगा। हिंदुस्तान के गरीबों को इसको समझना पड़ेगा और इस भ्रमजाल को तोड़ने के लिए मजबूती से भ्रष्टाचारी व्यवस्था के विरुद्ध एकजुटतापूर्वक खड़ा होना पड़ेगा। इसको व्यापकता में समझना पड़ेगा।

भ्रष्टाचार तीन तरीकों से चल रहा है। एक है व्यक्तिगत, दूसरा है संस्थागत और तीसरा है व्यवस्थागत। भ्रष्टाचार, जो व्यक्तिगत होता है, उसमें व्यक्ति अकेले शामिल रहता है, जिसकी पहचान करना आसान होता है। इसमें हंगामा भी कम

होता है। यह आसान भी होता है। दूसरा संस्थागत है, जिसमें निजी और सरकारी दोनों संस्थाएँ शामिल हैं। स्वयंसेवी संगठन, ट्रस्ट और सोसायटी हैं। इसी में सरकारी उपक्रम तथा सहकारी संगठन भी शामिल हैं। यह व्यापक होता है, जिसका जाल बहुत फैला हुआ होता है। इस तंत्र से काफी लोग जुड़े होते हैं, जो सभी निहित स्वार्थी होते हैं। इनसे लड़ना ज्यादा कठिन है। कारण, इस तरह की संस्था से हजारों लोग जुड़े होते हैं। इसमें अपने और पराए, दोनों से लड़ना पड़ता है। तीसरा है, व्यवस्थागत भ्रष्टाचार,जो चक्रव्यूह है और दुष्चक्र के समान है। इसमें पूरा समाज धँसा होता है। इस व्यवस्था से जुड़े लोगों में सभी शामिल होते हैं। अमीर से गरीब तक इस व्यवस्था में शामिल रहते हैं। कोई हीरों का चोर होता है तो कोई खीरों का चोर होता है। ऐसी योजना बनाई जाती है, जिसके जाल में शासक, प्रशासक, नेता और जनता, सभी समान रूप से शामिल होते हैं। इसको सामूहिक भ्रष्टाचार कह सकते हैं। इससे लड़ना महाभारत के युद्ध के समान है। इस चक्रव्यूह को तोड़ना बड़ा कठिन होता है। इस चक्रव्यूह को तोड़ने का प्रयास करनेवाले ज्यादातर लोग अभिमन्यु की तरह मारे जाते हैं। इस चक्रव्यूह में जाति प्रथा का सबसे बड़ा योगदान है। ऊपर से नीचे तक निहित स्वार्थी वर्ग का गठबंधन हो जाता है। मनरेगा, खाद्य सुरक्षा और आँगनबाड़ी जैसी योजना इसके प्रत्यक्ष प्रमाण हैं। इसकी लूट में शिखर से सतह तक सभी शामिल हैं। जो इसको रोकना चाहेगा, उसका बलिदान हो जाएगा; कारण, जाति प्रथा का इसमें सबसे बड़ा योगदान है। भ्रष्टाचारी को जाति के नाम पर संरक्षण प्राप्त हो जाता है। इसमें अमीर और गरीब समान रूप से सहयोगी बन जाते हैं। लोहिया कहा करते थे, 'जाति प्रथा के गंदे कपड़े पर भ्रष्टाचार के कीड़े जन्म लेते हैं, पलते हैं, बढ़ते हैं और समाज को चाटते रहते हैं।' भ्रष्टाचारी पकड़ा जाता है और न्यायालय से सजा दे दी जाती है, तब भी उनकी जाति के लोग नायक बनाने में लग जाते हैं। इसके अनेक प्रत्यक्ष प्रमाण हैं।

इन व्यवस्थाओं के विरुद्ध लड़नेवाले तीन तरह के लोग होते हैं। भारत में इस तरह के तीनों नारे लगानेवाले लोग मौजूद हैं। नरेंद्र मोदीजी ने कहा, "मैं न खाऊँगा और न किसी को खाने दूँगा।" यह सबसे जोखिम भरा रास्ता है। आग हथेली पर सुलगाकर सिर का हवीस चढ़ाना शूर धर्म है, जग में अनुपम बलि का पाठ पढ़ाना। प्रधानमंत्री कई बार सार्वजनिक तौर पर घोषणा कर चुके हैं कि चाहे उनकी मौत हो जाए, परंतु वे इससे हटनेवाले नहीं हैं। यह सफल होगा तब, जब राष्ट्रव्यापी सहयोग मिलेगा। आम लोग क्रांति के लिए तैयार हो जाएँगे और व्यापक जन समर्थन प्रधानमंत्री को देंगे, जो देते लग रहे हैं। भारत में सुनहरे इतिहास का निर्माण होगा।

दूसरा है, 'मैं नहीं खाऊँगा, बाकी सब खाओ।' लोग कहेंगे, तुम ना खाओ, पर हमें खाने दो। यह समय भी देखा, जब डॉ. मनमोहन सिंह की सरकार थी। मनमोहन सिंह का चेहरा दिखाकर भयंकर भ्रष्टाचार होता रहा। जिसको देश जान चुका है और उसको बदलने का निर्णय भी ले लिया था। इसमें नेता ईमानदार रहता, परंतु समर्थक उनकी छत्रच्छाया में मनमानी लूट करते रहते। प्रधानमंत्री ईमानदार, परंतु मंत्रिमंडल में कुछ भ्रष्ट लोग शामिल रहते हैं। प्रधानमंत्री भी समझते रहते हैं, परंतु रोक नहीं पाते हैं। भीष्म पितामह की तरह! अन्याय और अत्याचार का मौन समर्थन करते रहते हैं। भारत ने इस व्यवस्था को भी देखा है।

तीसरी व्यवस्था है, 'तुम भी लूटो और हमें भी लूटने दो।' मिल-बाँटकर खाओ और जाति तथा संप्रदाय के नाम पर लोगों को मूर्ख बनाते रहो। अपने भ्रष्टाचार और मनमानी का ठीकरा दूसरे के सिर पर फोड़ते रहो। भारत में यह भी चल रहा है। क्षेत्रीय पार्टियों के कई नेता इसी राह के राही हैं। केंद्र पर ठीकरा फोड़ते रहते हैं। उनका एक नारा रहता है, 'खाता न बही, वे जो कहें, सोलह आने सही, उन्हें योजनाओं के लिए पैसा नहीं चाहिए। परियोजनाओं के लिए डी.पी.आर. बनाओ, प्राक्कलन तैयार करो और उसके आधार पर केंद्र से राशि लो। उन्हें इस तंत्र से नहीं लेना है। पैसा केंद्र दे और मनमर्जी से वे खर्च करें। कोई नियंत्रण नहीं हो। इस व्यवस्था का जाल सबसे खतरनाक होता है। कारण, संस्था का टकराव संस्था से होता है, जबकि वास्तविकता यह होती है कि व्यक्तिगत आकांक्षा और महत्त्वाकांक्षा का टकराव संविधान और संवैधानिक संस्था से होता है। लोकतंत्र के लिए यह सबसे खतरनाक खेल है। अराजकता का जन्म यहीं से होता है। जातिवाद से परिवारवाद और फिर व्यक्तिवाद आता है। तब उसी के गर्भ से अधिनायकवाद बाद में जन्म लेता है। देश के बुद्धिजीवियों, विचारकों, राष्ट्रवादियों और संवैधानिक सत्ता में आस्था रखनेवालों को एकजुट होने का समय आ गया है।

आँख के सामने प्रत्यक्ष है और प्रमाण भी है। फिर भी लोग मौन हैं। युवा पीढ़ी के लोग जाति और दल की दलदल से निकलकर राष्ट्र के दीर्घकालीन हित के लिए क्रांति के पथ पर निकल पड़े हैं। अब समय आ चुका है। प्रधानमंत्री साहस और निष्ठा के साथ लड़ रहे हैं। समाज और देश एकजुट होकर व्यापक हित में साथ में खड़े रहें।

(वीर अर्जुन, 15 अप्रैल, 2018)

□

प्रधानमंत्री ग्रामीण सड़क योजना : कुछ सुझाव

श्रीयुत ग्रामीण विकास मंत्री,
भारत सरकार, नई दिल्ली,
प्रिय महोदय,

प्रधानमंत्री ग्रामीण सड़क योजना के तृतीय चरण को प्रारंभ करने का विचार चल रहा है। इसको शीघ्र प्रारंभ किया जाना चाहिए। बंगलुरु की बैठक में आपने इस संबंध में सुझाव देने को कहा था। मैं सुझाव दे रहा हूँ :

1. जिन राज्यों ने द्वितीय चरण को पूरा नहीं किया है और सड़कें अधूरी पड़ी हुई हैं, उनको समय की सीमा में पूरा करवाया जाना चाहिए।
2. प्रथम चरण में जो सड़कें बनी थीं, उसके डी.पी.आर. में कई त्रुटियाँ थीं। उसमें सुधार करवाकर नए सिरे से डी.पी.आर. बनाया जाए और उसके स्तर का उन्नयन किया जाए। उसमें जहाँ नदी, नाला और तालाबों में सुरक्षा दीवार नहीं बनी थी, उसको बनवाया जाए तथा जहाँ सड़क अवरुद्ध हो गई है, तो उसको चालू करवाया जाए।
3. प्रथम और द्वितीय चरण में, जहाँ पुल नहीं बनाया गया और सुरक्षा दीवार नहीं बन सकी, वहाँ पुल और सुरक्षा दीवार बनाई जाएँ।
4. प्रथम और द्वितीय चरण में सड़क की चौड़ाई और मजबूती में कमी रह गई थी। काफी गाँवों के आबादीवाले हिस्से में पी.सी.सी. नहीं बनाया गया, जिसके कारण सड़कें टूट चुकी हैं। आवागमन के लायक नहीं हैं। आबादी का अर्थ होना चाहिए कि गाँव के बाहर सड़क के किनारे लोग

बस गए हैं। सड़क बन जाने पर नई पीढ़ी के लोग गाँव के बाहर सड़क किनारे बसने लगे हैं। गाँवों में वाहनों की संख्या बढ़ी है। बसावटवाले क्षेत्र में, जहाँ आवश्यकता हो, वहाँ पानी के बहने के लिए नाला बनाया जाए।

5. ग्रामीण क्षेत्र में बसावट के बाहर दोनों तरफ सड़क के किनारे सार्वजनिक शौचालय बनाए जाएँ। जमीन का अधिग्रहण सरकार करे और स्वच्छ भारत मिशन के तहत शौचालय का निर्माण करवाया जाए। यदि कोई दाता शौचालय के लिए जमीन दे तो सड़क के उस भाग का नामकरण उसके नाम पर कर शिलापट्ट पर लगवा दिया जाए। इससे प्रोत्साहन मिलेगा। उन शौचालयों की सफाई की जिम्मेदारी पंचायतों को दी जाए। उनको जो राशि दी जाती है, उसमें प्रावधान किया जाना चाहिए।
6. तृतीय चरण के लिए लक्ष्य बनाया जाए। हर बसावट तक सड़क, जैसे दीनदयाल विद्युतीकरण योजना के अंतर्गत हर घर को बिजली का लक्ष्य रखा गया है। उसके लिए एक समय निर्धारित किया जाए। सभी प्रधानमंत्री ग्रामीण सड़क एक-दूसरे से जुड़ जाएँ। काफी मिसिंग लिंक हैं, जिनको पूरा किया जाए। सभी गाँव जुड़ जाएँ। गाँव जुड़ेंगे, स्वर्ग बनेंगे, यह लक्ष्य होना चाहिए। कृषि क्रांति को सफल बनाने में कृषि यंत्र और मशीन का महत्त्वपूर्ण योगदान है। उसके लिए सड़कें पक्की चाहिए। बाढ़-प्रभावित क्षेत्रों में पर्याप्त पुल और पुलिया का प्रबंध होना चाहिए।
7. ग्रामीण क्षेत्र की परंपरागत सिंचाई स्रोतों वाली नहरों, नालों एवं बरसाती नदियों पर पुलों में पानी रोकने की व्यवस्था होनी चाहिए। पुलों के साथ सुलीस गेट जैसा, आवश्यकता के अनुरूप डूबनेवाला पक्का बाँध बनाया जाए, जो तीन फीट से पाँच फीट तक पानी को रोक सके। ग्रामीण सड़क सह प्रधानमंत्री सिंचाई योजना का समन्वय किया जाना चाहिए। 1962 से डॉ. लोहिया के नेतृत्व में हम आंदोलन करते थे, 'बाढ़-सुखाड़-मुक्त भारत।' समग्रता में समन्वय करने की बात है। ग्रामीण विकास मंत्रालय का लक्ष्य ग्राम का स्वर्गीकरण होना चाहिए। 'धरती पर स्वर्ग लाएँगे-गाँवों को स्वर्ग बनाएँगे'—यह आंदोलन का लक्ष्य था। उस सपने को साकार करना होगा। सड़क बनानेवाले कहते हैं, उनका काम

केवल सड़क बनाना है। पुलों में पानी रोकने की व्यवस्था जल संसाधन विभाग की है। सरकार एक है, लेकिन विभाग अनेक हैं। जो अभियंता पुल का डिजाइन और डी.पी.आर. बनाते हैं, वही अभियंता सड़क के पुल में पानी रोकने का भी डिजाइन बना सकते हैं। दृढ़ इच्छाशक्ति और दूरदृष्टि की आवश्यकता है। प्रशासनिक अधिकारियों के पास क्षमता है, केवल उन्हें निर्देश देना है और लक्ष्य निर्धारित कर उसको समय की सीमा में पूरा करने का संकल्प लेना है। दिशा और लक्ष्य सरकार को निर्धारित करना है। माननीय गडकरीजी को भी मैंने ऐसा सुझाव दिया है।

8. काफी गाँवों से निकलकर लोग बाहर बस गए हैं, जो मूल गाँव से ज्यादा बड़ा क्षेत्र हो गया है। बिहार में कई गाँवों का टोला दस से बारह तक हो गया है। मूल गाँव को ही कोर नेटवर्क में पकड़ा जाता है, टोला छूट जाता है। ऐसे टोले और गाँव का भौतिक सत्यापन करवाकर मुख्य गाँवों से जोड़ा जाए। गाँवों में बिजली पहुँच रही है और स्थिति में काफी सुधार हुआ है। ग्रामीण सड़कों पर रोशनी की व्यवस्था होनी चाहिए। प्रधानमंत्री सड़क योजना के साथ कई योजनाओं का समन्वय किया जाना चाहिए। मनरेगा जैसी योजना का रूपांतरण कर उसकी राशि इसमें लगाई जाए। विकास से रोजगार मिलता है। मशीन के साथ शारीरिक श्रम का समन्वय होना चाहिए। मशीन के उपयोग से भागना विकास की गति को अवरुद्ध करना है। सघन कृषिवाले क्षेत्रों में मजदूर नहीं मिल रहा है। किसान अपनी जमीन से मिट्टी देना नहीं चाहता। सरकारी जमीन उतनी मात्रा में उपलब्ध नहीं है। जहाँ है, वहाँ अतिक्रमण हो चुका है। युग के अनुसार समाज को बदलना होगा, नहीं तो समाज बिखर जाएगा और विलीन हो जाएगा।

मैंने समग्रता में सुझाव दिया है। एक उच्चस्तरीय समिति समग्रता में विचार कर समग्र विकास के लिए योजना बनाए। तृतीय चरण ऐतिहासिक हो और ग्रामीण भारत का स्वर्गीकरण करनेवाला हो। सरकार और आपका नाम अमर हो जाएगा।

(डायलॉग इंडिया, दिसंबर 2017)

□

गुजरात का पिछड़ा वर्ग आत्मचिंतन करें

संसद् में कृषि संबंधी स्थायी समिति के सभापति एवं सांसद ने बयान जारी कर देश के, विशेषत: गुजरात के, पिछड़े वर्गों से आग्रह किया है कि वे आत्मचिंतन करें। कांग्रेस पार्टी पिछड़ा विरोधी रही है। कांग्रेस के शासन में पिछड़े वर्ग का एक भी नेता राष्ट्रीय स्तर का नहीं बनाया गया। 1955 में यदि काका कालेलकर आयोग की सिफारिश पर पिछड़ा वर्ग को सरकारी नौकरियों में आरक्षण दे दिया गया होता तो आज पिछड़ा वर्ग काफी आगे बढ़ गया होता! 1980 में मंडल कमीशन की सिफारिशों को लागू कर दिया जाता तो आज लाखों पिछड़े ऊँचे पदों पर होते! पिछड़ा वर्ग राष्ट्रीय आयोग को संविधान का दर्जा नहीं दिया गया। जब श्री नरेंद्र मोदी ने 2017 में संविधान में संशोधन किया तो कांग्रेस ने राज्यसभा में उसको पास नहीं होने दिया। यदि पास हो गया होता तो आज पिछड़ा वर्ग राष्ट्रीय आयोग गठित हो गया होता। कांग्रेस पार्टी में प्रदेश स्तर पर भी किसी पिछड़े को आगे बढ़ने का अवसर देकर नेतृत्व नहीं दिया गया। उन्होंने कहा कि पिछड़े और दलितों को धोखा देकर मुंगेरी लाल का सपना दिखाया गया। नरेंद्र मोदी देश में पिछड़े वर्ग के पहले नेता हैं, जो प्रधानमंत्री बने हैं। श्री नरेंद्र मोदी को फँसाने के लिए अनेक षड्यंत्र 2004 से 2013 तक किए गए। कांग्रेस ने सोचा था, उनको मिटा देंगे। पिछड़ा वर्ग का सौभाग्य था कि ईश्वर ने नरेंद्र मोदी को कांग्रेस के चक्रव्यूह से बचाया। उनकी नीतियों और कार्यक्रमों से देश के लुटेरे, कालाबाजारी और भ्रष्टाचारी तथा राष्ट्रघाती तत्त्वों में भयंकर घबराहट है। सभी तन-मन-धन से श्री मोदी के खिलाफ एकजुट हो गए हैं। राष्ट्रीय और अंतरराष्ट्रीय स्तर पर सभी आतंकवादी और भारत विरोधी तत्त्व तथा धर्मगुरु श्री मोदी के विरुद्ध गुजरात में लग गए हैं। श्री यादव ने कहा कि

राजनीति के 55 सालों की जिंदगी में उन्होंने असहनीय कष्ट और अपमान सहकर पिछड़ा वर्ग के लिए संघर्ष किया। डॉ. लोहिया का सपना साकार हुआ। पिछड़ा वर्ग के सभी लोग प्राण की बाजी लगाकर श्री नरेंद्र मोदी की विजय पताका को उच्च शिखर पर लहराने में सहयोग करें। पिछड़ों के सम्मान की रक्षा करें।

(अमृत प्रभात, 30 नवंबर, 2017)

□

आर्थिक व सामाजिक क्रांति के वाहक हैं नरेंद्र मोदी

संसद् में कृषि संबंधी स्थायी समिति के सभापति एवं संसद् सदस्य हुक्मदेव नारायण यादव ने बयान जारी कर कहा है कि आजाद भारत में विषमता बढ़ती गई। गाँव और शहर में, कृषि और उद्योग में तथा सरकारी नौकर और आम नागरिक में, आर्थिक विषमता की खाई बढ़ती गई। इसके कारण इतनी विसंगति पैदा हो गई कि पाताल और आकाश का अंतर है। मुकेश अंबानी जैसे अनेक उद्योगपति लगभग 84 लाख रुपए रोज का वेतन लेते हैं। सुविधाएँ इसके अतिरिक्त हैं। एक ओर हिंदुस्तान का आम नागरिक, जो लगभग तीस प्रतिशत है, 25 रु. रोज पर गुजारा कर रहा है। किसान किसी भी हालत में प्रति व्यक्ति 25 रु. रोज से ज्यादा खर्च नहीं कर पाता है। राष्ट्रीय आय का 30 प्रतिशत से ज्यादा शहर के विकास पर खर्च होता रहा, जबकि गाँवों के विकास पर बीस प्रतिशत खर्च होता रहा है। गाँवों में 70 प्रतिशत लोग रहते हैं। पूर्व प्रधानमंत्री अटल बिहारी वाजपेयी ने ग्रामीण विकास को प्राथमिकता पर रखा। इन सभी विषमताओं को मिटाने के लिए प्रधानमंत्री नरेंद्र मोदी क्रांतिकारी कदम उठा रहे हैं। 2 लाख 24 हजार फर्जी कंपनियाँ, जो काला धन बनाने का कारखाना बनी हुई थीं, उनको बंद कर उनके विरुद्ध कानूनी काररवाई की जा रही है। नोटबंदी के बाद धोखाधड़ी से काला धन को सफेद बनाने के काले धंधे में लगे सैकड़ों बैंक के अधिकारियों तथा सैकड़ों काला धंधा करनेवाले पकड़े गए हैं। काला धन और भ्रष्टाचार के कारण ही गरीबों का हिस्सा कुछ लोग लूटकर खाते रहे हैं। उन सभी लुटेरों को पकड़कर जेल भेजने का संकल्प प्रधानमंत्री ने लिया है। गरीबों के नाम पर सब्सिडी खानेवाले बौखला गए हैं। इसे आधार कार्ड से जोड़ा जाना क्रांतिकारी कदम है। जब काला धन निकाला जाएगा, बेनामी संपत्ति जब्त

की जाएगी तथा भ्रष्टाचार द्वारा अर्जित अरबों रुपयों को बाहर निकाला जाएगा, तब गाँव, गरीब और किसान का उत्थान होगा। देश के भ्रष्टाचारी और कालाधन अर्जित करनेवाले तथा उनके इस धंधे में लगे हजारों लोग बौखलाकर अनाप-शनाप प्रचार करने लगे हैं। देश में आर्थिक और सामाजिक क्रांति की आवश्यकता थी। नरेंद्र मोदी इसके निमित्त बनकर आए हैं। देश के लोग इनके साथ खड़े रहें और अंतिम लड़ाई में निर्णय होने तक साथ दें। आर-पार के युद्ध में दृढ़तापूर्वक साथ दें।

(अमृत प्रभात, 7 नवंबर, 2017)

□

सोनिया गांधी के नाम खुला पत्र

माननीया श्रीमती सोनिया गांधीजी,
अध्यक्ष, अखिल भारतीय कांग्रेस पार्टी,

आपने संसद् एवं विधानमंडल में महिला आरक्षण के संबंध में प्रधानमंत्रीजी को पत्र लिखा है। समाचारपत्रों में आपके पत्र का विवरण प्रकाशित हुआ है। समाचरपत्रों में संपादकीय और अग्रलेख लिखे गए हैं। मैं समाजवादी आंदोलन से जुड़ा रहा हूँ। डॉ. राममनोहर लोहिया अनुसूचित जाति, जनजाति, पिछड़ा वर्ग, महिला और धार्मिक अल्पसंख्यकों के लिए न्यूनतम 60 प्रतिशत आरक्षण राजनीति और सरकारी नौकरी में चाहते थे, देश में आंदोलन चलाते थे। इस माँग को लेकर आंदोलन करते हुए मैं दर्जनों बार जेल गया, परंतु इस पर ध्यान नहीं दिया गया। उस समय कांग्रेस पार्टी की सरकार थी। अनुसूचित जाति और जनजाति के साथ ही अन्य पिछड़ा वर्ग को सरकारी नौकरी में आरक्षण दे दिया गया होता तो आज प्रशासनिक और सामाजिक रूपांतरण हो गया होता। वैसा नहीं हुआ, क्यों? कांग्रेस पार्टी अन्य पिछड़ा वर्ग को शोषित बनाकर रखना चाहती थी। आज भी वही मानसिकता है। पिछड़ा वर्ग राष्ट्रीय आयोग संबंधी संविधान संशोधन विधेयक को राज्यसभा में कांग्रेस पार्टी ने पारित नहीं होने दिया। उसी तरह वह महिला आरक्षण विधेयक में अन्य पिछड़ा वर्ग के लिए 27 प्रतिशत आरक्षण की व्यवस्था क्यों नहीं करना चाहती है? 23 प्रतिशत अनुसूचित जाति और जनजाति की महिलाओं के लिए तथा 27 प्रतिशत अन्य पिछड़ा वर्ग की महिलाओं के लिए आरक्षण होना चाहिए। कई राज्यों में पंचायती राज में महिलाओं के आरक्षण में अनुसूचित जाति, जनजाति और अन्य पिछड़ा वर्ग के लिए स्थान आरक्षित है।

कांग्रेस पार्टी पिछड़ा वर्ग विरोधी रही है। जब-जब अन्य पिछड़ा वर्ग के लिए विशेष अवसर के तहत आरक्षण की व्यवस्था की माँग उठती है, तब-तब कांग्रेस

पार्टी अल्पसंख्यक के नाम पर मुसलमानों के लिए आरक्षण की बात करने लगती है। इसी द्वंद्व में पिछड़ा वर्ग का हक भी मारा जाता है। यह षड्यंत्र महिला आरक्षण के नाम पर भी खेला गया था। पंद्रहवीं लोकसभा में जब इस विधेयक पर चर्चा हो रही थी, तब सभी दल के पिछड़ों ने इस विधेयक का विरोध किया था, यहाँ तक कि भा.ज.पा. के भी पिछड़े वर्ग के सांसदों ने स्व. गोपीनाथ मुंडे के नेतृत्व में विरोध किया था। भा.ज.पा. संसदीय दल की विशेष बैठक माननीय लालकृष्ण आडवाणीजी के आदेश से उनके निवास पर बुलाई गई। भा.ज.पा. संसदीय दल ने वर्तमान विधेयक के प्रारूप का विरोध किया था। उसके बाद लोकसभा के नेता ने सदन में आश्वासन दिया था कि आम सहमति बनने पर ही इस विधेयक को संसद् में लाया जाएगा।

इस संबंध में कई राय रही हैं। सभी पार्टी के लिए अनिवार्य कर दिया जाए कि तैंतीस फीसदी उम्मीदवार बनाएँ और उसमें आरक्षण का कोटा निर्धारित करें। यदि वे नहीं करेंगे तो उनकी मान्यता समाप्त कर दी जाएगी। इसमें कांग्रेस पार्टी को क्यों आपत्ति है? पंद्रहवीं लोकसभा में अनुसूचित जाति और जनजाति के लिए आरक्षण पर कांग्रेस सहमत थी, परंतु पिछड़ा वर्ग के लिए नहीं थी, क्यों? जब पिछड़ा वर्ग के लिए आरक्षण की बात पर जोर दिया जाने लगा, तब कांग्रेस पार्टी ने अल्पसंख्यकों के लिए जोर देना शुरू किया। इस पर सहमति नहीं बन पाई। कांग्रेस की मानसिकता पिछड़ा विरोधी रही है। शुरू से ही वह नहीं चाहती है कि अन्य पिछड़ा वर्ग राजनीतिक, सामाजिक एवं प्रशासनिक तौर पर सबल, सशक्त और संपन्न बने। इसमें कारण रहा है कि भारत के हृदय प्रदेश में पिछड़ा वर्ग के नेताओं के नेतृत्व में कांग्रेस विरोधी आंदोलन चला था। कांग्रेस पार्टी का षड्यंत्र रहा है कि सबल पिछड़ा के नाम पर यादव, कुर्मी, कुशवाहा और लोध जैसी जातियों को दबाया जाए, जबकि चौदहवीं और पंद्रहवीं लोकसभा में बिहार और उत्तर प्रदेश के यादव नेताओं के प्रत्यक्ष और परोक्ष समर्थन से कांग्रेस की सरकार चलती रही है। सामंतवादी और वर्ण व्यवस्थावादी लोग पिछड़ा वर्ग की सबल और संगठित जातियों को काटने में लगे रहते हैं, जैसी नीयत, वैसी नियति बनती है। यदि नीयत साफ है, तो महिला आरक्षण में अनुसूचित जाति, जनजाति और अन्य पिछड़ा वर्ग के लिए पचास प्रतिशत आरक्षण का प्रावधान करने में क्या आपत्ति है? अन्य पिछड़ा वर्ग को अनेक प्रकार से दबाने का षड्यंत्र चलाया जा रहा है। आपने सार्वजनिक तौर पर प्रश्न को छेड़ा है तो देश के करोड़ों अन्य पिछड़े वर्ग की ओर

से प्रश्न पूछ रहा हूँ। पिछड़े वर्ग के कुछ नेता सर्वग्राह्यता के नाम पर पिछड़े वर्ग को धोखा देने में लगे हुए हैं। पंद्रहवीं लोकसभा में प्रखर विरोध करनेवालों में मैं भी था और अपनी सदस्यता को दाँव पर लगा दिया था।

राष्ट्रीय स्तर के राजनीतिक दलों पर, प्रत्यक्ष अथवा परोक्ष रूप से सामंतवादी और उच्च वर्ग के नेताओं का वर्चस्व है। संयोग से राष्ट्रीय दल और क्षेत्रीय दलों में कुछ नेता पिछड़ा वर्ग के हैं तो वे भी सामंती प्रवृत्ति और वर्ण व्यवस्थावादी के हाथ की कठपुतली के जैसे खिलौना बन जाते हैं। मैं पत्र इसीलिए लिख रहा हूँ और सार्वजनिक कर रहा हूँ कि इतिहास साक्षी रहेगा। अन्य पिछड़े वर्ग की युवा पीढ़ी को प्रेरणा मिलेगी और वे अपने-पराए के भेद को समझकर कालनेमी से सावधान हो सकेंगे। बिहार में पंचायती राज में आदर्श व्यवस्था लागू है। पिछड़ा वर्ग को केंद्रीय सेवा में केवल 13 प्रतिशत स्थान मिल रहा है। 54 प्रतिशत विधान परिषद् और 13 प्रतिशत राज्यसभा में आरक्षण लागू नहीं है, क्यों? सामंती और उच्च वर्ण के लोगों का वर्चस्व क्यों है, किसने बनाया है?

इस सभी के लिए कोई एक जिम्मेदार है तो कांग्रेस पार्टी है, जिसने शुरू में ही खेल बिगाड़ दिया। संसद् पर वर्चस्व के लिए कई प्रकार के षड्यंत्र किए जाते रहे हैं, जो आज भी जारी हैं। पूँजीवादी, सामंतवादी और वर्ण व्यवस्थावादी नहीं चाहते हैं कि गाँव-गरीब-किसान, पिछड़ा और दलित के हाथ में शासन-सत्ता आए। कांग्रेस के शासन में यही हुआ है। आपके प्रति पूर्ण सम्मान है। आत्म-मंथन और आत्मचिंतन करने की कृपा करें।

(डायलॉग इंडिया, नवंबर 2017)

□

विशेषाधिकार बनाम विशेष अवसर

भारत सरकार ने निर्णय लिया है कि क्रीमीलेयर की सीमा 6 लाख से बढ़ाकर 8 लाख कर दी जाए। पिछड़े वर्ग में सैकड़ों जातियाँ हैं। कुछ जातियाँ अनुसूचित जाति और जनजाति के बराबर हैं अथवा उनका सामाजिक स्तर उससे भी नीचा है। उन पर भी सामाजिक एवं आर्थिक शोषण होते रहते हैं। राजनीति और प्रशासन में उनकी हिस्सेदारी न्यूनतम है। जाति प्रथा की सीढ़ी खड़ी है। जो जाति जिस क्रम में सीढ़ी के डंडे पर बैठी है, उसको उसी क्रम में सामाजिक सम्मान प्राप्त है। जिसके हाथ में जितना सामाजिक सम्मान है, उसके हाथ में उसी अनुपात में राजनीतिक, प्रशासनिक, सांस्कृतिक, धार्मिक और आर्थिक अधिकार हैं। ऐसी व्यवस्था के रहते समरस और समता समाज की बात करना क्रूर मजाक है। समरस का अर्थ होता है—सभी को समान रूप से रस मिले। यह तब तक नहीं हो सकता, जब तक समतल नहीं बनेगा। खड़ी सीढ़ी को पड़ी कर दिया जाए तो सभी समान स्तर पर आ जाएँगे तथा अलग-अलग डंडे पर बैठने के बावजूद बराबरी पर जाएँगे। डॉ. लोहिया समता समाज के लिए एकात्म रहे, जबकि पं. दीनदयाल उपाध्याय ने समरस समाज के लिए एकात्म मानव दर्शन का सिद्धांत दिया था। एकात्म के लिए अद्वैत भाव आवश्यक है। द्वैत भाव के रहते अद्वैत भाव आ नहीं सकता है। बुद्धिजीवी, चिंतक और राजनीतिक लोग इस पर आत्मचिंतन और आत्ममंथन करें। अपना रूपांतरण करें, जो कठिन है। जाति प्रथा के समूल नाश के लिए कार्यक्रम बनाएँ और राष्ट्रीय सहमति बनाएँ। कई कार्यक्रम बनाए जा सकते हैं। डॉ. लोहिया ने अन्य उपायों में से एक महत्त्वपूर्ण उपाय बताया था। 23 जून, 1962 को नैनीताल में उन्होंने भाषण में कहा था— कुछ ऐसा हो सकता है कि गद्दी मिल जाने पर एक ऐसा कानून बना सकते हो कि जितने भी सरकारी नौकर होंगे, पहले नौकरी उन्हीं को देनी है, जिसने अंतर्जातीय विवाह किया है। अंतर्जातीय का मतलब द्विज

में आपस में नहीं, बल्कि द्विज और अद्विज में। क्या संसद् सर्वसम्मति से ऐसा कानून बनाने को तैयार है? क्या जातिवाद के विरोधी इसके लिए तैयार हैं? इसी क्रम में आरक्षण की बात आ जाती है। डॉ. लोहिया विशेष अवसर की बात करते थे। जैसे परिवार में बीमार के लिए विशेष व्यवस्था की जाती है, उसी तरह हजारों वर्षों से कमजोर जातियों के लिए विशेष अवसर की व्यवस्था की जाए। उन्होंने कहा था— बालिग मत के साथ-साथ जो सबसे बड़ी चीज हमको पकड़कर रखनी है, वह है, विशेष अवसर बनाम समान अवसर। समान अवसर कब, जब जीवन के हर क्षेत्र में सभी को समान अवसर प्राप्त हो। निर्धन और धनवान, सवर्ण और अवर्ण, ऊँची जाति और निम्न जातियों के लिए शिक्षा के साथ-साथ जीवन के सभी क्षेत्रों में समान व्यवस्था हो। क्या आज समान व्यवस्था है? समृद्ध और संपन्न वर्ग के बच्चे और निर्धन के बच्चे के लिए समान व्यवस्था है?

जीवन के हर क्षेत्र में जब तक समान व्यवस्था नहीं हो जाए और सभी को समान अवसर नहीं मिल जाए, तब तक अनुसूचित जाति, जनजाति और पिछड़े वर्ग के लिए विशेष अवसर की व्यवस्था की जाए, अर्थात् उन्हें आरक्षण देकर आगे बढ़ाया जाए और समकक्ष लाया जाए। यह तब तक लागू रहे, जब तक उन्हें समकक्ष नहीं बना दिया जाए। 'सात क्रांतियाँ' पुस्तक में उन्होंने पृष्ठ 21 पर कहा है कि दलित और आदिवासी के लिए तो मैं ऐसा जमाना देखता हूँ, 30-40 वर्ष बाद, जबकि विशेष अवसर देकर उनको ऊँचा उठा देने के बाद उसे खत्म कर देना पड़ेगा। लेकिन विशेष अवसर का मतलब भी समझ लेना चाहिए। उसी पुस्तक में इस क्रम को आगे बढ़ाते हुए तथा विशेष अवसर को स्पष्ट करते हुए कहते हैं कि सोशलिस्ट पार्टी इन सबके लिए 60 सैकड़ा चाहती है और यह तर्क भी देती है कि चाहे वे लायक हैं या नालायक, पर जैसे भी हो, उनको ऊँची जगह पर बैठाओ, क्योंकि जब ये इन जगहों पर बैठेंगे, मौका पाएँगे तो इनके दिमाग के दरवाजे खुलेंगे। इधर तीन-चार हजार वर्ष से इनके दिमाग के दरवाजे बंद हो गए, क्योंकि इनको ऊँची जगहों पर बैठने का मौका नहीं रहता। सब पार्टियों का मकसद है—पहले योग्यता, फिर अवसर। समाजवादी दल कहता—पहले अवसर, फिर योग्यता।

इससे उनकी दृष्टि स्पष्ट हो जाती है। उस समय केवल दलित और आदिवासी के लिए आरक्षण का प्रावधान था। पिछड़ा वर्ग के लिए 1990 में आरक्षण किया गया। दलित और आदिवासी को संख्या के अनुसार आरक्षण है, जबकि पिछड़ा वर्ग के लिए केवल 27 प्रतिशत है, जबकि उनकी संख्या 54 से 60 प्रतिशत के बीच

है। सर्वोच्च न्यायालय के आदेश से 50 प्रतिशत से ज्यादा आरक्षण नहीं दिया जा सकता। इसी क्रम में पिछड़ा वर्ग के लिए सर्वोच्च न्यायालय के आदेश से मलाईदार की बात कही गई। क्रीमीलेयर के लिए वर्तमान में 6 लाख रुपए आय की सीमा थी, जिसको 8 लाख रुपए बढ़ाया गया है। पिछड़े वर्ग की माँग थी कि समय के अनुसार क्रीमीलेयर के लिए आय की सीमा बढ़ाई जाए। इससे पिछड़े वर्ग को व्यापक लाभ मिलेगा। इसी प्रसंग में इस पर चिंतन करने की आवश्यकता है कि कुछ लोग आवाज उठाते रहते हैं कि आर्थिक आधार पर आरक्षण लागू होना चाहिए, परंतु उनकी बात में व्यापकता और समानता नहीं है। पिछड़े वर्ग के लिए जो आय की सीमा लगाई गई है, उसी तरह सरकारी नौकरी के लिए समान रूप से, सभी के लिए यह सीमा निर्धारित कर दी जाए। 8 लाख से अधिक वार्षिक आयवालों को सरकारी नौकरी नहीं दी जाएगी, चाहे वे किसी भी जाति के क्यों नहीं हों!

जिस परिवार में एक को नौकरी मिल जाए, तो दूसरे को तब तक नहीं दी जाए, जब तक 8 लाख से कम आयवाले सभी परिवार को नौकरी नहीं मिल जाती है। क्या इस देश के बुद्धिजीवी और तथाकथित क्रांतिकारी विचारवाले इस सिद्धांत को मानने के लिए तैयार हैं? पिछड़ा वर्ग की माँग रही है कि क्रीमीलेयर का प्रावधान दलित और आदिवासी के आरक्षण पर क्यों नहीं लागू होगा, केवल पिछड़े वर्ग के लिए ही क्यों? क्या यह विभेदकारी नीति नहीं है? इस पर चर्चा क्यों नहीं होती है? जिस तरह पिछड़े वर्ग में कुछ जातियाँ आरक्षण का लाभ उठा रही हैं, उसी तरह दलित और आदिवासी जातियाँ भी उठा रही हैं। फिर उसमें भी जो अति दलित हैं और हिस्सेदारी से वंचित हैं, उनके लिए विशेष प्रावधान क्यों नहीं होना चाहिए? सभी के लिए समान व्यवस्था हो, यही संविधान का निर्देश है। एक बात और है, जिस पर गंभीर चिंतन करने की आवश्यकता है। पिछड़े वर्ग में सबल जातियाँ, जो अपने बच्चों को अच्छी शिक्षा देने में समर्थ हैं, जिसके कारण उनके बच्चे प्रतियोगिता में सफल हो रहे हैं, तब भी पिछड़े वर्ग को 15–17 प्रतिशत स्थान ही मिल पाता है। यदि इनको रोक दिया जाएगा, तब केंद्रीय सेवा में उनका प्रतिनिधित्व करीब 10 प्रतिशत से भी नीचे आ जाएगा। पिछड़े वर्ग में जो आर्थिक दृष्टिकोण से अति निर्बल हैं, वे अपने बच्चों को प्रतियोगिता के लायक बना सकने में समर्थ नहीं हैं।

(डायलॉग इंडिया, अक्तूबर 2017)

□

पिछड़ा वर्ग विरोधी है कांग्रेस

कृषि संबंधी स्थायी समिति के सभापति व सांसद हुक्मदेव नारायण यादव ने आरोप लगाया है कि कांग्रेस पिछड़ा वर्ग विरोधी पार्टी है तथा वह अन्य पिछड़ा वर्ग को शोषित बनाकर रखना चाहती है। जब-जब अन्य पिछड़ा वर्ग के लिए आरक्षण व्यवस्था की माँग उठती हैं, कांग्रेस अल्पसंख्यक के नाम पर मुसलमानों के लिए आरक्षण की बात करने लगती है।

कांग्रेस अध्यक्ष श्रीमती सोनिया गांधी को प्रेषित पत्र में श्री यादव ने आरोप लगाया है कि डॉ. राममनोहर लोहिया अनुसूचित जाति-जनजाति, पिछड़ा वर्ग, महिला और धार्मिक अल्पसंख्यकों के लिए न्यूनतम 60 प्रतिशत आरक्षण राजनीति और सरकारी नौकरी में चाहते थे। इस माँग को लेकर आंदोलन करते हुए मैं दर्जनों बार जेल गया, परंतु इस पर ध्यान नहीं दिया गया। उस समय कांग्रेस पार्टी की सरकार थी। अनुसूचित जाति और जनजाति के साथ ही अन्य पिछड़ा वर्ग को सरकारी नौकरी में आरक्षण दे दिया गया होता तो आज प्रशासनिक और सामाजिक रूपांतरण हो गया होता। पिछड़ा वर्ग राष्ट्रीय आयोग संबंधी संविधान संशोधन विधेयक को राज्यसभा में कांग्रेस पार्टी ने पारित नहीं होने दिया। उसी तरह महिला आरक्षण विधेयक में कांग्रेस अन्य पिछड़े वर्ग के लिए 27 प्रतिशत आरक्षण की व्यवस्था क्यों नहीं करना चाहती है ? 23 प्रतिशत अनुसूचित जाति और जनजाति की महिलाओं के लिए तथा 27 प्रतिशत अन्य पिछड़े वर्ग की महिलाओं के लिए आरक्षण होना चाहिए। कई राज्यों में पंचायती राज में महिलाओं के आरक्षण में अनुसूचित जाति, जनजाति और अन्य पिछड़े वर्ग के लिए स्थान आरक्षित हैं।

पत्र में श्री यादव ने आरोप लगाया है कि पंद्रहवीं लोकसभा में जब महिला आरक्षण विधेयक पर चर्चा हो रही थी, तब सभी दल के पिछड़ों ने इस विधेयक

का विरोध किया था, यहाँ तक कि भा.ज.पा. के भी पिछड़े वर्ग के सांसदों ने स्व. गोपीनाथ मुंडे के नेतृत्व में विरोध किया था। भा.ज.पा. संसदीय दल की विशेष बैठक लाल कृष्ण आडवाणी के आदेश से उनके निवास पर बुलाई गई। भा.ज.पा. संसदीय दल ने वर्तमान विधेयक के प्रारूप का विरोध किया था। उसके बाद लोकसभा के नेता ने सदन में आश्वासन दिया था कि आम सहमति बनने पर ही इस विधेयक को संसद् में लाया जाएगा।

(अमृत प्रभात, 27 दिसंबर, 2017)

□

जाति प्रथा के कठघरे में कैद है भारतीय समाज

रोग के कारण को जाने बगैर उसका निवारण नहीं किया जा सकता। आज राजनीति और प्रशासन में कुव्यवस्था व्याप्त है, उसके कई कारण हैं, परंतु जाति प्रथा सबसे बड़ा कारण है। आदमी अपना संप्रदाय बदल सकता है, परंतु जाति नहीं बदल सकता है। चाहे इसलाम, ईसाई, सिख और बौद्ध मत को स्वीकार कर ले, परंतु जाति नहीं बदल सकता है। जाति के अनुसार ही उसको सभी जगह स्थान प्राप्त होता है। धर्म बदलने के बाद भी अनुसूचित जाति और जनजाति के लोग आरक्षण का लाभ उठा रहे हैं अथवा यह सुविधा पाने के लिए संघर्ष करते रहे हैं। पिछड़े वर्ग के लोग भी हिंदू धर्म को छोड़कर किसी भी धर्म में चले गए, वहाँ भी उन्हें उसी स्तर पर रखा गया। ऐसा क्यों हुआ और क्यों होता है, इस पर गंभीर चिंतन करने की आवश्यकता है। शिक्षा पाने पर भी जाति की कुंठा से लोग मुक्त नहीं हो पाते हैं। शिक्षित वर्ग और नौकरी-पेशे में लगे लोगों में जातीय भावना ज्यादा रहती है। उदाहरण के तौर पर बिहार में पुलिस लाइन में जाति के आधार पर चौका चलाते हैं। इसका अध्ययन और विश्लेषण किया जा सकता है। धार्मिक क्षेत्र में भी यही हाल है। चाहे कोई साधु-संन्यासी, उदासीन अथवा कथावाचक क्यों न बन जाए, परंतु जाति नहीं छूटती है, खासकर जब राजीतिक पद पर आसीन होते हैं तो उनकी जातिवाले उन्हें घेर लेते हैं और अधिकतम जायज और नाजायज लाभ उठाते हैं। इसका अध्ययन किया जा सकता है।

डॉ. लोहिया ने 'सात क्रांतियाँ' पर व्याख्यान देते हुए कहा था, "इधर 3-4 हजार वर्षों से इनके दिमाग के दरवाजे बंद हो गए, क्योंकि इनको ऊँची जगहों पर बैठने का मौका नहीं रहता। सब पार्टियों का मकसद है, पहले योग्यता, फिर

अवसर। समाजवादी दल कहता है पहले अवसर, फिर योग्यता। यह इस संदर्भ में है कि हिंदुस्तान में पिछड़े वर्ग और दलित समाज को शासन, सत्ता और शिक्षा से दूर रखा गया। कुछ खास जातियों को विशेषाधिकार प्राप्त रहा। हिंदुस्तान की अस्सी प्रतिशत से अधिक आबादी को निकम्मा बनाया गया। हिंदुस्तान बार-बार गुलाम क्यों हुआ ? इसके कई कारण हो सकते हैं, परंतु सबसे बड़ा कारण जाति प्रथा रही है। देश को सशक्त, सबल और पुरुषार्थी बनाने के लिए लोहिया ने यह दर्शन दिया था। विशेषाधिकार को समाप्त कर विशेष अवसर के सिद्धांत पर अमल किया जाना चाहिए। इसको आरक्षण कहा गया, परंतु उस पर ईमानदारी से अमल नहीं किया गया। आजादी के इतने वर्षों के बाद भी उन्हें पूरा आरक्षण नहीं मिल पाया। जितने प्रतिशत मिलना था, उतना नहीं मिला। इसका क्या कारण है ? एक बड़ा कारण है कि इस पर अमल करनेवालों में ईमानदारी और मानवता का अभाव रहा है, जिसके कारण प्रतिक्रिया, प्रतिशोध और प्रतिहिंसा की भावना उग्र होती गई। पिछड़े वर्ग को तो 1990 में आरक्षण दिया गया, वह भी संख्या के अनुपात में आधा। यदि 1950 में ही इस वर्ग को आरक्षण दे दिया गया होता तो आज नौकरशाही के वर्ग चरित्र में काफी परिवर्तन हो गया होता! इसके लिए कौन दोषी है ? इस पर पिछड़े वर्ग और दलित समाज को आत्मचिंतन करना चाहिए।

डॉ. लोहिया ने 'सात क्रांतियाँ' में कहा है—'सोशलिस्ट पार्टी इन सबके लिए 60 सैकड़ा चाहती है और यह तर्क भी देती है कि चाहे ये इन लायक हैं या नालायक, जैसे भी हों, उनको ऊँची जगह पर बैठाओ, क्योंकि जब ये जगहों पर बैठेंगे, मौका पाएँगे तो इनके दिमाग के दरवाजे खुलेंगे। वास्तव में समाजवादी दल कहता है पहले अवसर, फिर योग्यता। अवसर दो, साथ-साथ योग्यता हासिल करो।' आगे उन्होंने स्पष्ट किया कि 'दलित, आदिवासी, पिछड़े वर्ग के लिए 30-40 या 50-60 वर्ष के बाद विशेष अवसर की बात खत्म हो जाएगी।' अर्थात् इसकी समीक्षा होती रहे और मूल्यांकन होता रहे कि इस पर सही अमल हो रहा है या नहीं! दलित, आदिवासी और पिछड़े वर्ग में बहुत जातियाँ हैं। इसकी समीक्षा की जानी चाहिए कि उसका लाभ समरूपता में मिल रहा है या नहीं। उस वर्ग में जो जातियाँ उस लाभ से वंचित हैं, उनको भी उसका लाभ मिल सके, इसके लिए व्यवस्था करनी पड़ेगी। समीक्षा और मूल्यांकन का अर्थ उसको समाप्त करना नहीं है, बल्कि उसका लाभ समग्रता में पहुँचाने के लिए व्यवस्था में सुधार करना है। यदि संभव हो तो संविधान में संशोधन कर आरक्षण के प्रतिशत को बढ़ाया भी जा

सकता है, परंतु हजारों वर्षों तक उपेक्षित, उपहासित, पीड़ित और प्रताड़ित रहने के कारण लोग डर जाते हैं। कारण, इस पर अमल करनेवालों की नीयत पर शंका है। इसको समझना चाहिए। पिछड़ा वर्ग आयोग को संवैधानिक दर्जा देनेवाला संविधान संशोधन विधेयक लोकसभा से पास हो जाने पर राज्यसभा में क्यों अटक गया?

जाति प्रथा की सीढ़ी खड़ी है और जब तक खड़ी रहेगी, तब तक सबसे ऊँचे डंडे पर बैठा ऊँचा और सबसे नीचे डंडे पर बैठा नीचा बना रहेगा। जो सबसे ऊँचे डंडे पर बैठा है, वह समाज में सबसे ऊँचा है। उसी क्रमानुसार नीचेवाले डंडे पर बैठे लोगों को सामाजिक व्यवस्था में स्थान प्राप्त है। जो सबसे नीचे डंडे पर बैठा है, वह आपस में एक-दूसरे से अपने को ऊँच और नीच बनाता रहा है। समता समाज और समरस समाज बनाने के लिए खड़ी सीढ़ी को पड़ी करना पड़ेगा, तब सभी बराबरी में आ जाएँगे। कुछ लोग चाहते हैं कि सीढ़ी खड़ी रहे और समता आ जाए! यह अवैज्ञानिक सोच है। जाति का मूल आधार रोटी नहीं है। खान-पान के मामले में बहुत हद तक जाति मिट चुकी है, परंतु ग्रामीण क्षेत्रों में काफी हद तक श्राद्ध और विवाह के अवसर पर गाँव के सर्वजातीय भोज में अलग-अलग पंक्ति लगती है। मैं गाँव में पला और बढ़ा हूँ। अभी भी उस जीवन से जुड़ा हूँ। प्रयास करने पर भी जातीय रेखा को मिटा नहीं पाया हूँ। कारण, जाति की जड़ में रोटी नहीं, बेटी है। बेटी कहाँ से आती है और कहाँ जाती है, उसी के आधार पर जाति बनती है। अपवादस्वरूप ऊँचे स्तर पर कुछ लोगों द्वारा अंतर्जातीय विवाह किया जाता है। इस पर चिंतन करने की आवश्यकता है।

जाति प्रथा के समूल नाश के लिए और समरस समाज के लिए 23 जून, 1962 को नैनीतात में व्याख्यान देते हुए डॉ. लोहिया ने कहा था, "कुछ ऐसा हो सकता है कि गद्दी मिल जाने पर एक ऐसा कानून बना सकते हो कि जितने भी सरकारी नौकर होंगे, उनकी नियुक्ति में इस बात का ध्यान रखा जाएगा कि पहले नौकरी उसी को देनी है, जिसने अंतर्जातीय विवाह किया है। अंतर्जातीय का मतलब द्विज में आपस में नहीं, बल्कि द्विज और अद्विज में, क्या इसके लिए समता समाज और समरस समाज की बात करनेवाले राष्ट्रीय चेतना बनाना चाहते हैं? जाति प्रथा के रहते हुए समता समाज और सांस्कृतिक राष्ट्रवाद की बात करना बौद्धिक बहस के अलावा कुछ नहीं है। निर्णय लेनेवाली संस्था में दलित, अनुसूचित जाति और पिछड़े वर्ग की संख्या नगण्य है। संघ लोक सेवा आयोग में एक-एक सदस्य इन वर्गों से अनिवार्य रूप में रखे जाएँ। इंटरव्यू लेते समय उस समिति में इन वर्गों

के प्रतिनिधि रखे जाएँ। न्यायपालिका के लिए संघ लोक सेवा आयोग की तरह न्यायिक सेवा आयोग बनाया जाए। परिवर्तन चाहनेवाले और मुख्य धारा में सभी को समाहित करनेवालों को आगे बढ़कर इसका आंदोलन चलाना चाहिए। राष्ट्र का रूपांतरण करना होगा। क्या कारण है कि आज भी लोकसभा और राज्यसभा में इन वर्गों को संख्या के अनुपात में प्रतिनिधित्व नहीं है? राजनीतिक दलों के संगठन में उन्हें समुचित प्रतिनिधित्व नहीं है। नेतृत्व के लिए पाँच गुण चाहिए : 11 सितंबर, 1956 को गोरखपुर में डॉ. लोहिया ने कहा था, "इनके पास रुपया, शिक्षा, बोलने की ताकत, कार्यकुशलता और सबसे बढ़कर आपस में निभाने की ताकत, ये पाँच गुण भरपूर होते हैं। हजारों वर्षों में इनी-गिनी जातियों ने इस गुण को प्राप्त किया है। जिस जाति के राजा बनते हैं, उन्हें अपनी जाति में योग्यता दिखाई पड़ती है। चयन करते समय उनकी दृष्टि जाति पर जाती है। जाति का नेता बनकर राष्ट्र का नेता नहीं बना जा सकता है। समदृष्टि से ही समबोध होता है, तब समलक्ष बनता है। इस कसौटी पर सभी को कसकर देखा जाना चाहिए। देश में पहली बार पिछड़े वर्ग के एक व्यक्ति को शासन चलाने का अवसर मिला है, जिनकी जाति की संख्या कम है। इसलिए दृष्टि में व्यापकता है। जाति प्रथा के कठघरे में समाज कैद है। मुक्ति के लिए छटपटा रहा है। राष्ट्रव्यापी आंदोलन और सामाजिक क्रांति की आवश्यकता है।

(अमृत प्रभात, 5 जुलाई, 2017)

□

जाति के नाम पर संगठन बनाए जाते हैं

अलगाववाद, उग्रवाद और आतंकवाद शब्द भले अलग-अलग हों, परंतु गंभीर और व्यापक तौर से सूक्ष्म व्याख्या करने पर तीनों के स्वरूप में कोई दुनियावी अंतर नहीं दिखाई पड़ेगा। अलगाववादी भी पहले लोगों को उग्रवादी बनाते हैं। क्षेत्र, जाति और संप्रदाय के नाम पर स्वतंत्र रहना चाहते हैं। राष्ट्र के भूगोल को खंडित कर अलग सार्वभौम भूखंड बनाना चाहते हैं। जहाँ उग्रवाद होगा, वहाँ आतंकवाद भी आ जाएगा। अलगाववादी आज यही कर रहे हैं। लोगों के मन और मस्तिष्क में जहर भरा जाता है। लोगों को नशा पिलाया जाता है, जिसके कारण तर्क और बहस के लिए जगह नहीं रह जाती है। आजाद भारत में अलग-अलग क्षेत्रों में अलग-अलग तरह के आंदोलन होते रहे हैं। कुछ को राजनीतिक स्वार्थ के कारण पैदा किया जाता रहा है। जहाँ क्षेत्रीय दल के प्रभाव के कारण किसी राजनीतिक पार्टी या किसी नेता का प्रभाव बढ़ जाता रहा, जहाँ उसके मुकाबले उससे भी उग्र नेता को प्रोत्साहन दिया जाता रहा है। इसका परिणाम हुआ कि पहले उग्रवाद को पैदा किया गया, फिर उससे अलगाववादी प्रवृत्ति पैदा हो गई। क्षुद्र राजनीतिक स्वार्थ की पूर्ति के लिए राष्ट्र की एकता, अखंडता और सामाजिक सद्भावना को धकेल दिया गया। आज भी देश उसका परिणाम भोग रहा है।

सबसे खतरनाक उग्र जातिवाद है। जाति के नाम पर उग्रवादी संगठन बनाए जाते रहे हैं। आज भ. बन रहे हैं। राष्ट्र की एकता और अखंडता तथा सार्वभौमिकता की रक्षा के लिए देश की सेना होती है। जाति के नाम पर सेनाएँ बनाई जाती रही हैं और बन रही हैं। महापुरुष, जो राष्ट्र के नेता रहे हैं और जिन्हें राष्ट्रीय सम्मान से पूजा जाता रहा है, उनके नाम पर सेनाएँ बनाई जाती हैं। बिहार में कुँवर सिंह सेना, रणवीर सेना, दलित सेना और लोरिक सेना बना ली गईं। जाति विशेष के उग्रवादी लोगों ने महापुरुष के नाम पर सेना बना ली। इससे ज्यादा पतन क्या होगा कि महापुरुषों को

जाति के कठघरे में कैद कर दिया गया? ये सेनाएँ क्यों बनाई गईं, किन लोगों के द्वारा बनाई गईं और किस काम के लिए बनाई गईं? इसके पीछे क्या कारण रहा है, उसका सूक्ष्म विश्लेषण करना पड़ेगा। आजाद भारत में लोकतंत्र को आधार बनाया गया तथा समान बालिग मताधिकार दिया गया। शासन चलाने में सभी को समान साझेदारी और हिस्सेदारी दी गई। राजनीतिक तंत्र तो लोकतांत्रिक बनाया गया, परंतु सामाजिक तंत्र सामंतवादी तथा प्रशासनिक तंत्र सत्तावादी बना रहा। सामंतवादी लोग सभी को बराबर का अधिकार देने के पक्ष में नहीं थे। जिन्हें वे दास और नीच मानते थे, उन्हें बराबरी का सम्मान देने में अपना अपमान समझते थे। जमीन, पूँजी और शासन पर उनका अधिकार रहा था। समान बालिग मताधिकार के कारण दबे, कुचले, उपेक्षित और प्रताड़ित लोगों में चेतना का संचार होने लगा। शिक्षा के प्रसार के कारण उस वर्ग में लोग शिक्षित होने लगे। रोजगार के लिए शहरों में जाने लगे। शहरों के संस्कार के कारण उन्हें नवजीवन का अहसास हुआ। छुट्टियों में गाँव जाने पर वे वैसे रहने लगे। सामंतवादी और जातीय अहंकारवादी को यह बुरा लगने लगा। भूमि सुधार कानून के कारण हदबंदी आ गई। जमींदारों की जमीन जाने लगी। पिछड़े वर्ग की कुछ जातियों के हाथ में जमीन आने लगी! जमीन हदबंदी कानून से बचने के लिए जमींदार जमीन बेचने लगे। ग्रामीण जीवन में संपत्ति का हस्तांतरण होने लगा। इसके कारण सामंतवादी व्यवस्था कमजोर होने लगी। आरक्षण के कारण दलित समाज के लोग सरकारी नौकरियों में स्थान पाने लगे। यदि पिछड़े वर्ग को भी 1950 में ही आरक्षण दे दिया गया होता तो सामाजिक परिवर्तन में गुणात्मक वृद्धि हो गई होती। लगता है, पिछड़े वर्ग को प्रारंभ में आरक्षण नहीं देना भी एक प्रकार का षड्यंत्र था। शासन और प्रशासन चलानेवालों ने सोचा होगा कि सामाजिक और प्रशासनिक सामंतवाद को लंबे समय तक बचाकर रखा जाए। नीयत में ही खोट थी।

डॉ. लोहिया इस बात पर जोर देते रहते थे कि सामाजिक और आर्थिक विषमता को मिटाने के लिए संतुलित प्रयास होते रहना चाहिए। केवल आर्थिक विषमता को मिटाने का प्रयास करेंगे तो जाति प्रथा के कारण जातिवालों का समर्थन आर्थिक शोषण करनेवाले पाते रहेंगे। केवल सामाजिक विषमता को मिटाने का प्रयास करेंगे तो जातीय संघर्ष पैदा होगा, जिससे जातिवाद मजबूत होगा। यदि प्रारंभ से ही ऐसा प्रयास किया जाता तो आज उग्र जातिवाद पैदा नहीं होता। जान-बूझकर राजनीतिक स्वार्थ की पूर्ति के लिए अंतर्द्वंद्व को पैदा करवाया गया। इसी का परिणाम देश भोग रहा है।

सत्ता का एकाधिकार स्थापित रखने के लिए मतदान केंद्रों पर कब्जा होने लगा। राजसत्ता के सहयोग से प्रशासन तंत्र के द्वारा मतदान केंद्रों पर कब्जा करवाया जाता था। निर्धन, निर्बल, पिछड़े और दलितों को खदेड़कर भगा दिया जाता था। उनकी औरतों के साथ अभद्र व्यवहार किया जाता था। पिछड़े वर्ग और दलित समाज से जो प्रतिभाशाली, तेजस्वी और संघर्षशील लोग निकलते थे, उन्हें हर तरह से दबाया जाता था। लेखक को भी सामाजिक प्रताड़ना का शिकार होना पड़ा था, जिसका दर्द आज भी होता है। प्रशासन पर शासक जाति का प्रभाव था, जो ऊँची जातिवाले थे।

पिछड़ा वर्ग और दलित समाज की संख्याबल वाली ताकतवर जातियों ने संगठित विद्रोह किया। संघर्ष बढ़ता गया। उसे दबाने के लिए संगठित हिंसा की जाने लगी। उसके प्रतिरोध में पिछड़े वर्ग और दलित समाज के लोग भी संगठित होकर जवाब देने लगे। जातीय अहंकार के कारण जातीय सेनाएँ बनने लगीं। जवाब में पिछड़े वर्ग और दलित जातिवाले भी अपने महापुरुषों के नाम पर जातीय सेना बनाने लगे। जातीय उग्रवाद जोर पकड़ने लगा। पिछड़े वर्ग की ताकतवर जातियाँ संगठित होती गईं। दलितों और पिछड़ों में वामपंथी और उग्रपंथी अपनी पैठ बनाने लगे, जिसने बदलते-बदलते आज नक्सलवाद का रूप धारण कर लिया है। पिछड़े वर्ग को डॉ. लोहिया, चौधरी चरण सिंह औ. कर्पूरी ठाकुर जैसे नेता मिले, जिन्होंने उन्हें राजनीतिक दिशा दी और नेतृत्व दिया। हिंसा, प्रतिहिंसा, घात और प्रतिघात के कारण उग्रवाद बढ़ता गया, जो आज चरम पर है। उत्तर प्रदेश की भीम सेना उसी का प्रतिफल है। निराशा, हताशा तथा राजनीतिक महत्त्वाकांक्षा और भोग की लिप्सा के कारण ऐसी स्थिति पैदा हो चुकी है।

इन सभी के पीछे जाति प्रथा सबसे बड़ा कारण है। इसको जड़ से समाप्त किए बगैर समस्या का समाधान संभव नहीं है। समय की राजनीतिक यात्रा में बड़े-बड़े लोगों के लेख को मैं पढ़ता रहा हूँ। स्तंभकारों और पत्रकारों के विचार मैं पढ़ता रहा हूँ। अधिकतर लोगों के विचार दुराग्रह और पूर्वग्रह से प्रेरित रहते हैं। दूसरी ओर पिछड़ा वर्ग दलित समाज के जिन नेताओं को सत्ता के संचालन का अवसर मिला, इन्होंने जाति का इस्तेमाल अपने भोग और भ्रष्टाचार के संरक्षण के लिए किया। राष्ट्र और समाज को नेतृत्व देने के बनिस्बत उग्र जातिवाद को अपनी सत्ता की सुरक्षा के लिए महत्त्व दिया। इसमें चौधरी चरण सिंह और कर्पूरी ठाकुर जैसे नेता अपवाद रहे, फिर भी उन्हें जातिवादी कहा गया। जिस जाति के लोग

मुख्यमंत्री व प्रधानमंत्री बने, उसी जाति के लोगों में योग्यता और प्रतिभा आती रही है। पद स्थानांतरण, प्रोन्नति और मनोनयन में उनकी जातिवालों को प्राथमिकता मिलती रही है। मंत्रिमंडल में उनकी जातिवालों का वर्चस्व रहता है। सत्ता बदलती रही है, परंतु संस्कार और मानसिकता नहीं बदलती है। मैंने पाया है कि व्यापक और उदार विचारवाले पिछड़े वर्ग में कमजोर जातिवालों के हाथ में जब सत्ता आती रही है, तो जातिवाद कमजोर हुआ है। उनकी दृष्टि में समग्रता रही है, फिर भी उनकी आलोचना होती रही। जाति प्रथा के समूल नाश के लिए, लोहिया के नेतृत्व में आंदोलन चलाया जाता था। आज इस पर सम्मेलन, विचार, गोष्ठी और विचार मंथन करने की आवश्यकता है। संसद् कानून बनाकर और संविधान में संशोधन कर ऐसी व्यवस्था करे, जिससे जाति प्रथा का समूल नाश हो सके। अन्य उपायों में एक बड़ा उपाय है, सरकारी नौकरी के लिए अंतर्जातीय विवाह की अनिवार्यता। क्या राष्ट्र और समाज इसके लिए तैयार है?

(अमृत प्रभात, 16 जून, 2017)

□

क्या पिछड़ों की सुध ली जाएगी?

विकास निर्गुण शब्द है। इसके सगुण स्वरूप की समग्रता में व्याख्या होनी चाहिए। भौतिक, आर्थिक, सामाजिक, राजनीतिक, सांस्कृतिक और आध्यात्मिक विकास से ही समग्र विकास हो सकेगा। विकास में यदि पिछड़े वर्ग और दलित समाज की समुचित हिस्सेदारी नहीं हो सकेगी, तो विकास भी सामाजिक और राजनैतिक विषमता को ही बढ़ाएगा। जाति प्रथा के रहते, जातीयता के रहते जातिवाद रहेगा। जातिवाद के कारण सामंतवाद रहेगा। सामंतवाद के रहते वंशवाद रहेगा। वंशवाद के रहते व्यक्तिवाद रहेगा। व्यक्तिवाद के रहते भोग-भय-भ्रष्टाचार के साथ भ्रांति भी रहेगी। बिहार के चुनाव में यही था। पिछड़े और दलित समाज के लोगों ने लंबे समय तक सामाजिक प्रताड़ना और शोषण को झेला है। जिसके पैर में कील चुभती है, उसी को उस पीड़ा का अहसास होता है। विधायक और संसोपा के जिला अध्यक्ष रहते कई बार खाना खाने के बाद जब थाली खुद धोनी पड़ती थी और चौका लगाना पड़ता था, तब अंतर्पीड़ा का अहसास होता था। जनेऊ पहनने के लिए जातीय युद्ध हुआ था, जिसमें कई लोग मारे गए थे और कई घायल हुए थे। संपन्न परिवार रहते हुए भी जमींदार-तहसीलदार के सामने लोग अपने दरवाजे पर खाट पर नहीं बैठ सकते थे। मेरे चाचा को दंडित किया था। कारण, राजनीतिक तौर पर उनकी हिस्सेदारी नहीं थी। कांग्रेस शासन में बाबू श्रीकृष्ण सिंह के शासन में पिछड़ी जाति के लोगों को समुचित हिस्सेदारी नहीं दी गई थी। वे राजनीति में दासभाव से रहते थे। इसके लिए 'त्रिवेणी संघ' बना था। यादव, कुर्मी और कोरी के नेताओं ने 'त्रिवेणी संघ' बनाया था। वे कांग्रेस के ही नेता थे।

डॉ. राममनोहर लोहिया के नेतृत्व में पिछड़ा वर्ग में राजनीतिक चेतना आई। 1967 में लोहिया के गैर-कांग्रेसवाद के कारण उत्तर भारत में नई चेतना का जागरण हुआ। स्व. कर्पूरी ठाकुर और बाबू भूपेंद्र नारायण मंडल के नेतृत्व में

पिछड़ा वर्ग के लोग काफी संख्या में विधायक बने। इसमें ऊँची जाति के कई नेता भी शामिल थे। 1977 में गुणात्मक परिवर्तन हुआ। स्व. कर्पूरी ठाकुर ने पिछड़ों को 26 प्रतिशत आरक्षण राज्य सरकार की सेवा में दिया। उसके कारण गृह-युद्ध की स्थिति पैदा हो गई। कर्पूरी ठाकुरजी को सार्वजनिक रूप से गंदी-गंदी गालियाँ दी गईं। जनता पार्टी में जनसंघ घटक के कुछ विधायक आरक्षण विरोधी आंदोलन की अग्रिम पंक्ति में थे। हालाँकि जनसंघ घटक के नेता आरक्षण के समर्थन में थे। कर्पूरी ठाकुर की सरकार को गिराया गया। जनसंघ घटक रामसुंदर दासजी के नेतृत्ववाली सरकार में शामिल हो गया। लालू प्रसाद और नीतीश कुमार सभी छात्र नेता की हैसियत से आरक्षण के समर्थन में आंदोलन कर रहे थे। पिछड़ा वर्ग में महाजागरण आया। प्रतिकार करने की शक्ति बढ़ी और काफी लोग इस संघर्ष में घायल हुए और प्रताड़ित किए गए। संघर्ष की धारा प्रबल होती गई। कर्पूरी ठाकुरजी ने सभी क्षेत्रों में समतामूलक दृष्टि से काम किया। इसके बावजूद उनको अपमानित किया जाता रहा।

1990 में जब मंडल कमीशन के तहत केंद्रीय सेवा में 27 प्रतिशत आरक्षण की घोषणा पिछड़े वर्ग के लिए की गई, तब उत्तर भारत में पुनः सामाजिक गृह-युद्ध की स्थिति पैदा हो गई। लालू प्रसाद उस समय बिहार के मुख्यमंत्री थे। उन्होंने मजबूती के साथ आरक्षण समर्थकों को संरक्षण दिया तथा आरक्षण विरोधियों का दमन किया। अगड़ा और पिछड़ा के दो खेमे बन गए। लालू प्रसाद पिछड़ा वर्ग के सहज-स्वाभाविक संरक्षक के रूप में उभर गए। हिंसा, प्रतिहिंसा और प्रतिशोध की भावना अंदर-अंदर आज तक चली आ रही है।

भारतीय जनता पार्टी ने नीतीश कुमारजी के साथ समझौता किया। प्रारंभ में नीतीश कुमार लालू प्रसाद के प्रबल पक्षधर थे। बाद में मतभेद हो गया और वे अलग हो गए। भारतीय जनता पार्टी ने लालू प्रसाद के मुकाबले नीतीश कुमार को पिछड़ा वर्ग में नेता बनाया। जब तक भा.ज.पा. नीतीशजी की सरकार में शामिल रही, तब तक बिहार के भा.ज.पा. नेता नीतीश कुमार का ही गुणगान करते रहे। जब श्री नरेंद्र मोदी का नीतीश ने विरोध करना शुरू किया, उस समय भी बिहार के नेतागण नीतीशजी का गुणगान करने में लगे रहते थे। श्री नरेंद्र मोदी के मुकाबले उन्होंने श्री नीतीश कुमार को आदर्श माना। नीतीश कुमार को नेता भा.ज.पा. ने बनाया और आज भी भा.ज.पा. के कुछ नेताओं की अंतर्धारा नीतीश के साथ है। गाँव, गरीब, किसान, मजदूर एवं पिछड़ा वर्ग में सम्मानजनक छविवाले भा.ज.पा.

के किसी पिछड़ा वर्ग के नेता को आगे बढ़ाया जाता तो आज बिहार में भा.ज.पा. सबसे मजबूत दल रहता। पराए पूत को पाला गया और अपने पूत की प्रतिभा की उपेक्षा की गई।

2014 में पिछड़े वर्ग में एकजुटता और आक्रामकता आई। ऊँची जातियों ने उसी रूप में साथ दिया। पहला अवसर था, जब पिछड़ा वर्ग और ऊँची जाति में सामाजिक समन्वय बना था। सभी संघ विचारधारा के नहीं थे और न संघ के स्वयंसेवक थे। उन्होंने सामाजिक और राजनैतिक कारण से श्री नरेंद्र मोदी का साथ इसलिए दिया था कि श्री मोदी पिछड़ा वर्ग के निर्धन एवं निर्बल परिवार से आए हैं। सहानुभूति थी और वह लहर बन गई। भा.ज.पा. के लोगों ने समझने में भूल की थी। उन्होंने समझा, सभी हिंदुत्ववादी बन गए हैं और संघ के समर्थक हैं। यहाँ सभी विश्लेषक भूल कर जाते हैं। वे समझते हैं कि श्री मोदी के कारण पिछड़ा वर्ग सतह से शिखर तक अंध समर्थक बन चुका है। पिछड़ा वर्ग पंचायत से केंद्र तक और सरकार से संगठन तक में अपनी हिस्सेदारी चाहता है। प्रदेश में अपना नेतृत्व और जननायक चाहता है। सरकार में अपनी हिस्सेदारी चाहता है। न्यायपालिका और कार्यपालिका में सम्मानजनक हिस्सेदारी चाहता है।

(पंजाब केसरी, 30 मई, 2017)

□

लोकसभा में हर-हर हुक्मदेव

पक्षपात की भावना जड़ों में इतनी गहरी समाई हुई है कि ग्रामीण पृष्ठभूमि से आनेवाले लोगों को पूरे जीवन में उनका हक नहीं मिल पाता, जबकि अंग्रेजी बोलनेवाले सत्तासीन उच्च वर्गीय आसानी से सबकुछ प्राप्त कर लेते हैं। यह कटु सत्य अंग्रेजी समाचार पत्रों के पृष्ठों पर नजर दौड़ाकर आसानी से देखा जा सकता है, जहाँ महानगरों और नगरों की छोटी-छोटी घटनाओं को बढ़ा-चढ़ाकर प्रस्तुत किया जाता है, परंतु ग्रामीण भारत का उल्लेख भर करके छोड़ दिया जाता है।

आज जरूरत प्रिंट मीडिया के नियंत्रकों और संपादकों से कड़ा विरोध व्यक्त करने की है, जिन्होंने लोकसभा में हुक्मदेव नारायण के महँगाई पर भाषण का पूरी तरह 'ब्लैक आउट' किया। मीडिया पहले से स्क्रिप्टेड भाषण बोलनेवाले कांग्रेस नेता राहुल गांधी और नपा-तुला जवाब देनेवाले वित्त मंत्री के भाषण तक ही सीमित रहा, जबकि इनके मध्य अपने तीक्ष्ण और सटीक तर्कों से हस्तक्षेप करनेवाले हुक्मदेव नारायण को एक लाइन का स्थान भी नहीं दिया। अपने नाम के आगे यादव न लगानेवाले नारायण पक्के लोहियावादी हैं। उनके भाषण तर्कवादी, जमीन से जुड़े और सर्वश्रेष्ठ होते हैं तथा ग्रामीण अर्थव्यवस्था का गहराई से दर्शन कराते हैं। लोकसभा में उनके भाषण के दौरान कांग्रेसी बैंचों पर सन्नाटा था, जबकि सत्तारूढ़ बैंचों पर प्रधानमंत्री मोदी और जेटली भी मेजें थपथपाने से खुद को रोक नहीं पा रहे थे। हालाँकि लालू यादव भी हास्यबोध से प्रभावित करते थे, परंतु नारायण, जो कि निम्न सदन में अपनी पाँचवीं पारी खेल रहे हैं, कहीं अधिक विद्वत्तापूर्ण तर्क रखते हैं। इस भाषण में उन्होंने विशेष रूप से राहुल गांधी की पार्टी द्वारा इंडिया के पक्ष में भारत की उपेक्षा करने का आरोप लगाया। उन्होंने बताया कि कैसे किसानों के साथ दोयम दर्जे का व्यवहार किया जाता रहा है! गरीब भी सम्मान से जीना चाहते हैं, परंतु कांग्रेस ने उन्हें शिक्षा और रोजगार की जगह राशन की खैरात बाँटनी शुरू कर

दी। बिहार के मधुबनी से भा.ज.पा. सांसद के 20 मिनट के भाषण में डॉ. लोहिया के प्रभाव की झलक दिखी। नारायण के विचारणीय, परंतु मनोरंजक भाषण को सुनकर ऐसा लगा, मानो डॉ. लोहिया जीवित हो गए हैं! यदि आप भी कुछ मिस कर रहे हैं तो इंटरनेट पर हुक्मदेव नारायण का भाषण देखकर अपना ज्ञान बढ़ा सकते हैं। प्रिंट मीडिया ने बेशक उन्हें उपेक्षित कर दिया हो, लेकिन यू-ट्यूब पर उन्हें सुनकर आप निश्चित ही प्रधानमंत्री को 'हर-हर मोदी, हर-हर मोदी' कहनेवालों को भूल जाएँगे और 'हर-हर हुक्मदेव' कहना शुरू कर देंगे।

(पंजाब केसरी, 31 जुलाई, 2016)

□

नियम 193 पर बहस : देश में अत्याचार और भीड़ द्वारा हिंसा

श्री हुक्मदेव नारायण यादव (मधुबनी) : अध्यक्ष महोदया, मैं आपको धन्यवाद देना चाहता हूँ कि आप जब कभी भी विषय को चर्चा के लिए चुनती हैं तो उस विषय को व्यापकता में ले जाती हैं। एस.आई.आर.आई. में भी जब विषय को चुना जाता है तो उसको भी व्यापकता में ले जाते हैं। आज का विषय भी सीमित नहीं है। यह व्यापक विषय है, क्योंकि प्रस्ताव में स्वत: ही कहा गया है कि देश में अत्याचारों और भीड़ द्वारा हिंसा में जान से मारने की कथित घटनाओं से उत्पन्न स्थिति के बारे में चर्चा। भीड़ कोई एक नहीं है और न ही कोई एक तरह की है। भीड़ तो भीड़ है, चाहे वह किसी के भी नाम पर हो, लेकिन भीड़ द्वारा जो हिंसा की जाती है, उस भीड़ की मानसिकता क्या रहती है, इस संबंध में मैं एक उदाहरण यहाँ देना चाहूँगा। 'रामचरितमानस' में एक कहानी है, जिसके बारे में आप मुझसे ज्यादा जानते हैं कि कालनेमि नामक एक राक्षस था। वह जब श्री हनुमान के रास्ते में बाधा उत्पन्न करने गया तो उसने अपना रूप साधु का बना लिया, लेकिन हनुमानजी ने उसके उस रूप को पहचान लिया, फिर आगे की कथा चलती है। इसी तरह से मैं जानता हूँ कि हिंदुस्तान में भी कुछ लोग आज कालनेमिवाद से ग्रसित हैं। कालनेमि कोई एक व्यक्ति नहीं है। कालनेमि एक विचाराधारा है, कालनेमि एक चरित्र है, कालनेमि का एक चिंतन है और आज भी हिंदुस्तान की राजनीति में ये कालनेमि हैं। ये पहले भी थे, आज भी हैं और आगे भी रहेंगे, लेकिन उससे लड़नेवाला भी हनुमान जैसा चाहिए। उससे लड़ने का जब प्रश्न आया तो मैं खड़गेजी से निवेदन करूँगा कि भारत के प्रधानमंत्री ने कई बार सार्वजनिक रूप से यह बात कही है कि यह गलत है, यह अपराध है, इसको बरदाश्त नहीं किया जाएगा, इसके विरुद्ध

काररवाई होनी चाहिए। भारत का प्रधानमंत्री जब इस बात को कह रहा है तो राज्य सरकारों की यह जिम्मेदारी बनती है कि प्रधानमंत्री के आदेश के अनुसार काररवाई करें। क्या कहीं संविधान में लिखा है कि भारत की सरकार पलटन भेज देगी? भारत की सरकार सी.आर.पी.एफ. और बी.एस.एफ. को अलग से भेज देगी। जहाँ भी भेजने की आवश्यकता है, जैसे कश्मीर में भेजने की आवश्यकता है, चीन से लगनेवाली सीमा पर भेजने की आवश्यकता है; तो निर्भयतापूर्वक और निडरतापूर्वक भारत की सरकार काम कर रही है और आगे भी करती रहेगी। जब प्रधानमंत्रीजी ने बार-बार कहा है तो किसी की नीयत पर शंका पैदा करना उचित नहीं है। हमारे गुरु डॉ. लोहिया हमेशा कहा करते थे कि तुम नीतियों की आलोचना करो, उनके विचारों की आलोचना करो, लेकिन किसी की नीयत पर शंका मत करो। यह बहुत खराब बात है। आप हमारी नीयत पर शंका करते हैं। हम बार-बार कह रहे हैं, घोषणा कर रहे हैं···(व्यवधान) आप शांति रखे।···(व्यवधान) मैं इस बात को इसलिए कहता हूँ कि आज हिंदुस्तान के करोड़ों लोग इस गंभीर समस्या पर चर्चा को टी.वी. पर देख और सुन रहे होंगे।···(व्यवधान)

माननीय अध्यक्ष : आप लोग बीच में क्यों बोल रहे हैं?

श्री हुक्मदेव नारायण यादव (मधुबनी) : आज हिंदुस्तान के करोड़ों लोग देख रहे होंगे, इस चर्चा को ध्यान से सुन रहे होंगे। मैं उन सभी श्रोताओं को कहना चाहता हूँ कि सदन की चर्चा को आप अपने अंदर रखो, उस पर चिंतन करो, मनन करो और निर्णय करो। मैं भी कहता हूँ, मुझे भी जानकारी है और 58 वर्ष की राजनीति में मैंने ऐसे बहुत से कालनेमियों को देखा है। आज मैं कहता हूँ कि वे छद्मवेशी लोग हैं, जो कालनेमि बनकर किसी दूसरे नाम से सरकार को बदनाम करने के लिए योजनाबद्ध तरीके से इस तरह के आतंकवादी कार्यक्रम चला रहे हैं, ताकि सरकार की छवि को बरबाद किया जा सके। ऐसे कालनेमि को पकड़ने की आवश्यकता है। वह कौन है, उसको खोजने की आवश्यकता है···(व्यवधान) इसलिए मैं आपसे विनम्र प्रार्थना करता हूँ।···(व्यवधान) मैं आपको तो कालनेमि नहीं कह रहा हूँ, तो आप नाराज क्यों हो रहे हैं? मैं किसी दल या पार्टी पर कोई आरोप नहीं लगा रहा हूँ।

आप भीड़ की बात करते हैं। अध्यक्ष महोदया, मैं फिर पूछना चाहता हूँ कि कश्मीर में एक डीएसपी अफसर किसी समारोह के कार्यक्रम में जाता है, भीड़ आती है और उन्हें पकड़कर घसीटकर उनकी हत्या कर देती है।···(व्यवधान) क्या

वह भीड़ की हत्या नहीं है? कश्मीर में हमारी पलटन सीमा की सुरक्षा के लिए लगी है, आतंकवादियों से लड़ रहे हैं। उस समय हमारी पलटन पर भीड़ बनाकर पथराव करते हैं। उनके राष्ट्रभक्ति के काम में अवरोध पैदा करते हैं। आतंकवादियों से लड़ने से रोक रहे हैं और फिर इसी देश में एकाध नेता ऐसे भी होते हैं, जो उन पत्थरबाजों को कहते हैं कि वे अपने अधिकार के लिए लड़ रहे हैं।···(व्यवधान) देश के सभी लोग इसको सुनते हैं और समझते हैं। इसीलिए मैं विनम्र प्रार्थना कर रहा हूँ कि देश के नौजवानो समझो।···(व्यवधान)

HON. SPEAKER : Shri Rajeev Satav Ji, I am taking note of you. ध्यान रखिए।

श्री हुक्मदेव नारायण यादव (मधुबनी) : मैं फिर एक बार आपसे प्रार्थना करूँगा कि यह आज की लड़ाई नहीं है। मैं आपको बहुत दिन की एक घटना और डॉ. लोहिया की एक वाणी सुना देना चाहता हूँ।···(व्यवधान) दिनांक 05.11.1965 को केरल में राष्ट्रपति शासन की उद्घोषणा संबंधी संकल्प पर बोलते हुए उन्होंने कहा था कि सिद्धांतत: एक बात बतलाना चाहता हूँ, वह यह कि कांग्रेसी सरकार को एक बात का घमंड है कि वह हार नहीं सकती, तो वह किसी हद तक सही है। स्वतंत्र पार्टी कभी उसको हरा नहीं सकती, जनसंघ उसको कभी नहीं हरा सकता, कम्यूनिस्ट पार्टी उसको नहीं हरा सकती। केवल एक दल उसको हरा सकता है, जिसमें आर्थिक क्रांतिकारिता और राष्ट्रीयता दोनों एक साथ समान मात्रा में जुड़ी हो।···(व्यवधान) मैं यह नहीं कह रहा हूँ। उन्होंने कहा कि आर्थिक क्रांतिकारिता और राष्ट्रीयता; दोनों समान रूप से जुड़ी हुई हों और इसी को समन्वित करने के लिए वर्ष 1964 में कानपुर में संघ के शिविर में पंडित दीनदयाल उपाध्यायजी ने लोहियाजी को आमंत्रित किया था। लोहिया व दीनदयाल उपाध्याय एक साथ जुड़ने की प्रक्रिया में चल रहे थे। उनके दुश्मनों को यह बरदाश्त नहीं हुआ तो वर्ष 1967-68 में वर्ष 1967 में लोहियाजी और वर्ष 1968 में दीनदयालजी, इन दोनों की हत्या कर दी गई···(व्यवधान) कि यह एकत्रीकरण न हो पाए। आर्थिक क्रांतिकारिता और राष्ट्रीयता; दोनों एक साथ समान मात्रा में जुड़ी हुई हों, उन्होंने उस समय भविष्यवाणी की थी।···(व्यवधान) वह दल अभी बन पाया है या नहीं, इस पर मैं कोई राय नहीं देना चाहता, लेकिन इतना जरूर याद रखना कि वह कृष्ण छोटा क्यों न दिखाई पड़ता हो, लेकिन किसी वक्त वह कंस के सिर और छाती पर चढ़कर ऐसा मारेगा कि उसको ठीक कर देगा। यह काम आर्थिक क्रांतिकारिता

और राष्ट्रीयता के जुड़ाववाली पार्टी ही कर सकती है।...(व्यवधान) मैं इसी संदर्भ में कहना चाहता हूँ कि श्री नरेंद्र मोदी भारत के प्रधानमंत्री बने हैं। वे राष्ट्रीयता की भावना से ओत-प्रोत हैं, लेकिन आर्थिक क्रांतिकारी कदमों को उठा रहे हैं। जो लोग जाननेवाले हैं, वे समझ गए हैं कि अगर राष्ट्रीयता और आर्थिक क्रांतिकारिता एक साथ चलेगी तो दोनों की चक्की में जितने कालनेमि हैं, वे ऐसे पिस जाएँगे कि उनके वंश में कोई रहनेवाला नहीं रहेगा। इसीलिए मैं आपसे प्रार्थना करना चाहता हूँ कि यह कहाँ-से-कहाँ, कहीं पर निगाहें, कहीं पर निशाना, मन में है कुछ और बात करते हैं कुछ। क्या यह आज हुआ है? यह शब्द मुझे बड़ा खराब लगता है। जब राज्यसभा में बहस हो रही थी तो मैंने पूछा कि किस विषय पर बहस हो रही है तो कहा कि मॉब लिचिंग पर बहस हो रही है, तो भूपेंद्र यादवजी से हमने पूछा कि ये लिचिंग-फिचिंग क्या होता है? तो उन्होंने मुझे बताया कि भीड़ के द्वारा किया गया उपद्रव। मैंने जैसे कश्मीर की बात बताई, मैं यह नहीं कहता कि आरोप लगाता हूँ, लेकिन मैं यह जानना चाहता हूँ कि केरल में दो विचारों की लड़ाई है। भारतीय चिंतन में वैचारिक द्वंद्व को महत्त्व दिया गया है। विचार करो, सत्संग करो, बहस करो, आपस में समन्वय बनाओ और सहमति बनाओ। यही तो हमारी धारा रही है।

हम इससे कहाँ विमुख होते हैं। आप जिस बात की चर्चा करते हैं, उस बात से आगे आइए, जिसकी चर्चा में आपने कहा कि ट्रेन में जुनैद को मार दिया। यह बार-बार आ रहा है कि सीट के लिए झगड़ा हुआ था और उसे आप जोड़ रहे हैं कि इस कारण से मार दिया। ये बातें सामने आईं कि सीट के लिए झगड़ा हुआ। दो आदमी आपस में लड़ पड़े, दो आदमियों ने मारा-मारी कर दी और आप उसमें उठाकर यह बात ला रहे हो कि हिंदू-मुसलमान का झगड़ा है...(व्यवधान) आप हिंदू-मुसलमान का झगड़ा मत बनाओ। मैं फिर कहना चाहता हूँ कि केरल में अगर संघ के प्रचारक अपने विचार का प्रचार करते हैं, वहाँ प्रचारक जाते हैं तो उन प्रचारकों की हत्या होती है। क्यों होती है, किस कारण से होती है? एक बात याद रखो कि भारतीय संस्कृति में हम इसको मानते हैं—एक नहीं, अनेक। हम उस विचार के राही हैं। हम उस शाश्वत, सनातन राह के राही हैं कि हम विचार को लेकर चले हैं। आप मेरा सिर काटते चलोगे, मेरी हत्या करते चलोगे, लेकिन हम उस राह के राही हैं कि एक-न-एक दिन एक में से अनेक बनते जाएँगे और कभी-न-कभी हम अपनी मंजिल तक पहुँचेंगे। आप हमारी हत्या कर रहे हो, क्या वह मॉब लिचिंग नहीं है? उसके लिए आपकी आँख में आसू नहीं हैं। क्या वह मरनेवाला मानव नहीं है?

केरल में जो लोग मारे जाते हैं, क्या वे इनसान नहीं हैं? क्या वे हिंदू या मुसलमान के खाते में नहीं डाले जा सकते हैं, इसीलिए न, लेकिन इनसान-इनसान होता है। किसी भी दल के चिंतन को बरदाश्त करने की क्षमता होनी चाहिए। जिसमें सहनशीलता नहीं है, जिसमें बरदाश्त करने की क्षमता नहीं है, वह हिंसा का सहारा लेता है।

महोदया, एक राजनीतिक पार्टी के बड़े नेता, मैं नाम नहीं लूँगा, उनका एक अखबार और टी.वी. में बयान आया। मुझे सेंट्रल हॉल में साथी लोग बता रहे थे कि ऐसा बयान आया है कि वह झारखंड में कहते हैं कि ये जो नक्सलाइट्स हैं, उन नक्सलाइट्स को अमुक पार्टी को वोट देना चाहिए और उसका समर्थन करना चाहिए। क्या यह मॉब लिचिंग को हवा देना नहीं है? इससे बड़ी मॉब लिचिंग क्या हो सकती है? मैं कहूँगा कि जिस पार्टी के वे नेता हैं, उन्होंने नक्सलाइट्स से खुले रूप में समर्थन माँगकर राष्ट्रद्रोह किया है। उन पर राष्ट्रद्रोह का मुकदमा चलना चाहिए, क्योंकि इससे बड़ा कोई अपराध नहीं है। उग्रवाद-आतंकवाद से अपने हित के लिए समझौता करना हमने इसी देश में देखा है।

बाटला कांड हुआ, उस पर विवाद हुआ। बाटला कांड में एक शहीद को क्या नहीं कहा गया? मुंबई की घटना हुई, उसमें एक बड़े अफसर करकरे थे, उनकी शहादत हुई। उसके बारे में क्या-क्या नहीं कहा गया? हमने क्या-क्या नहीं सुना है। क्या-क्या न किया मेरे साथ, जानता हूँ मैं आपकी कहानी को, लेकिन आप धीरज से सुनिए, यह अत्याचार आज है। सामाजिक अत्याचार, राजनीतिक अत्याचार, आर्थिक अत्याचार, धार्मिक अत्याचार, सांस्कृतिक अत्याचार इस हिंदुस्तान में होते रहे हैं।

मैं अपने क्षेत्र की घटना बताता हूँ और इस सदन से प्रार्थना करता हूँ कि सदन के किसी वरिष्ठ संसद् सदस्य की अध्यक्षता में संसद् की कमेटी बने। मैं तीन घटनाओं का जिक्र करता हूँ, वे उनकी जाकर जाँच कर लें। मेरे क्षेत्र में विस्फी है, लोहरा सुबोल एक गाँव है, यह यादवों का गाँव है। उन लोगों ने महावीरी झंडा बनाया, वे उसका जुलूस निकालना चाहते थे। आगे नरसाम एक संप्रदाय विशेष का गाँव है। वहाँ सरकारी सड़क है, पी.डब्ल्यू.डी. की सड़क है, प्रधानमंत्री सड़क है, पी.सी.सी. सड़क है, 20 फीट चौड़ी सड़क है, लेकिन उन्होंने कहा कि यहाँ से होकर महावीरी झंडा नहीं जाने देंगे, क्योंकि सड़क के किनारे हमारा एक धार्मिक स्थल है, हम इसके सामने से जाने नहीं देंगे। यह आज की घटना नहीं है। उस समय आर.जे.डी. की सरकार थी। वहाँ पुलिसवाले आए, अफसर आए, लेकिन नहीं जाने दिया। एक अलग से सड़क बना दी गई कि महावीरी झंडा लेकर उस सड़क से

जाओ, तुम इस सड़क से नहीं जा सकते हो। क्या एक हिंदुस्तान में दो हिंदुस्तान बनेंगे? क्या महावीरी झंडा जाने के लिए अलग सड़क बनेगी, ताजिया जाने के लिए अलग सड़क बनेगी, मुसलमानों के जुलूस के लिए अलग सड़क बनेगी, रामनवमी, जन्माष्टमी, सरस्वती पूजा में प्रतिमा के विसर्जन के लिए अलग सड़क बनेगी? वह सरकारी सड़क है, यह घटना नंबर एक है।

घटना नंबर दो—मेरे संसदीय क्षेत्र में दरभंगा जिला पड़ता है। वहाँ दानी नाम से एक गाँव है। वहाँ के अनुसूचित जाति के कमजोर बच्चों ने सरस्वती पूजा की और विसर्जन के लिए जुलूस निकालना चाहा। उनसे कहा गया कि गाँव से होकर, इस प्रधानमंत्री सड़क से होकर मुख्य सड़क से जुलूस नहीं ले जा सकते हो। उनके जुलूस को रोका गया कि तुम इस रास्ते से बाहर-बाहर जाकर नदी में मूर्ति का विसर्जन करो। मैंने उनको रोका और कहा कि उसी सड़क से ही जुलूस जाएगा। फिर वहाँ डी.जी.पी. आए और उन्होंने उनके जुलूस को निकाला। क्या यह मॉब लिचिंग से कम बड़ा अपराध है? यह सांस्कृतिक अपराध है। सांस्कृतिक जुलूस को रोकना, किसी के धार्मिक कर्तव्यों में बाधा पैदा करना, क्या यह मॉब लिचिंग से छोटा अपराध है? उनको क्यों रोका गया? आप जाकर जाँच कीजिए।

एक अंतिम घटना बताता हूँ। भैरवा नामक एक गाँव है। वहाँ बहुत बड़ी परती है। उसमें किसी शाहूजी ने किसी जमाने में महादेव का मंदिर बनाया। आज उसके चारों तरफ कब्रिस्तान की घेराबंदी कर दी गई है। उस मंदिर का रास्ता बंद हो गया है। हर साल, सावन में वहाँ टेंशन होता है। हजारों लोग वहाँ जलाभिषेक करने जाते हैं। उनका रास्ता रुक जाता है। उनको घुटने भर कीचड़ में होकर जाना पड़ता था। उसमें किसी तरह पी.सी.सी. मैंने करवाया, जिस पर होकर लोग जाते हैं। आखिर क्यों, कमजोर कौन है? इस देश में न कोई अल्पसंख्यक है और न ही बहुसंख्यक है। हिंदुस्तान हिंदू जातियों में बँटा है। हर जात को अलग-अलग कर दो तो हर जात अल्पसंख्यक है, कोई बहुसंख्यक नहीं बनता है।

मैं उस क्षेत्र से आता हूँ, जिस क्षेत्र में अकेले सर्वाधिक मुसलिमों के वोट हैं, लेकिन मैं उस क्षेत्र से भारतीय जनता पार्टी के उम्मीदवार के तौर पर जीतकर आता हूँ और गर्व से कहता हूँ कि मुझे मुसलिम भाइयों का भी वोट मिलता है, कुछ मुसलिम भाइयों का वोट भी मिलता है। दुर्गा पूजा है, रामनवमी है, सरस्वती पूजा है, पिछड़े और दलित समाज के बच्चे शहरों में जाने लगे हैं, उनमें चेतना आई है, वे भी ऐसे मौके पर मूर्ति पूजा करते हैं, सांस्कृतिक उत्सव मानते हैं और

उनके बच्चों को आनंद आता है। दुर्गा माता की पूजा राम नवमी में, राम के नाम पर, कृष्ण के नाम पर उनके बच्चों को आनंद आता है। कुछ मिठाइयाँ बनती हैं, आपस में बाँटकर खाते हैं, उनके हृदय में कितना आनंद आता होगा! उस आनंद को कौन जाने? लेकिन जब वे मूर्ति विसर्जन करने के लिए चलते हैं तो इस रास्ते से नहीं जाने देंगे, कभी इस पर किसी ने बोला, इतने दिनों तक आपका राज था, इस पर किसी ने बोला? अभी-अभी बिहार में शपथ ग्रहण के बाद एक मुसलमान मंत्री ने कहा—जय श्री राम। उनके ऊपर फतवा जारी हो गया। उनका निकाह कैंसल कर दिया। उनको फाँसी पर झुलाया गया। उनको कहा गया कि तुम माफी माँगो। वे सबके बीच में गए। मॉब के बीच में गए और माइक पर कहते हैं कि जिन लोगों को मेरी बात से चोट लगी हो, तो मैं उनसे माफी माँगता हूँ।...(व्यवधान) मैं कहना चाहता हूँ कि अगर उसने जय श्रीराम कहा तो क्या अपराध किया? गांधीजी के समय में मौलाना अबुल कलाम आजाद थे, रफी अहमद किदवई थे, खान अब्दुल गफ्फार खान थे, सब साबरमती आश्रम में बैठते थे, सब एक साथ कहते थे—'ईश्वर अल्लाह तेरे नाम, सबको सन्मति दे भगवान्'। ईश्वर-अल्लाह का गान, हिंदू-मुस्लमान सब मिलकर करते थे। कहाँ मौलाना आजाद थे, रफी अहमद किदवई थे, खान अब्दुल गफ्फार खान थे, जाकिर हुसैन थे, ये जब गांधीजी के नेतृत्व में, वंदे मातरम बोलते थे, आज वह वंदे मातरम कहना क्या अपराध है? इस देश में हमें वंदे मातरम नहीं कहने देंगे, क्या यह मॉब लिचिंग नहीं है? यह मॉब लिचिंग से भी बड़ा अपराध है। राष्ट्रीयता के साथ, एकता के साथ और अखंडता के साथ अपराध है। राष्ट्र धर्म सबसे बड़ा धर्म होता है।

एक बात कहकर मैं समाप्त करूँगा। डॉ. लोहिया ने कहा कि हिंदुस्तान में दो धाराएँ हैं। एक धारा, दास भाव का समन्वय है और एक धारा, स्वामी भाव का समन्वय है। डॉ. लोहिया ने इसी लोकसभा में बोलते हुए कहा, भारतीय इतिहास की आलोचना पर बोलते हुए लोहियाजी ने कहा था।...(व्यवधान) लोहियाजी के साथ अन्याय नहीं हो रहा है, मैं लोहिया की किताब पढ़ रहा हूँ, लोहिया वह नहीं थे, आप सुनिए, लोहिया ने क्या कहा है। उन्होंने कहा कि आजकल वक्ताओं में यह भी देखा गया है कि बार-बार कहने की प्रवृत्ति आ गई है कि हमारा अनोखा देश है।...(व्यवधान) यह सबको खपा दिया करता है। सबके साथ समन्वय कर लिया करता है। हमारा तो विविधता में एकता वाला देश है। आज आप महानुभाव लोगों से मैं यह कहना चाहता हूँ कि इस इतिहास की जहरीली धारा ने हमारे दिमाग

को कुछ ऐसा बना डाला है कि वर्तमान राजनीति में लगा हुआ हिंदुस्तान सोचता है कि हम तो प्रगतिशील हैं। अब आने दो किसी बाहरवाले को, जीत लेगा तो हमारा क्या बिगड़ेगा, एक दफा जीत लेगा और बाद में हमारे अंदर एक बहुत जबरदस्त सांस्कृतिक अमृत है, उसके सबब से हम उसको सांस्कृतिक रूप से जीत लेंगे, अपने में खपा लेंगे। अपने में यह खपा लेने की बात के संबंध में मैं कहना चाहता हूँ कि इतिहास की यह धारा बिल्कुल खत्म होनी चाहिए। समन्वय दो तरह का होता है, एक दास का समन्वय है और एक स्वामी का समन्वय है। पिछले हजार वर्ष के इतिहास से हिंदुस्तान ने स्वामी भाव का समन्वय नहीं सीखा। यह एक दास का समन्वय रहा है। ये सांस्कृतिक समन्वय की बात कह रहे हैं, यह मैं नहीं कह रहा हूँ इसी लोकसभा में भारतीय इतिहास की आलोचना पर बोलते हुए डॉ. लोहिया ने कहा था। उन्होंने कहा है कि इस संबंध में मैं खाली परदेशियों को ही दोष नहीं देता, उनके सबब से जितने भी इतिहासकार हैं, वे उसी जहर में बिल्कुल घुल जाते हैं। आज भारत में दो इतिहास के स्कूल हैं, एक डॉ. ताराचंद का और एक डॉ. मजूमदार का। ये दोनों के दोनों इसी समन्वय धारा के हैं, विविधता धारा के हैं। भारत क्या है, उसको भूलकर भारत के जो विभिन्न अंग हैं, उनकी तरफ निगाह चली जाती है। मैं आपसे प्रार्थना करना चाहता हूँ।

माननीय अध्यक्ष : क्या हो गया?

श्री मल्लिकार्जुन खड़गे (गुलबर्गा) : अगर लोहियाजी जिंदा रहते, तो हुक्मदेव साहब को देखकर रो पड़ते।

माननीय अध्यक्ष : ऐसा तो नहीं है, कोई जरूरी नहीं है। आपके कान में आकर थोड़े कहेंगे।

श्री हुक्मदेव नारायण यादव (मधुबनी) : खड़गे साहब, हिंदुस्तान में विविधता में एकता है, मैं ऐसा संसद् सदस्य हूँ, जिसमें विविधता में एकता है। मेरे पिताजी, आठ चाचा, चार चचेरे भाई गांधीजी के नेतृत्व में स्वतंत्रता आंदोलन में जेल गए। उन्होंने चार साल की सजा भोगी। वे सभी कांग्रेसी थे। मेरे आठ चाचा, चार चचेरे भाई, मेरे खानदान से 16 आदमी जेल गए, चार साल की सजा पाए, लेकिन इतिहास में उनका कहीं नाम नहीं है। उनका नाम इतिहास में है, वे मजा पा रहे हैं, जिनके खानदान से एक आदमी जेल में गया और वर्षों तक हिंदुस्तान में मजा पाते हैं। मैं भी उसी खानदान से हूँ। मेरे अंदर भी स्वतंत्रता सेनानी का खून है, जो अंग्रेजी राज से लड़ा था। मेरे अंदर वह खून है, इसलिए मैं कांग्रेसी राज से

लड़ा। मेरे अंदर वह खून है, इसलिए मैं आज भी लड़ रहा हूँ। चाहे मर जाऊँगा, मिट जाऊँगा, लेकिन कभी कांग्रेस के आगे अपने सिर को नहीं झुकाऊँगा। मैं उस तरह का आदमी हूँ। मैं ऐसा नहीं हूँ कि आज कुछ और कल कुछ, कांग्रेस के आगे झुकते भी हैं, कांग्रेस से मिलते भी हैं, अंदर-अंदर दोस्ती और बाहर-बाहर झगड़ा! ड्राइंग रूम में एक थाली में पुलाव खाते हैं और सड़क पर आकर एक-दूसरे को गाली देते हैं! क्या देश में होली मनाते हो? जिसका कोई लेखा-जोखा नहीं रहेगा, जनता लेखा-जोखा लेगी। इसलिए मैं आपसे प्रार्थना करता हूँ कि समझो, मैं वर्ष 1950 का संघ का स्वयंसेवक हूँ। आपमें से कितने हैं, जो वर्ष 1950 में जन्म लिये होंगे? मैं वर्ष 1950 से संघ का स्वयंसेवक हूँ, जब 8वीं क्लास में पढ़ता था। संघ का स्वयंसेवक रहते हुए, शाखा में जाते हुए, गुरु दक्षिणा करते हुए मैं समाजवादी युवाजन सभा में काम करता था। लोहिया के नेतृत्व में सामाजिक क्रांति में लगा रहा। मैं दोनों धाराओं को लेकर आया हूँ। मैं तो शुरू से कहता हूँ। मैं आपसे प्रार्थना करता हूँ। फिर उसी भारतीय इतिहास की आलोचना पर डॉ. लोहिया ने कहा था कि, "आज जो हमारे बीच बसनेवाले मुसलमान हैं, आखिर तो हमारे भूतपूर्व हिंदू हैं, उनका कोई हाथ नहीं था, उस वाकये में, उनसे बदला न लिखाकर, जो कि एक बिल्कुल अहमक काम होगा, हम यह कोशिश करते हैं कि इतिहास को गुस्से के रूप में न देखें, बल्कि दर्द के रूप में देखें।"

हम खिलाफ नहीं जाते, जब वे कहते हैं कि हिंदुस्तान के मुसलमान भूतपूर्व हिंदू हैं तो मुसलमानों को भी सोचना चाहिए कि वे भूतपूर्व हिंदू हैं। दोनों सोचेंगे, हर मुसलमान सोचे और हिंदू की भावना का सम्मान करे, उसी प्रकार हिंदू भी मुसलमान की भावना का सम्मान करे। मैं आपसे पूछना चाहता हूँ, गीता में भगवान् कृष्ण ने कहा, 'कृषि गोरक्ष्य वाणिज्यं वैश्य कर्म स्वभावजं।'...(व्यवधान) आप बोल लीजिएगा। आप बहुत दिन बोले हैं...(*Not Recorded*)...(व्यवधान) इसलिए मेरी विनम्र प्रार्थना है, जब मुसलमान को लोहिया कहते हैं कि आखिर वह भूतपूर्व हिंदू तो हैं, तो मुसलमान को भी सोचना चाहिए कि वे भूतपूर्व हिंदू हैं। हर हिंदू सोचे, जो मुसलमान हैं, वे हमारे पुरखे थे, तो मुसलमान को भी सोचना चाहिए कि आज जो हिंदू हैं, हम उन्हीं के पुरखों की औलाद हैं। दोनों को सोचना पड़ेगा।...(व्यवधान) मैं आपसे प्रार्थना करूँगा, मैं डॉ. लोहिया की इन बातों के साथ आपसे प्रार्थना करना चाहूँगा, मैं उन्हीं की बात सुनाना चाहूँगा।...(व्यवधान) डॉ. लोहिया समाजवादी थे।...(व्यवधान)

माननीय अध्यक्ष : माननीय सदस्य, अगर आपको अभी समय लगेगा तो लंच के बाद बोल लें।...(व्यवधान)

श्री हुक्मदेव नारायण यादव (मधुबनी) : अगर अभी पाँच-सात मिनट दे दें तो मैं अपनी बात खत्म कर देता हूँ।...(व्यवधान)

माननीय अध्यक्ष : अगर आप लंच के बाद बोलें तो ज्यादा अच्छा है। अभी एक कार्यक्रम है। बाद में आपको पाँच मिनट दे देंगे।

(31 जुलाई, 2017)

□

लोकसभा चौदह बजकर सत्रह मिनट पर पुनः समवेत हुई

(माननीय उपाध्यक्ष पीठासीन हुए)

श्री हुक्मदेव नारायण यादव (मधुबनी) : उपाध्यक्ष महोदय, भोजनावकाश से पहले मैं कुछ बिंदुओं की ओर सदन का ध्यान आकृष्ट कर रहा था। मैं उस ओर सदन का ध्यान आकृष्ट कर रहा था कि जिस तरह पाकिस्तान जैसा देश छद्म रूप से लड़ते हुए इस देश में आतंकवाद को प्रश्रय दे रहा है, प्रोत्साहन दे रहा है और आतंकवाद के नाम पर छद्म युद्ध लड़ रहा है, उसी तरह हिंदुस्तान में कुछ लोग हैं, जो नरेंद्र मोदी के शासन के खिलाफ, सीधे लड़ने की हिम्मत नहीं है, लेकिन वे छद्म युद्ध लड़ रहे हैं। कहीं-न-कहीं उनको भी (कारखाई-वृत्तांत में सम्मिलित नहीं किया गया।) ट्रेनिंग न मिली हो, भगवान् जाने, मुझे पता नहीं, क्योंकि इनकी टेक्नीक वही है, टेक्नोलॉजी वही है। इनके चरित्र वही हैं, इनके कार्यक्रम वही हैं।

महोदय, मैं हिंदुस्तान के करोड़ों नौजवानों से, ये पढ़े-लिखे नौजवान हैं नेटवाले हैं, इंटरनेटवाले हैं, ऑनलाइनवाले हैं, इनके पास वे सारी सुविधाएँ हैं, अगर वे मेरी बात सुन रहे होंगे तो मैं उनसे प्रार्थना करूँगा कि बातों को समग्रता में समझें। आज जो लिचिंग-लिचिंग की बात हो रही है··· (कारखाई-वृत्तांत में सम्मिलित नहीं किया गया।) उस लिचिंग के समय, आज जो फिंचिंग करनेवाले लोग हैं, वे कहाँ थे ? क्या वह उन्हें दिखाई नहीं पड़ा था कि इतना बड़ा नरसंहार हुआ था, जो-जो असम में घटनाएँ घटित हुई थीं, माफ कीजिए, अगर मैं गलत बोलूँ तो मुझे बताइए, कि किसी भी संप्रदाय के द्वारा हो, लेकिन आज बंगाल में संप्रदाय के नाम पर एक-दूसरे के ऊपर समूह बनाकर जो कर रहे हैं, क्या वह लिचिंग··· (कारखाई-वृत्तांत में सम्मिलित नहीं किया गया।) नहीं है ? क्या केवल थोड़ी-सी घटनाओं को आप

लिचिंग मानेंगे? मैं समझता हूँ कि केवल वह लिचिंग नहीं है, बल्कि इसको समग्रता में देखने का काम करिए और इसका समूल नाश कैसे हो, इस पर सदन में विचार होना चाहिए और देश को गंभीरतापूर्वक इस पर चिंतन करना चाहिए।

यह पार्टी का विषय नहीं है। यह किसी जाति विशेष का विषय नहीं है। अभी श्री रामविलास पासवानजी बैठे हुए हैं। हम तो उस राजनीति से आए हैं, जिसमें लड़ते-लड़ते न जाने कितने डंडे खाए हैं। आज भी जब पूर्वा हवा चलती है और इनकी लाठी के डंडे की चोट से जब दर्द होने लगता है, तब मुझे एहसास होता है। आखिर क्यों, हमारे साथ हमारे साथी आज भी वे समाजवादी साथी मर गए, लेकिन उनमें से कुछ जिंदा हैं। मैं उनका नाम नहीं लेना चाहूँगा। वे सामाजिक क्रांति के लिए गए थे, तो उनको पकड़कर घर में बंद कर दिया गया था और कहा गया था कि इनको जिंदा जला दो। जब उस गाँव के पिछड़े तथा दलित लोगों को मालूम हुआ, तो वे झुंड बनाकर आए तथा उनको मुक्त कराया।

किसी जमाने में पिछड़ों तथा दलितों के लिए आवाज उठाना कितना कठिन था, तब लिचिंग होती थी! उस समय लिचिंगवाले ये सब लोग कहाँ थे, वे क्यों नहीं सोच रहे थे? क्या उस समय याद नहीं आ रही थी? जिस समय हम और श्री रामविलास पासवानजी लोकदल में थे, उस समय एक मामूली गरीब का बेटा, नाई जाति का बेटा, शायद एक-दो कट्ठा जमीन जोतनेवाला, कच्ची दीवार, फूस की छत, श्री नरेंद्र मोदीजी के जैसे, जिसके पिता हजामत करके गुजारा करते थे, ऐसा गरीब, जो हमारे नेता थे और उनको अपोजिशन की कुरसी न मिले? इसके लिए चुनाव के समय हमारे लोकदल के पिछड़े और दलित वर्ग के आठ साथियों को चुनाव की गिनती में हरवाया गया था। क्या वह एडमिनिस्ट्रेटिव लिचिंग नहीं थी? वे लोग चुनाव जीत रहे थे, लेकिन उनको हराया गया। फिर मैं अपने क्षेत्र का उदाहरण दूँगा, किसी साथी से कहूँगा कि आप वहाँ जाकर सत्यापन कर लें।

हरलाखी क्षेत्र में चुनाव हुआ, सीपीआई के उम्मीदवार थे, वे बड़े ईमानदार व कर्मठ थे। मैं उनके क्षेत्र से पार्लियामेंट का चुनाव जीतता था। वह साढ़े तीन सौ वोट से चुनाव जीत गए। उनको हराने के लिए एक बूथ पर रिपोलिंग कराया गया, तब भी वे डेढ़ सौ वोट से जीत गए। फिर उस बूथ को कैंसिल करके तिबारा वोट कराया गया और बूथ को कैप्चर किया गया। बगल के क्षेत्र के एक पिछड़ी जाति के सी.पी.आई. के एम.एल.ए. थे, वे पोलिंग एजेंट बने। उनको···(*Not recorded*) की तरह घसीटकर लाया गया और पीट-पीटकर उनके दाँत को तोड़ दिया गया था,

जीवन भर उनके दाँत टूटे हुए रहे। उस समय की इस घटना को हम क्या कहेंगे? मॉब के द्वारा बूथ पर अधिकार कर छीनना, पिछड़े तथा दलितों को बूथ पर से मार-मारकर भगाना, उनकी औरतों की इज्जत लुटवाना, क्या यह लिचिंग नहीं थी?

'अपने तन का मर्म न जाने, मानुष मन मउराना है।'

जरा अपने आईने में झाँकिए। आपने इस देश के साथ क्या-क्या नहीं किया है! मैं केवल सीधे जानना चाहता हूँ, कहीं भी कुछ है, मैं श्री नरेंद्र मोदीजी को धन्यवाद देना चाहता हूँ कि वे इन सारी समस्याओं के समाधान के लिए लड़ रहे हैं। समस्या पैदा किए आप, बच्चे पैदा किए आप, उसमें कोई आतंकवादी, कोई उग्रवादी और कौन-कौन बच्चे पैदा किए और उन बच्चों को हमारे मत्थे डाल दिया और हमको उनसे निपटना पड़ा रहा है। जब हम उनसे बेरहमी से निपटना चाहते हैं तो कहीं-न-कहीं इस देश के राजनीतिक नेताओं की आवाज निकलती है कि हे नक्सलपंथियो! अब तो तुमको सत्ता बनाने के लिए मेरा साथ देना चाहिए। हमें धिक्कार है, ऐसी राजनीति पर, धिक्कार है, ऐसे राजनेता पर। क्या यह लिचिंग को आमंत्रित नहीं करना है? आप अपने घर को सँभालो।

उपाध्यक्ष महोदय, इस देश का सौभाग्य था कि देश के लोगों ने एक गरीब के बेटे, पिछड़े के बेटे को एक बार प्रधानमंत्री बनाकर देश की कुरसी पर बैठाया। आज भी हिंदुस्तान के सामंतवादी बड़े लोग हैं, जिनको यह बरदाश्त नहीं है।

जब मैं एक बार एम.एल.ए. बना तो मेरे पिताजी सुनाने लगे कि एक समय था, जब हमारे गाँव के अंदर जमींदार था, यदि उसके सामने हम जूता या खड़ाऊँ पहनकर चले जाते थे तो दरवाजे पर बुलाकर कचहरी में ईंट पर खड़ा करके सूर्य की तरफ आँख करवा दी जाती थी। यदि शादी-विवाह होने पर पिछड़े और दलित लाल धोती पहनते थे तो उनका धोती खोलकर... (*Not recorded*) करके वहाँ से विदा करते थे। इस अन्याय और अपराध के बोझ को झेलते हुए हम आए हैं, इसलिए हमारे दिल के अंदर दर्द है। आज जो भी सामंतवादी हैं, समृद्ध और संपन्न लोग हैं, जिन्होंने हिंदुस्तान को आजाद भारत में लूटकर खाया है। खुद खाया, परिवार लूटा, खानदान लूटा और उनका समाज लूटा।

वे सब जेल गए। कहाँ-कहाँ, क्या-क्या नहीं अपराध किया, लेकिन आज भी नरेंद्र मोदी को अगर देखते हैं तो उनके कलेजे में दर्द होता है कि मेरे सामने एक चौका-बरतन करनेवाली गरीबनी का बेटा, पिछड़ा, भारत का प्रधानमंत्री बनकर बैठा है, बरदाश्त नहीं हो रहा है। लोकतंत्र कहता है कि बरदाश्त करना सीखो!

हममें क्षमता है, योग्यता है, तब मुझको जनता ने दिया। मेरी बात बहुत लोग नहीं समझ पाएँगे। सी.पी.एम. में भी करुणाकरणजी और डॉ. ए. संपत पिछड़े वर्ग के हैं, लेकिन उनकी ट्रेनिंग कुछ और हुई है और मेरी ट्रेनिंग कुछ और हुई है। आप केवल आर्थिक विषमता के लिए लड़ते रहे। डॉ. लोहिया ने कहा कि आर्थिक विषमता और सामाजिक विषमता, दोनों को साथ-साथ लड़ना पड़ेगा। अगर इस देश के साम्यवादी आर्थिक विषमता के साथ-साथ सामाजिक विषमता की भी लड़ाई लड़े होते, तो आज उनकी यह दुर्गति नहीं होती। इसलिए मेरी आपसे विनम्र प्रार्थना है कि हम दोनों लड़ाई को लड़कर इस सदन में आए हैं।

मैं आपसे प्रार्थना करना चाहूँगा, एक बात मैं कहना चाहूँगा, मैं सुना रहा था कि डॉ. लोहिया ने कहा कि इस देश के लोगों को समझना चाहिए कि इस देश के मुसलमान भूतपूर्व हिंदू ही तो हैं। इस देश के मुसलमानों को भी समझना चाहिए कि आखिर इनके पूर्वज हिंदू ही थे। जब उनके पूर्वज हिंदू थे, तो उनके पूर्वज का राम था, कृष्ण उनका था, काली उनकी थी, दुर्गा उनकी थी, देवी उनकी थी, देवता उनके थे, हिंदुस्तान की सभ्यता-संस्कृति उनकी थी। वे किसी कारणवश अगर मुसलमान हो गए, उनके पूर्वज अगर हिंदू थे, तो उनको भी उनके प्रति सम्मान का भाव रखना चाहिए।...(व्यवधान) यह भी उनकी बात है, यह सच्चाई है।...(व्यवधान) मैं नहीं कहता। मैं आपको फिर श्रीमान् डॉ. लोहिया की बात को सुनाना चाहता हूँ।...(व्यवधान) जो उन्होंने 'राम, कृष्ण, शिव' किताब लिखते हुए कहा था।...(व्यवधान)

उपाध्यक्ष महोदय, जिनको साहित्य से प्रेरणा लेने की आदत नहीं है, मैं उनको आदत तो नहीं लगा सकता न! 'महाभारत हिंदुस्तान की पूर्व-पश्चिम यात्रा है, जिस तरह रामायण उत्तर-दक्षिण यात्रा है। पूर्व-पश्चिम यात्रा का नायक कृष्ण है, जिस तरह उत्तर-दक्षिण यात्रा का नायक राम है। मणिपुर से द्वारका तक कृष्ण या उनके सहचरों का पराक्रम हुआ है, जैसे जनकपुर से श्रीलंका तक राम या उनके सहचरों का पराक्रम हुआ।' वे तो समाजवादी थे। वे भगवान् को नहीं मानते थे। ये ईश्वरवादी भी नहीं थे, अनिश्वरवादी भी नहीं थे। उन्होंने 'राम, कृष्ण, शिव' किताब लिखी। किताब लिखते हुए अंत में भारत माता से कुछ माँगते हैं, तो कहते हैं कि "मैं कोई इलाज सुझाने की धृष्टता नहीं करूँगा, मैं केवल इतना कहूँगा कि हे भारत माता! हमें शिव का मस्तिष्क दो, कृष्ण का हृदय दो तथा राम का कर्म और वचन दो, हमें असीम मस्तिष्क, उन्मुक्त हृदय के साथ जीवन की मर्यादा से रचो।" यह

कोई मैं नहीं कह रहा हूँ, यह डॉ. लोहिया ने कहा।···(व्यवधान)

दादा, आपके लिए वंडरफुल हो या न हो, लेकिन हिंदुस्तान के करोड़ों गरीब, पिछड़े सुन रहे होंगे, उनके लिए हुक्मदेव नारायण का भाषण मोस्ट वंडरफुल है, वंडरफुल दैन वंडरफुल है। सबके अपने-अपने भाव हैं, अपनी-अपनी भावना है।··· (व्यवधान) मुझे किसी का सर्टिफिकेट नहीं चाहिए दादा, न मैं किसी मुख्यमंत्री का नाम गिना-गिनाकर सर्टिफिकेट लेता हूँ। किसी दीदी, दादा का नाम सुनाकर सर्टिफिकेट लेता हूँ। मैं तो अपना राग सुनाता हूँ और अपनी बात समाप्त करते हुए मैं कहूँगा कि हिंदुस्तान के करोड़ों गरीबों का गीत सुनाने आया हूँ।

58 वर्ष की जिंदगी में, मेरे साथी···.(Not recorded) बैठे हैं, इनको नहीं मालूम है कि किस राज्य में इनका नाम भी एनकाउंटर की लिस्ट में लिख दिया गया है।···(व्यवधान) उनको मालूम है।···(व्यवधान) एनकाउंटर लिस्ट में नाम लिखाने वाले कौन थे?···(व्यवधान) क्या···(Not recorded) इनका नाम एनकाउंटर लिस्ट में था। इस तरह 2,200 पिछड़ी जाति के और खासकर उसमें यादव नौजवान थे, क्योंकि यादव उत्तर प्रदेश में कांग्रेस का विरोध करनेवालों की नींव की ईंट बना हुआ था।

□

पिछड़ी जाति खासकर यादव जवान, जिनकी छाती चौड़ी थी, उनका एनकाउंटर कर दिया गया था, वह कौन सी लिचिंग थीं, स्टेट लिचिंग थी, राज किसका था? इसलिए जब मैं खोजता हूँ तो मेरे घाव जब ऊपर से निकलते हैं तो बड़ा ही मवाद बहने लगता है, रिसता है तो बहुत दर्द होता है।

महोदय, मैं देश के करोड़ों गरीब, किसान, मजदूर हिंदू-मुसलमान और सिख-ईसाई सभी से कहना चाहता हूँ, बारी-बारी से लड़ाया है, बारी-बारी से सभी को पिटवाया है, बारी-बारी से उग्रवादी नेता पैदा कराया है और बारी-बारी से उस जाति के नाम पर उसका नरसंहार भी कराया है। इतनी लिचिंग और क्या-क्या करनेवाले, जिसको नरसंहार कहते हैं, यह सब होता आया है। आज नरेंद्र मोदीजी उससे लड़ना चाहते हैं, देश के करोड़ किसानो, नौजवानो, गरीबो, पिछड़े, दलितो, शोषितो और वंचितो! हुक्मदेव नारायण यादव तुम्हारे लिए लड़ता आया है, आज भी लड़ रहा है। समाजवादी डॉ. लोहिया का शिष्य होने के नाते हमारे लड़ने का सबसे उचित फोरम यही है। नरेंद्र मोदी और भारतीय जनता पार्टी के फोरम से उस संघर्ष के लिए लड़ रहा हूँ और देश के लोगों को जगा रहा हूँ। आओ, आर्थिक,

सांस्कृतिक और धार्मिक आजादी के लिए सभी गुलामी से मुक्त हो जाओ। हम दास भाव से किसी के साथ नहीं रहेंगे। हिंदुस्तान को स्वामी भाव का समन्वय चाहिए। अगर कोई अच्छा है तो अच्छा कहेंगे, अगर किसी में गलती है तो गलती कहेंगे। सुधरो, सभी सुधरो, लेकिन छेड़ो मत, अगर छेड़ोगे तो हम भी किसी को छोड़ेंगे नहीं, यही कहते हुए मैं अपनी वाणी समाप्त करता हूँ। धन्यवाद।

(31 जुलाई, 2017)

सामाजिक समरसता हो

हुक्मदेव नारायण यादव (मधुबनी) : महोदया, मैं उस दिन इस संविधान संशोधन विधेयक पर बोल रहा था। कुछ बातें मैंने उस दिन सदन के सामने रखीं, लेकिन जो बातें मैंने उस दिन रखीं, आज मैं वे सब बातें भूल गया कि मैंने उस दिन क्या बोला था। फिर मैं आज उन बातों को दोहराते हुए नहीं, बल्कि आज देश में आरक्षण के संबंध में कुछ प्रश्न उठते हैं, उन सारे प्रश्नों के बारे में कुछ स्पष्टीकरण देना चाहता हूँ।

(माननीय उपाध्यक्ष पीठासीन हुए)

मैं नहीं, डॉ. लोहिया ने इन प्रश्नों के बारे में वर्ष 1952 में जो कुछ कहा था, मैं उन बातों को पहले सदन के सामने रखकर ही आगे बढ़ना चाहूँगा—

"आरक्षण का मूल उद्देश्य होना चाहिए जाति प्रथा के समूल नाश के लिए। जब तक यह जाति प्रथा रहेगी, तब तक इस आरक्षण का द्वंद्व चलता रहेगा, तब तक समाज में जातीय संघर्ष रहेगा, समाज में जातीय विद्वेष रहेगा, जातीय तनाव रहेगा और जिसके कारण राष्ट्र पीड़ित रहेगा, भारत माता दुःखी रहेगी।"

इसीलिए, इसको अगर समाप्त करना है तो पूरे राष्ट्र को और इस सदन को चिंतन करना चाहिए कि हिंदुस्तान से जाति प्रथा का समूल नाश कर दिया जाए। वह कैसे और क्यों, इस पर चिंतन करना चाहिए।

माननीय मुलायम सिंहजी बैठे हुए हैं। मैं उनके सामने दिनांक 23 जून, 1962 में नैनीताल में दिया गया 'निराशा के कर्तव्य' और दिनांक 03 सितंबर, 1963 में लोकसभा वाद-विवाद 'सामाजिक क्रांति' यह पढ़ना चाहता हूँ। डॉ. लोहिया ने नैनीताल में 23 जून को समाजवादियों को कहा था—

"ऐसा कुछ हो सकता है कि गद्दी मिल जाने पर एक ऐसा कानून बना

सकते हो कि जितने भी सरकारी नौकर होंगे, उनकी नियुक्ति में इस बात का ध्यान रखा जाएगा कि पहले नौकरी उसी को देना है, जिसने अंतर्जातीय विवाह किया है। अंतर्जातीय विवाह का मतलब द्विज में आपस में नहीं, बल्कि द्विज-अद्विज में। सबसे बड़ी चीज हमको पकड़े रखनी है, वह है विशेष अवसर बनाम समान अवसर।"

यह द्वंद्व देश में चलता है, विशेष अवसर बनाम समान अवसर का। एक तरफ लोग कहते हैं समान अवसर, एक तरफ हम कहते हैं विशेष अवसर। समान अवसर का मतलब कब? जब सभी जगह समानता हो, तब। पढ़ाई में, लिखाई में, खान-पान में, समाज में, सब जगह समान अवसर हों। इसके लिए हम लोग कहते थे, 'राजा-पूत निर्धन संतान, सबकी शिक्षा एक समान।' अगर बड़े बाप का बेटा, गरीब का बेटा एक स्कूल में पढ़े, एक ड्रेस पहने, एक किताब पढ़े, एक जैसा खाना खाए, एक जैसा बैठे तो उस दिन गरीबी-अमीरी का भेद मिट जाएगा।

जिस दिन से कलेक्टर और चपरासी का बेटा एक ही स्कूल में बराबरी से पढ़ने लगेगा, उसी दिन हिंदुस्तान में सामाजिक क्रांति होगी। अभी तक यह काम क्यों नहीं किया गया, इस पर ध्यान क्यों नहीं दिया गया? अब आप कहते हैं कि वर्तमान सरकार इसे सुधारे। मैं कहता हूँ कि जब आपको खीर बनाने के लिए दी गई, तब आपने खीर में एक किलो चीनी के बदले एक किलो नमक डाल दिया! जब लोग खीर खाने लगे, तब कहते हैं कि यह खीर नमकीन है और आप इसे सुधारने की बात कहते हैं। अब इस नमकीन खीर को कैसे सुधारा जाएगा? अगर हम इसको सुधारने के लिए इसमें एक किलो चीनी डालेंगे, तो यह और ज्यादा बिगड़ जाएगी। हम लोग नमकीन खीर खा नहीं सकते हैं। इस खीर को बनानेवाले आप लोग थे, आपने प्रारंभ में ही खेल को बिगाड़ दिया और इसको ऐसा बिगाड़ा कि अब वह सँभल नहीं सकता है।

मैं यह कहना चाहूँगा कि समाज में समानता कैसे आएगी? यहाँ पर दो तरह के लोग हैं—

किसी को घर से निकलते ही मिल गई मंजिल,
कोई हमारी तरह उम्र भर सफर में रहा।

हम देखते हैं कि कोई माँ के पेट से निकलते ही राजा बन जाता है, माँ के पेट से निकलते ही इस देश के प्रधानमंत्री बनने का सपना देखता है। जब वह माँ के पेट से आता है, तो उसके मुँह से रोने के बदले पीएम-पीएम की आवाज निकलती

है और जब हम अपनी माँ के पेट से आते हैं तो हमारे मुँह से रोने के बदले रोटी-रोटी की आवाज आती है। आप इस देश में किस प्रकार की समानता लाने की बात करते हैं? जब तक इस प्रकार की असमानता देश से मिटेगी नहीं, तब तक देश में समानता नहीं आएगी।

आपने तो हर बात को उलझाकर रख दिया है। अगर उसी समय पिछड़े वर्ग को आरक्षण दे दिया गया होता, यह कमीशन बना दिया गया होता, तो आज यह उलझन नहीं रहती, लेकिन आपने हर मामले को उलझाकर रखा है। अब आप हमको कहते हैं कि इस समस्या को सुलझा लीजिए। मोदीजी, आप इस समस्या को सुलझा लीजिए। आपने इस समस्या को इस प्रकार से उलझाया कि हम लोग ज्यों-ज्यों इसको सुलझाने का प्रयत्न करते हैं, त्यों-त्यों यह समस्या और अधिक बुरी तरह से उलझती जा रही है। कृपया आप इस वाक्य को जरा गौर से सुनिए—

"मुमकिन नहीं हालत की गुत्थी सुलझे।
अहले दानिश ने बहुत सोचकर उलझाया है॥"

आपने तो इसे ऐसा उलझा दिया है कि हम सुलझाने का क्या प्रयत्न करें, हम इसे जितना सुलझाते हैं, उतना उलझती जाती है। मैं प्रधानमंत्री श्री नरेंद्र मोदीजी को धन्यवाद देना चाहता हूँ कि आज वे इसे सुलझा रहे हैं।

मैं फिर आगे कहता हूँ और डॉ. लोहिया ने कहा था कि "जो राजनीतिक दल किसी विशेष अवसर के सिद्धांत को लेकर आगे बढ़ेगा, वह जोखिम उठाने के लिए तैयार होगा। वह साफ तौर से कहेगा कि हमको योग्य अथवा अयोग्य की बहस में नहीं पड़ना है, हमें तो इन दबे हुए लोगों के दबे हुए संस्कार को सुधारने के लिए इनको ऊँची जगह पर बैठाने का प्रयास करना है। इसमें ऐसा हो सकता है कि अगर हम सौ आदमी को बैठाएँगे, तो उसमें से 60-78 लोग निकम्मे निकलेंगे, लेकिन जो 30 लोग अच्छे निकलेंगे, वे समाज में एक जबरदस्त हलचल पैदा करेंगे। जैसे हम आटे में खमीर मिलाते हैं, वैसे ही वे सारे समाज को पुनर्जीवित कर देंगे। हम इस प्रकार से एक साथ चौतरफा हमला करके जात-पात को खत्म कर सकते हैं।

मैं आपसे पूछना चाहता हूँ कि विशेष अवसर की बात किस प्रकार आती है? कभी-कभी कहा जाता है, अगर कोई पिछड़े, दलित या आदिवासी समाज का व्यक्ति अधिकारी बनता है तो उसको कहा जाता है कि आप आरक्षित कोटे से आए हैं। क्या कोई आदमी आरक्षित कोटे से आया है तो क्या यह कलंक है? हम लोगों के ऊपर इस प्रकार का कलंक क्यों लगाया जाता है? अगर हमको भी पूरा अधिकार

मिले, समान अवसर मिले, तो हम किसी से भी बराबरी कर सकते हैं। मैं हिंदुस्तान के बड़े लोगों को चुनौती देना चाहता हूँ कि आप अपने बच्चों को हमारे बच्चों के साथ स्कूल में बिठा दीजिए, हमारे बच्चों की तरह पढ़ने दीजिए, हमारे बच्चों के साथ खेलने दीजिए, फिर हम से कंपीटिशन कीजिए, तो मैं कहता हूँ कि हम लोग आपको हर प्रतियोगता में हरा देंगे। आप हमारे मुकाबले में कंपीट नहीं कर सकते हैं।

एक घोड़े को काजू, बादाम व किशमिश खिलाइए और उसे रेस के लिए तैयार कीजिए, दूसरे घोड़े को पैर में रस्सी लगाकर गली में रख दीजिए, उसे खाने के लिए घास दीजिए, फिर आप इन दोनों घोड़ों का कंपीटिशन कराइए और कहिए कि जो आगे निकलेगा, वही सही है! मैं कहता हूँ कि यह क्रूरता है, यह मानवता का उपहास है, जो आज तक इस देश में होता रहा है। समान अवसर तब होगा, जब समान सुविधा होगी। समान अवसर तब होगा, जब समान योग्यता होगी। समान अवसर तब होगा, जब समान खान-पान होगा। एक बड़े बाप का बेटा स्कूल में पढ़ने जाता है तो वह खाने का डिब्बा लेकर जाता है, जिसमें आमलेट, कटलेट, चॉकलेट तथा ड्राइफ्रूट जैसी पौष्टिक चीजें होती हैं, दूसरी तरफ जब गरीब, पिछड़े व दलित का बच्चा स्कूल में पढ़ने के लिए जाता है, तब उसे खाने में दोपहर का मिड-डे मील मिलता है। इस प्रकार के बच्चों को मिड-डे मील के नाम पर न जाने कैसी-कैसी सड़ी-गली चीज खिला दी जाती है। कभी-कभी सौ-सौ बच्चे मिड-डे मील खाकर मर भी जाते हैं।

एक तरफ हमारे बच्चों को सड़ा-गला खाना मिले और दूसरी तरफ बच्चों को आमलेट, चॉकलेट, कटलेट, मटलेट, क्या-क्या खिलाते हो, वह राम जाने। एक तरफ वह खाएगा और दूसरी तरफ हम भूखे रहेंगे, तो हमारा मुकाबला कैसे होगा? इसीलिए डॉ. लोहिया ने कहा था कि आरक्षण नहीं, विशेष अवसर। विशेष अवसर का मतलब, मैं ऊँची जाति के उन तमाम लोगों को प्रणाम करता हूँ, जो हिंदुस्तान की सामाजिक क्रांति में आगे होकर लड़ते रहे। मैं जिस समय समाजवादी आंदोलन में लड़ रहा था, उस समय डॉ. वैद्यनाथ झा, शिव चंद्र झा, आज भी हमें याद हैं, जिनको अपने समाज के लोगों ने निष्कासित कर दिया था। इस सामाजिक क्रांति में पिछड़ा पावै सौ में साठ, डॉ. लोहिया बाँधें गाँठ। तब हम पिछड़ा, अगड़ा का क्या मायने लगाते थे, जाति पर नहीं।

"उच्च वर्ग की क्या पहचान, गिटपिट बोले करे न काम,
पिछड़े वर्ग की क्या पहचान, करे मेहनत पावै अपमान।"

हम यह परिभाषा करते थे।

अंत में मैं कहना चाहूँगा, 'सात क्रांति', 26 जून, 1962 नैनीताल, डॉ. लोहिया ने कहा था, "दलित और आदिवासी के लिए तो मैं ऐसा जमाना देखता हूँ, जरा गौर से सुनिए, तीस-चालीस वर्ष के बाद बाकी विशेष अवसर देकर उनको ऊँचा बिठाने के बाद इसे खत्म कर देना पड़ेगा, लेकिन विशेष अवसर का मतलब भी समझ लेना चाहिए, क्योंकि कुछ लोग कहते हैं कि विशेष अवसर तो कांग्रेस भी देती है। कांग्रेस कहाँ विशेष अवसर देती है? उसने तो सिर्फ कागज पर लिख रखा है। दलित को 18 सैकड़े मौके देंगे और असल में देते हैं डेढ़ या आधा या एक सैकड़ा। जब उनसे पूछा जाता है, तो कहते हैं कि हम क्या करें, हमें योग्य लोग नहीं मिले। जरा गौर करिएगा, योग्य लोग नहीं मिले। योग्य बनने नहीं दिए और कहते हैं कि योग्य लोग नहीं मिले! यह दृष्टि का भेद है। 18 सैकड़ा केवल दलित के लिए रखा है, आदिवासी के लिए 5 सैकड़ा और बाकी पिछड़ी जातियों के बारे में तो कांग्रेस लिखती ही नहीं है।" कभी इनकी जुबान से पिछड़े वर्ग का नाम नहीं निकला था। इसलिए हमको ये दबाकर रखे कि पिछड़े वर्ग के लोग आगे निकल जाएँगे। कांग्रेस लिखती ही नहीं। वह अपनी पार्टी को कहती है सोशलिस्ट पार्टी। मुलायम सिंहजी आप भी सुनिएगा। सोशलिस्ट पार्टी इन सबके लिए साठ सैकड़ा चाहती है और यह तर्क भी देती है कि चाहे वह लायक हो या नालायक, जैसे भी हों, उनको ऊँची जगहों पर बैठाओ, क्योंकि जब वे जगहों पर बैठेंगे, मौका पाएँगे, तो उनके दिमाग के दरवाजे खुलेंगे। इधर तीन-चार हजार वर्ष से उनके दिमाग के दरवाजे बंद हो गए, क्योंकि उनको ऊँची जगह पर बैठने का मौका नहीं मिलता है। सब पार्टियों का मकसद है पहले योग्यता, फिर अवसर। समाजवादी दल कहता है—पहले अवसर, फिर योग्यता।

मैं प्रार्थना करूँगा, मैं एक-दो मिनट समय और लूँगा, ज्यादा नहीं लूँगा। पहले योग्यता, इनका तर्क कितना बेरहम, अमानवीय वाला रहा। कहते हैं कि पहले काबिल बनो, तब कुरसी लो! पहले साइकिल चलाना सीख लो, तब साइकिल का हैंडल पकड़ो, पहले तैरना सीख लो, तब तालाब में उतरो। हम कहाँ तैरना सीखेंगे साहब? विशेष अवसर का मतलब है, वह पहले साइकिल का हैंडल पकड़ेगा, पैडल पर पैर रखेगा, दो-चार बार गिरेगा, दो-चार बार चोट खाएगा, तब साइकिल चलाना सीखेगा। वह तालाब में उतरेगा, ऊब-डूब करेगा, कुछ पानी पीएगा, फिर तैरना सीखेगा। इसलिए पिछड़े वर्ग को पहले कुरसी दो, जब अवसर मिलेगा, तब

योग्यता भी आएगी। आप कहते हैं कि पहले योग्य बनो, तब आप कुरसी लो! हम कहते हैं कि योग्य बनेंगे ही नहीं, कभी कुरसी पाएँगे ही नहीं, इसलिए पहले हमको कुरसी दो, हम योग्य अवश्य बनेंगे।

अंत में, विशेष अवसर का मतलब क्या है? पंडित दीनदयाल उपाध्याय ने एकात्म मानववाद में लिखा है—ममता। ममता का मतलब क्या है? घर में कोई बीमार पड़ता है, तो उसे पहले भोजन देते हैं, उसे फल दो, सब्जी दो, दूध दो, अंडा दो, मछली-मांस खिलाओ, उसको ताकतवर बनाओ, लेकिन जब ताकतवर बन जाए, तो उसका भोजन बंद करो। ऊँची जाति के लोगो! उनके लिए मैं आपको धन्यवाद देता हूँ, जो आपने इसको किया। दयानंद सरस्वती, विवेकानंद, राममोहन राय, ऐसे लोग, जिन्होंने सामाजिक क्रांति में योगदान किया, मैं उनको सौ-सौ बार नमस्कार करता हूँ।

मैं अंत में प्रार्थना करता हूँ कि पिछड़े वर्गों के नाम पर कुछ लोग कुरसी पा गए, कुछ लोग सत्ता में आ गए। वे लोहियाजी को तो भूल गए, समाजवाद से जातिवाद, समाजवाद से परिवारवाद और समाजवाद से कौन-कौन सा वाद आया, लेकिन समाजवाद भूल गए। समाजवाद का मतलब है 'निर्धन पूत, राजा संतान, सबकी शिक्षा एक समान'। ऐसा कभी नहीं हुआ। मैं नरेंद्र मोदीजी से प्रार्थना करूँगा कि आप कीजिए।

अंत में नरेंद्र मोदीजी से प्रार्थना करूँगा, आपने डॉ. अंबेडकर के लिए बहुत कुछ किया है, दिल्ली में लोहियाजी के नाम पर भी बड़ा स्मारक बना दीजिए, उनके नाम पर भी स्थान बना दीजिए। हिंदुस्तान के करोड़ों पिछड़े लोग आपके आभारी रहेंगे, उसमें हम भी आएँगे, लोहियाजी के नाम पर शोध करेंगे। 100-200 करोड़ रुपए लगते हों, तो भी सरकार को उस पर विचार करना चाहिए।

इन्हीं शब्दों के साथ मैं अपनी बात समाप्त करता हूँ।

(10 अप्रैल, 2017)

□

अन्य पिछड़ा वर्ग राष्ट्रीय आयोग को संवैधानिक दर्जा देनेवाले विधेयक पर भाषण

श्री हुक्मदेव नारायण यादव (मधुबनी) : महोदय, अन्य पिछड़ा वर्ग कल्याण समिति का मैं सदस्य था और कांग्रेस के नेता श्री बी.के. हांडिक समिति के चेयरमैन थे। इस कमेटी ने अपनी प्रथम रिपोर्ट में 24 अगस्त, 1912 में सिफारिश की थी कि भारतीय संविधान के एन.सी.बी.सी. अधिनियम में समुचित संशोधन करने के लिए तत्काल कारवाई की जानी चाहिए, ताकि एन.सी.बी.सी. को संवैधानिक दर्जा दिया जाए और एन.सी.एस.सी. तथा एन.सी.एस.टी. के समान शक्तियाँ प्रदान की जाएँ, जैसा कि अनुच्छेद 338 में बताया गया है। अन्य पिछड़े वर्गों के संबंध में यह अधिकार एन.सी.बी.सी. को सौंपा जाना चाहिए, न कि एन.सी.एस.सी. को। इस आधार पर समिति ने सिफारिश की थी।

माननीय सभापति : आप डिबेट के समय अपनी पूरी बात रख सकते हैं।

श्री हुक्मदेव नारायण यादव (मधुबनी) : महोदय, जब स्टैंडिंग कमेटी की बात आती है, तो इससे संबंधित जो समिति है और उस समय समिति के अध्यक्ष कांग्रेस के ही नेता थे, मैं भी सदस्य था। उस समिति ने वर्ष 2012-13 में सिफारिश की कि इस आयोग को संवैधानिक दर्जा दिया जाए। जब संबंधित समिति ने ऐसा कहा है, तो स्टैंडिंग कमेटी का क्या मतलब है ?…(व्यवधान) इसी तरह वर्ष 2012-13 में दूसरी रिपोर्ट में इस बात को दोहराया गया। वर्ष 2013-14 में तीसरी रिपोर्ट में भी दोहराया गया और वर्ष 2013-14 की पाँचवीं रिपोर्ट में भी दोहराया गया। जब हर रिपोर्ट में सभा पटल पर ये बातें आ गईं, तब स्टैंडिंग कमेटी की क्या बात है ?…(व्यवधान)

श्री हुक्मदेव नारायण यादव (मधुबनी) : सभापति महोदय, मैं भारत के प्रधानमंत्री श्री नरेंद्र मोदीजी और भारत सरकार के मंत्रिमंडल को हृदय से धन्यवाद देता हूँ, आभार प्रकट करता हूँ। जो करोड़ों पिछड़े वर्ग के लोग हैं, मैं उनकी ओर से आभार प्रकट कर रहा हूँ। यह माँग बहुत पुरानी है, यह आज की नहीं है। अगर जिस समय हिंदुस्तान में अनुसूचित और जनजाति आयोग बना था, उसी समय अगर पिछड़ा वर्ग बना दिया गया होता, तो पिछड़े वर्ग के लोगों का कितना आर्थिक विकास हो गया होता, वे कितने ऊपर चले गए होते, वे कहाँ तक चले गए होते!

उस समय अगर वे कहीं सरकारी नौकरी में आए होते तो आज पदोन्नति पाते-पाते सचिव के स्तर तक पहुँच गए होते, संयुक्त सचिव के स्तर पर पहुँच गए होते, लेकिन उस समय हमें बराबरी का दर्जा नहीं दिया गया। उस समय केवल एक कमीशन बनाया गया।

गहलोतजी ने बताया कि 11 सदस्यीय काका कालेलकर कमीशन 1953 में बना था। वर्ष 1955 में इसकी रिपोर्ट आई। अगर उस रिपोर्ट के आधार पर पिछड़ी जातियों के लिए कुछ किया गया होता और कमीशन बना दिया गया होता। इस पर थोड़ा-थोड़ा काम हुआ, लेकिन अगर बुनियादी परिवर्तन हुआ होता और वह कमीशन उसी समय से काम करना शुरू कर देता तो राजीवजी, मैं सोचता हूँ कि आज हमारे समाज का कितना रूपांतरण हुआ होता, कितनी उन्नति हुई होती, कितना विकास हुआ होता? मुझे लगता है कि ओ.बी.सी. समाज के प्रति किसी के मन में अवरोध रहा है, कोई कुंठा रही है कि इस समाज को बहुआयामी विकास से रोकना चाहिए, इसे रोकने का प्रयत्न किया गया। मैं इस बात के लिए बहुत दुःख प्रकट करता हूँ कि अगर उस समय यह बन गया होता तो हमारी स्थिति बहुत अच्छी होती, हमारे बच्चे बहुत आगे निकल गए होते और हमारे समाज का रूपांतरण हो गया होता।

यह नहीं बना, क्यों नहीं बना, इसमें जाने के बनिस्पत हमें यह सोचना चाहिए कि जब से हमें यह अधिकार मिला, उसके बाद से यह अधिकार पूरा कैसे मिले, इस पर चिंतन करने की आवश्यकता है।

सभापति महोदय, वर्ष 1979 में मंडल कमीशन बना था। उस समय मैं जनता पार्टी का सदस्य था और इसी पक्ष में बैठता था। उस समय गृह मंत्री माननीय चौधरी चरण सिंहजी थे। आदरणीय कर्पूरी ठाकुरजी के नेतृत्व में हम लोग चौधरी चरण सिंहजी के पास गए और उनसे निवेदन किया कि एक कमीशन बना दिया जाए या

काका कालेलकर कमीशन को लागू किया जाए। आदरणीय चौधरी साहब ने कहा कि काका कालेलकर कमीशन को लागू करने में कठिनाई है। अगर आप कहें तो मैं एक अलग से कमीशन बना देता हूँ। आप लोग उस कमीशन के चेयरमैन का नाम बता दें, ताकि हम उनकी अध्यक्षता में कमीशन बना दें। हम लोगों ने आपस में सोचा कि बिहार के एक बड़े दबंग नेता थे, जिनका नाम श्री बिंदेश्वरी प्रसाद मंडल था। वे बिहार में मुख्यमंत्री भी रह चुके थे और मंत्री भी रह चुके थे, हम लोगों ने उनका नाम लिया और उनकी अध्यक्षता में वह समिति बन गई। वह पाँच सदस्यीय समिति थी और उस समिति ने काम किया।

उस समिति ने 3 दिसंबर, 1980 को अपनी रिपोर्ट भारत सरकार को दे दी। अगर मंडल कमीशन की सिफारिशों को उस समय मान लिया गया होता, सरकारी नौकरियों में आरक्षण दे दिया गया होता, तो आज यह प्रॉब्लम न होती। जो पिछड़े समाज के लोग थे, उनके जो पारंपरिक काम थे, इस हिंदुस्तान में जाति प्रथा और वर्ग भी हैं। हमारे लिए जो शब्द आया है, उस पर गौर करने की बात है। वहाँ शैड्यूल्ड कास्ट्स, शैड्यूल्ड ट्राइब्स हैं और हम बैकवर्ड क्लास हैं। अगर इसका विश्लेषण करेंगे, तो कास्ट, ट्राइब और क्लास में बहुत अंतर है। यह बैकवर्ड क्लास क्यों बना, इस पर हमें गंभीरता से सोचना चाहिए। हम क्लास हैं, बैकवर्ड कास्ट नहीं हैं, क्योंकि हमारे पेशे से हमारी जाति बनी है। अब गिट्टी, मिट्टी, लोहे, कड़ी, चमड़े, जाल, बाँस और उस्तरा चलानेवाले की पेशे के अनुसार ही जातियाँ बना दी गईं और उन्हें उस पेशे के अंदर कैद कर दिया गया।

सभापति महोदय, मैं इस सदन में जो बोल रहा हूँ, उसे हिंदुस्तान के लोग सुन रहे होंगे। मैं उन सबको जानकारी देने के लिए बोलता हूँ। डॉ. लोहिया कहा करते थे, "जाति प्रथा में लिखा है कि जब जाति चलायमान रहती है, तो वह वर्ग बनती है और जब वर्ग गतिहीन हो जाता है, तो जाति बन जाती है। हिंदुस्तान में जाति चलायमान थी, तो वर्ग बनता था, जब वर्ग ही गतिहीन हो गया तो जाति बन गई। गिट्टी का काम करनेवाला व्यक्ति कितना भी विद्वान् हो, लेकिन वह गिट्टीवाला ही होगा। मिट्टी का काम करनेवाला कुम्हार के घर में पैदा होगा, तो वह कुम्हार ही होगा, चाहे वह कितना बड़ा विद्वान् हो। चमड़े का काम करनेवाले के घर में कितने भी विद्वान् हों, लेकिन वे उसी जाति के रहेंगे। हमें उस आर्थिक अधिकार के तहत सीमित कर दिया गया और उसमें हमें कैद कर दिया गया। हम कठघरे में कैद रहे, छटपटाते रहे। मंडल कमीशन ने यह भी सिफारिश की थी कि पिछड़ी जाति

के लोग, जो पारंपरिक पेशा करनेवाले हैं, उनके लिए भी विशेष व्यवस्था की जाए, लेकिन इस पर भी ध्यान नहीं दिया गया।

सभापति महोदय, मैं धन्यवाद देना चाहता हूँ कि यह किसी कारण से हो, जनता दल के आंतरिक द्वेष के कारण हो, अंतर-विरोध के कारण हो, किसी भी कारण हो, लेकिन वी.पी. सिंहजी ने मंडल कमीशन को लागू किया और 27 परसेंट आरक्षण दिया। मैं उस समय उसी दल में था। मैं कहना चाहता हूँ कि जैसे आज मुझे प्रथम वक्ता के रूप में चुना गया है, उस समय भी पार्टी की तरफ से जनता दल ने मुझे मंडल कमीशन पर बोलने और समर्थन करने के लिए अपना पहला वक्ता बनाया था। मैं इस सदन में एक-सवा घंटे तक बोला था। माननीय आडवाणीजी आगे बैठते थे। मैं वहाँ से बोल रहा था, जहाँ अभी हमारे संतोषजी बैठे हैं। मुझे वह सब याद है। मैं 4.9.1990 को डेढ़ घंटे तक बोला और अपने पक्ष को रखा कि आरक्षण क्यों चाहिए और इसकी किसलिए आवश्यकता है!

मंडल कमीशन पर पूरी चर्चा हुई। जब मैंने आरक्षण और मंडल कमीशन के बहुआयामी स्वरूप पर बोला था कि वह हमें क्यों चाहिए और अगर इतना काम कर दीजिए तो मुझे आरक्षण नहीं चाहिए। जब मैं बोलकर बैठा तो माननीय आडवाणीजी अपनी सीट से उठे, मेरी पीठ को थपथपाया और कहा कि आपको बहुत धन्यवाद देता हूँ। यह धन्यवाद मैं आपको व्यक्तिगत तौर पर दे रहा हूँ, मैं इस सरकार को धन्यवाद देनेवाला नहीं हूँ। माननीय आडवाणीजी के प्रति मैं आभारी हूँ कि उन्होंने 'मेरा देश-मेरा जीवन' नाम से जो किताब लिखी, उसके पेज संख्या 360—दो वर्षों में दो प्रधानमंत्रियों का आना-जाना, पर एक पैराग्राफ में उन्होंने मेरे इस भाषण की चर्चा की है। उन्होंने लिखा है—

"इस विषय पर उनका भाषण, अब तक का सर्वश्रेष्ठ भाषण रहा है। वास्तव में बहस के तुरंत बाद मैं उनके पास गया। उनके द्वारा भाषण में जोशपूर्ण तरीके से, तार्किक और निष्ठापूर्वक विचार रखने के लिए उन्हें बधाई दी। मैंने यह भी कहा कि मैं इस निष्ठा का प्रमाण-पत्र उनकी सरकार को नहीं दे सकता।"

ये माननीय आडवाणीजी के शब्द हैं, जो उन्होंने अपनी किताब में लिखे हैं। उस समय भी मैंने अपने पक्ष को रखा था। मैं धन्यवाद देता हूँ कि भारतीय जनता पार्टी की ओर से आज भी मैंने यहाँ पक्ष रखा है। मुझे भारतीय जनता पार्टी में जाने का एक कारण आडवाणीजी का स्नेह भी रहा।…(व्यवधान) बाद में मैंने सोचा कि मुझे भारतीय जनता पार्टी में जाना चाहिए, क्योंकि यह एक राष्ट्रीय पार्टी है। इसमें

पंडित दीनदयाल उपाध्यायजी का एकात्म मानववाद है। वर्ष 1964 में लोहिया और पंडित दीनदयाल उपाध्यायजी कानपुर में एक शिविर में विशेष रूप से गए थे। लोहियाजी और दीनदयालजी ने भारत-पाक महासंघ बनाने के बारे में संयुक्त बयान दिया था। वह बात आज भी रिकॉर्ड में होगी। इन सभी के कारण मैंने सोचा कि भारतीय जनता पार्टी एक राष्ट्रीय पार्टी है और इसमें जाकर मैं अपनी बात को रखूँगा। मैं सभी राष्ट्रीय सम्मेलनों में जाता रहा और हर मंच पर माननीय अटलजी और आडवाणीजी बैठे रहे, लेकिन मुझे हर बार बुलाते थे। हर बार मैं उस मंच से ओ.बी.सी. की बात करता था, पिछड़े वर्गों के कल्याण की बात करता था, गाँव-गरीब-किसान की बात करता था और मुझे इसलिए बोलने के लिए कहा जाता था कि हिंदुस्तान के लोग जानें कि भारतीय जनता पार्टी में भी ऐसे लोग हैं और इस पार्टी की दृष्टि क्या है! मैं उस समय कहता था कि ओ.बी.सी. का मतलब क्या है? ओ.बी.सी. का मतलब है—ओरिजिनेटर, बिल्डर एंड क्रिएटर। हम ओरिजिनेटर हैं, हम बिल्डर हैं, हम क्रिएटर हैं। हम ओरिजिनेट करते हैं, गाँव में रहते हैं, खेती करते हैं, कुम्हार का काम करते हैं, नए-नए बरतन के डिजाइन बनाते हैं, चित्र बनाते हैं, उनको रँगते हैं, मूर्तियाँ बनाते हैं। हम मिट्टी को लाते हैं, रँगते हैं, सजाते हैं, उससे मूर्ति बनाते हैं और दुनिया उस मूर्ति को पूजकर वरदान माँगती है कि हे सरस्वती माता, मुझे विद्या दो, लक्ष्मी माता, मुझे धन दो। काली माता, मुझे शक्ति दो। उनको बनानेवाले हम लोग हैं, कलाकार हम लोग हैं, लेकिन हमारी कला को सम्मान नहीं दिया गया, प्रतिष्ठा नहीं दी गई। मैं इसी क्रम में कहूँगा कि नरेंद्र मोदीजी को इसके लिए जरूर धन्यवाद देना चाहिए।...(व्यवधान) राजीवजी, सभी काम तुरंत नहीं होते हैं।

"धीरे-धीरे रे मना, धीरे कारज होई।
माली सींचे सौ गुना, ऋतु आए फल होए॥"

अभी सिर्फ तीन साल हुए हैं। थोड़ी प्रतीक्षा कीजिए।...(व्यवधान) जब मैं बोलता हूँ तो आप समझ लीजिए—

"जो तार से निकली है, वह धुन सबने सुनी है।
जो साज पर बीती है, वह किसको खबर है।"

हम तो भोगनेवाले रहे हैं। हम पर जो जुल्म हुए, अत्याचार हुए, हम उनको भोगनेवाले रहे हैं। सहनेवाले रहे हैं। मैं हिंदुस्तान के पिछड़े वर्गों के लोगों की सहनशीलता को कोटि-कोटि प्रणाम करता हूँ कि वे सबकुछ सहते रहे, पशु के

जैसी जिंदगी जीते रहे, फिर भी वे भारत माता के प्रति समर्पित बने रहे। वे देश के विद्रोही नहीं बने, उन्होंने देश में बगावत नहीं की, वे आतंकवादी नहीं बने, उन्होंने इस आशा और विश्वास के साथ इस देश में अपने को जगाए और खपाए रखा कि एक–न–एक दिन ऐसा आएगा, जब कोई मेरी बात को सुनेगा। मुझे वह सम्मान दिलाएगा। मेरे बच्चे भी कभी थोड़े दिन के लिए ही सही, स्वर्गलोक की यात्रा करके आएँगे। आज हुक्मदेव नारायण यादव हिंदुस्तान के उसी स्वर्गलोक से खड़े होकर दुनिया को संदेश दे रहा है।

(6 अप्रैल, 2017)

□

सामान्य बजट पर चर्चा

श्री हुक्मदेव नारायण यादव (मधुबनी) : अध्यक्ष महोदया, संयोग ऐसा है कि जब कभी उधर से वीरप्पा मोइलीजी बोलते हैं तो ठीक उनके बाद मुझे बोलने का अवसर मिलता है। जब वीरप्पा मोइलीजी बोल रहे थे तो न जाने कौन-कौन से अंग्रेजी शब्दों का इस्तेमाल कर रहे थे। मैं अंग्रेजी के शब्दों को उतना नहीं जानता, लेकिन उनके भाव समझ रहा था। आखिर वीरप्पा मोइलीजी, आप भी ओ.बी.सी. समाज के हैं और मैं भी ओ.बी.सी. समाज का हूँ। 'का दुःख जाने दुःखिया का दुःख जाने दुःखिया मय'। हिंदुस्तान में दो हिंदुस्तान हैं—एक गाँव का हिंदुस्तान भारत है और दूसरे हिंदुस्तान को इंडिया कहते हैं। वीरप्पा मोइलीजी, आप इंडिया से बोल रहे थे और मैं भारत से बोलता हूँ। जब आप बोल रहे थे तो आपकी भाषा और भावना को हिंदुस्तान के मुट्ठीभर लोगों ने समझा होगा। जब मैं बोलता हूँ तो उत्तर प्रदेश से बिहार तक के ग्रामीण क्षेत्र में काम करनेवाली माँ, बहन, मजदूर, किसान सब समझ रहे होंगे।

लोकसभा चैनल से बातें प्रसारित होती हैं तो उन सभी तक पहुँचती हैं।

या देवी सर्वभूतेषु शक्तिरूपेण संस्थिता
नमस्तस्यै नमस्तस्यै नमस्तस्यै नमो नमः ॥

आपने हिंदुस्तान की गरीब माँ के बारे में कभी सोचा नहीं। मैं एक उदाहरण देना चाहता हूँ, मैं जब अपनी माँ के गर्भ में था, यदि उस समय मेरी माँ को दूध, दही, मक्खन, घी, मछली-मांस, अंडा, ड्राईफ्रूट, फल, सब्जी भरपेट खाने को मिला होता तो शायद आज मेरा रंग-रूप दूसरा हुआ होता। मैं उस माँ के पेट से जन्म लेकर आया हूँ, जिसको भरपेट भोजन नहीं मिला, वह आधे पेट खाकर सोती थी, कभी-कभी माँ के पेट में भी मुझे भूखा रहना पड़ता था। आपने कभी इस पर सोचा, आपके दिल में कभी दर्द हुआ ? हम जेल में जाते थे तो गाते थे—

धनवानों के राजमहल हम गरीब
को फाँसी घर चलो बसाएँ नया नगर॥

मैं श्री नरेंद्र मोदीजी को धन्यवाद देना चाहता हूँ, उन्होंने उस माँ के दर्द को समझा और गर्भवती महिलाओं के लिए छह हजार रुपए भोजन के लिए दिए। हिंदी-भाषी इलाके के लोग जो पिछड़े हैं, दलित हैं, गरीब हैं, मजदूर हैं, किसान हैं और गाँव की झोंपड़ी में रहनेवाले हों, अपनी-अपनी माताओं तक यह संदेश पहुँचाओ कि छह हजार रुपए प्रत्येक गर्भवती महिलाओं को भोजन के लिए मिलेगा। डॉ. लोहिया ने इसी सदन में खड़े होकर कहा था। मैं वर्ष 1960 में ग्राम पंचायत का प्रधान बना, उस समय कितने लोगों का जन्म नहीं हुआ था—

सावन में जन्मा गीदड़ भादो में आयी बाढ़
तो कहा कि ऐसी बाढ़ कभी नहीं देखी।

मैं कोसी के इलाके में घूमा हूँ, जितना मेरे शरीर से पसीना बहा है, उतना आज के नौजवान दूध नहीं पिए होंगे। डॉ. लोहिया ने इसी सदन में श्रीमती इंदिरा गांधी को कहा था, "हिंदुस्तान में जो गरीब माँ है, उसको भरपेट भोजन नहीं मिलता है, दाल नहीं, प्रोटीन नहीं, विटामिन नहीं, उनको पोषक तत्त्व नहीं मिलता, इसलिए उनके गर्भ से विकलांग बच्चे और कमजोर बच्चे जन्म लेते हैं। जिस देश में माँ के पेट से विकलांग बच्चे पैदा होंगे, वह देश कभी बलवान नहीं हो सकता है।" उस तरफ अगर किसी का ध्यान गया और लोहिया की उस वाणी को किसी ने सुना तो वह नरेंद्र मोदी ने सुना। डॉ. लोहिया के शिष्य होने के नाते नरेंद्र मोदीजी को कोटि-कोटि धन्यवाद देता हूँ।

श्री भर्तृहरि महताब (कटक) : आप जिस योजना के बारे में बता रहे हैं, भारत और कई राज्यों में मैटरनल मोरटिलिटी रेट ज्यादा है। ओडिसा सरकार ने पिछले पाँच सालों से 'ममता योजना' शुरू की, आज जो बजट में आया है, यह उसी का रिप्लिका है। इससे पहले आ जाना चाहिए था। Mamata Yojana is for five years after the delivery of the child. यह योजना एनएचएम में नहीं थी। The Odisha Government has been doing it as Mamata Yojana for five years. देश में सब सहारा कंट्रीज के मैटरनल मोरटिलिटी रेट से भी कम है, इसलिए इसको ऊपर उठाना है, इसलिए यह जरूरी है। अब केंद्र सरकार ने यह निर्णय लिया है और अब राज्यों को भी पैसा मिलेगा।

श्री हुक्मदेव नारायण यादव (मधुबनी) : अभी हम केंद्रीय योजना पर

बहस कर रहे हैं। केंद्र सरकार की योजना पर बहस करेंगे। माननीय मोइलीजी कह रहे थे, इस सरकार की न दिशा है, न दृष्टि है, न संकल्प है। कहाँ से दिखाई पड़ेगा, आप खुद अपने को देखिए! इस सरकार की दिशा भी है, दृष्टि भी है और संकल्प भी है, इसलिए मैंने वहीं से शुरू किया है। मैं बहुत धन्यवाद देता हूँ। अन्य सरकारों ने अगर उस माँ के लिए, बेटी के लिए, महिला के सम्मान, सुरक्षा, सुदृढ़ीकरण, सशक्तीकरण के लिए कुछ किया है तो सब धन्यवाद के पात्र हैं। उन सबको धन्यवाद दिया जाना चाहिए, लेकिन दिल्ली की सरकार की दृष्टि की बात हो रही है। आपकी दृष्टि कहाँ थी और माननीय नरेंद्र मोदीजी की दृष्टि कहाँ है? माननीय नरेंद्र मोदीजी गरीब माँ के पेट से जन्म लेकर आए और गर्भ से ही उस तकलीफ को सहा, इसलिए जब प्रधानमंत्री बने तो उन्होंने सबसे पहले कहा कि हिंदुस्तान की उन माताओं को सबल करो, सुदृढ़ करो, मजबूत करो, आर्थिक और मानसिक हालत में मजबूत करो, जिससे उनके गर्भ से जो बच्चा पैदा हो, स्वस्थ पैदा हो, शारीरिक दृष्टिकोण से, मानसिक दृष्टिकोण से स्वस्थ पैदा हो। जब माँ मानसिक, शारीरिक, बौद्धिक दृष्टिकोण से सबल और सक्षम बच्चे को पैदा करेगी तो वही सीमा पर जाकर लड़ेगा। किसान का बच्चा सबसे ज्यादा सीमा पर जाकर लड़ता है, सबसे ज्यादा मरता है, लेकिन उसकी माँ को सबसे कम खाना मिलता है। मैं माननीय नरेंद्र मोदीजी को हृदय से सभी माताओं की ओर से, उनकी संतानों की ओर से धन्यवाद देता हूँ कि आपने माँ का इलाज करने का काम किया है, खुराक देने का काम किया है। इसके लिए माननीय प्रधानमंत्रीजी कोटि-कोटि धन्यवाद के पात्र हैं।

(डॉ. रत्ना डे (नाग) पीठासीन हुईं)

आपने दृष्टि संकल्प की बात कही। क्या आपने वित्त मंत्रीजी के बजट की किताब को नहीं पढ़ा? इस किताब में उन्होंने प्राथमिकताओं के निर्धारण के बारे में लिखा है। यह अंग्रेजी में भी है और हिंदी में भी है। इसलिए अंग्रेजीवालों ने भी पढ़ा होगा और हिंदीवालों ने भी पढ़ा होगा। इसमें लिखा है—मैं इस व्यापक एजेंडा को आगे बढ़ाने के लिए बजट प्रस्तावों को दस विशिष्ट स्तंभों के अंतर्गत रखने का प्रस्ताव करता हूँ, जिनमें निम्नलिखित शामिल हैं—किसान, ग्रामीण आबादी, युवा, गरीब और विशेष सुविधाओं से वंचित वर्ग, अवसंरचना, वित्तीय क्षेत्र, डिजिटल व्यवस्था, सार्वजनिक सेवा, विवेकपूर्ण राज्यकोषीय प्रबंधन, कर प्रशासन। एक नंबर पर कृषि है, दूसरे नंबर पर ग्रामीण विकास और तीसरे नंबर पर युवा हैं, बाकी

हिंदुस्तान तो इसी में समा जाता है।

"गाँव, गरीब, मजदूर, किसान, मिलकर बनाएँ हिंदुस्तान।"

आपके बजट की प्राथमिकता क्या थी? गांधीजी ने दर्शन दिया था, गांधी दर्शन है, नंबर एक—यानी कृषि, नंबर दो—कुटीर उद्योग और छोटे उद्योग, नंबर तीन पर हैं बड़े उद्योग। सरदार पटेलजी की मृत्यु के बाद आपने उस प्राथमिकता को बदल दिया। मैं माननीय नरेंद्र मोदीजी को धन्यवाद देना चाहता हूँ। माननीय सरदार पटेलजी और राष्ट्रपिता महात्मा गांधीजी की दृष्टि को माननीय वित्त मंत्रीजी ने शुरू किया है, नंबर एक पर कृषि, नंबर दो पर ग्रामीण विकास। गाँव और किसान सबसे ज्यादा पिछड़ा रहा है और उसका कल्याण करने के लिए योजना में जोर दिया गया है, इसके लिए भारत सरकार को धन्यवाद।

सभापतिजी, दूसरी तरफ देखिए। आप लोगों की दृष्टि है, कहीं पर निगाहें और कहीं पर निशाना! बात किसी की कर रहे हैं और गीत किसी का गा रहे हैं! अरे, गीत गाइए, लेकिन जिसका गीत है, उसी के लिए गाएँगे तो सुनने में मजा आएगा। आप तो सुना रहे थे, इसलिए मेरी आपसे विनम्र प्रार्थना है कि आप सुनिए।

सभापतिजी, ये हमें लंबी-लंबी बातें सुनाते हैं। ये विषमता किसके समय में आई? मैं किसान हूँ। 1951 में 71.9 प्रतिशत किसान थे, 2001 में 45.1 हो गए, इस तरह 26.8 किसान कम हो गए। कृषि मजदूर वर्ष 1991 में 28.1 प्रतिशत था, जो वर्ष 2011 में 54.9 प्रतिशत हो गया, यानी 26.08 प्रतिशत बढ़ गया। एक तरफ किसान के प्रतिशत में कमी होती है, तो खुशी होती है कि वह खेती से हटकर कहीं दूसरे रोजगार में गया होगा, बाबू बना होगा, महल में गया होगा, कुरसी पर बैठा होगा, लेकिन जब मैं दूसरी तरफ देखता हूँ तो 26.8 प्रतिशत खेतिहर मजदूर में बढ़ोतरी हुई है। इसका मतलब है कि जो किसान था, उसे ही आपने खेतिहर मजदूर बना दिया है। जो खेती करनेवाला था, वह मजदूर बन गया। गाँव में जो 82.7 प्रतिशत लोग रहते थे, वे घटते-घटते 68.8 प्रतिशत हो गए, यानी 14 परसेंट कम हो गए। यह सोचा गया कि गाँव का आदमी कम हुआ है, तो वह शहर गया होगा। उसने वहाँ अच्छी दुकान बनाई होगी, कारखाना बनाया होगा, बाबू बना होगा, लेकिन जब वे दिल्ली में आए, तो रिक्शा चलाते, ठेला चलाते और फुटपाथ पर सोते हैं, पेड़ के नीचे सोते हैं। सबसे ज्यादा पूर्वी उत्तर प्रदेश और बिहार के नौजवान दिल्ली में रोजगार खोजने के लिए आते हैं। वे यहाँ किसान का बेटा बनकर आए थे। अब किसी भी जाति का हो, लेकिन यहाँ रिक्शा चलाता है, ठेला

चलाता है, मजदूरी करता है और फुटपाथ पर सोता है। वह एक पेड़ के नीचे रहता है, जनमता है, पलता है और बढ़ता है। दूसरे पेड़ की छाया के नीचे शादी होती है। बड़े लोग हनीमून मनाने के लिए स्विट्जरलैंड जाते हैं, लेकिन वे बेचारे अपना हनीमून उसी पेड़ की छाया के नीचे मनाते हैं। सड़क पर गाड़ी, घोड़ा चलाता है और गरीब का बच्चा हनीमून मनाता है। क्या आपने कभी उनके बारे में सोचा है? आपने उनके बारे में इसलिए नहीं सोचा, क्योंकि आप जिस वर्ग से आते हैं, उसका क्लास करैक्टर ऐसा था, इसलिए आपने उसके लिए नहीं सोचा। श्री नरेंद्र मोदीजी उस वर्ग से आए हैं, उनका क्लास करैक्टर वैसा है, इसलिए वह उस वर्ग की ओर चिंतन करते हैं। यह इंडिया और भारत का संघर्ष है।

मैं नरेंद्र मोदीजी को धन्यवाद देना चाहूँगा कि उन्होंने भारत में एक नई विचारधारा के साथ युद्ध को आमंत्रित किया है। इस युद्ध का परिणाम पता नहीं क्या होगा, लेकिन आप एक बात समझ लीजिए कि युद्ध का परिणाम अच्छा निकलेगा, क्योंकि अब गाँव, गरीब, मजदूर, किसान आदि सब जग गए हैं। हिंदुस्तान के 85 प्रतिशत लोग आज श्री नरेंद्र मोदीजी के पीछे खड़े हैं और 15 प्रतिशत लोगों के बीच में युद्ध छिड़ा हुआ है।...(व्यवधान) यह आया है और इसका निराकरण होगा। मेरी आपसे विनम्र प्रार्थना है कि आप इस पर सोचिए। हम कहते जाएँगे, लेकिन आप कुछ नहीं सोचेंगे।

सभापति महोदया, उस दिन मल्लिकार्जुन खड़गेजी बोल रहे थे, तो लघु किसान और सीमांत किसान की बात कर रहे थे। वर्ष 1990-91 में सीमांत किसान 59.4 प्रतिशत थे और लघु किसान 18.8 प्रतिशत थे। वर्ष 2010-11 में सीमांत किसान 59 परसेंट से बढ़कर 64-65 प्रतिशत हो गए और लघु किसान 18.8 प्रतिशत से बढ़कर 18.52 प्रतिशत हो गए। जितने सीमांत किसान थे, वे लघु सीमांत किसान बन गए। दो हैक्टेयर, पाँच हैक्टेयर जमीनवाले एक हैक्टेयर, आधा हैक्टेयर जमीन के किसान बन गए। उन्हें किसने इस स्थिति में रहने के लिए मजबूर किया था? मैं आपसे प्रार्थना करना चाहूँगा कि आप कम-से-कम इस पर ठंडे दिल से सोचिए।...(व्यवधान)

श्री मल्लिकार्जुन खड़गे (गुलबर्गा) : हुक्मदेवजी, मैं आपका भाषण हमेशा बहुत गंभीरता के साथ सुनता हूँ, क्योंकि आप एक सोशलिस्ट पार्टी के बैकग्राउंड से आए हैं। आपकी पैदाइश कांग्रेस से हुई।...(व्यवधान) लोहियाजी पहले कांग्रेस में थे, उसके बाद सोशलिस्ट बने। ये उनके साथ जुड़े हुए थे। ये

बाल्यावस्था में कांग्रेसी थे, गृहस्थ आश्रम में सोशलिस्ट रहे। अब संन्यास आश्रम आ गया, इसलिए बीजेपी के साथ हैं। अब बात यह है कि आप लैंड रिफॉर्म्स लाकर टेनेंट्स को जो जमीन बाँटी गई है या जो सरप्लस जमीन बाँटी गई है, क्या आप उन सबको कंसोलिडेट करना चाहते हैं या जो छोटे किसान हैं, उनके लिए कुछ मदद करना चाहते हैं? आप इस बारे में बोलिए।

श्री हुक्मदेव नारायण यादव (मधुबनी): मैं उसको कंसोलिडेट नहीं करना चाहता, लेकिन मैं उसको फ्रैगमेंटेड भी नहीं करना चाहता।

हम एक तरफ वैज्ञानिक, मशीनीकृत और आधुनिक खेती की बात करते हैं, पहले हल और बैल से खेती होती थी, अब ट्रैक्टर से खेती होती है। पहले मजदूर हँसुआ से गेहूँ काटता था, अब कंबाइन मशीन से गेहूँ काटता है। एक तरफ कहते हैं कि वैज्ञानिक खेती करो, मशीनीकृत खेती करो और दूसरी तरफ जमीन का बँटवारा कर दीजिए। वह भूमि सुधार नहीं था, वह भूमि की लूट थी। भूमि सुधार का मतलब बहुत कुछ होता है, जिस पर आप जब बहस करेंगे, तब हम कर लेंगे।···(व्यवधान)

आपने अभी लोहियाजी के बारे में कहा। माननीय प्रधानमंत्रीजी ने बेनामी संपत्ति को छीनने के लिए कानून बनाया है, जेटलीजी ने उसमें कड़े दंडों का प्रावधान किया है, तो आपने सोचा कि यह कहाँ से आया? सन् 1955 में 'समाजवादी युवक सभा' के पुरी सम्मेलन में व्याख्यान देते हुए 'कांचन मुक्ति' पर डॉ. लोहिया ने कहा था—

"अपराधियों के लिए उचित दंड की व्यवस्था रहनी चाहिए और विशेष रूप से अवैधानिक संपत्तियों को छीन लेने की, किंतु ऐसे कानून बनाने से पहले यह आवश्यक है कि उसके समर्थन में एक शक्तिशाली जनमत तैयार हो।"

नरेंद्र मोदीजी ने जनमत तैयार करने के लिए कई योजनाएँ चलाई हैं, जिससे वह समतामूलक समाज बनाने का काम कर सकें और समतामूलक समाज भारत में आ सके। बेनामी संपत्ति छीनी जाएगी, किसकी बेनामी संपत्ति छीनी जाएगी, कल माननीय प्रधानमंत्रीजी ने विस्तार से बताया था और फिर विमुद्रीकरण के बारे में जब माननीय जेटलीजी अपनी प्रतिभा से जवाब दे रहे थे, तो सभी लोग चुप हो गए, किसी के मुँह से वाणी नहीं निकली, किसी के पास कोई तर्क नहीं था। जब तर्क नहीं था तो सदन से उठकर चल दिए, कोई बहाना चाहिए था। इसलिए आप इस पर गौर से सोचिए। मैं मोइलीजी से पूछना चाहता हूँ कि आपने इतने

आँकड़े दिए हैं, मैं आँकड़े नहीं जानता हूँ। हरियाणा का किसान कहता है, 'हिसाब यूँ-का-यूँ, बता, कुनबा डूबा क्यूँ?' आपका सब हिसाब और आँकड़े ठीक हैं, लेकिन हिंदुस्तान के अमीर-गरीब में फर्क क्यों हुआ, हिंदुस्तान के गाँव और शहर में फर्क क्यों हुआ, कृषि और उद्योग में फर्क क्यों हुआ, क्यों ऐसा हुआ? आपकी नीति और योजना के कारण ऐसा हुआ। आपके अफसर और अंकशास्त्री, सब वही हैं, लेकिन आपने कभी इस बात पर गौर नहीं किया। आप इस पर सोचिए। इसी लोकसभा में डॉक्टर लोहिया ने कहा था—

"हिंदुस्तान में जितने अंकशास्त्री हैं, वे सभी विषधर साँप के समान हैं। जैसी बीन बजाओगे, वैसे वे नाचेंगे, और अगर आप बीन बजाना नहीं जानते तो उनको आप क्या नचा पाओगे?"

इसलिए आप इसे समझिए, वही अंकशास्त्री हैं, वही आँकड़े हैं, लेकिन उस आँकड़े को आप ठीक से समझ नहीं पाए थे। आपका अंकशास्त्री बीन बजाता था और आप नाचते थे। नरेंद्र मोदीजी में पुरुषार्थ है, परिश्रम है, बुद्धि है, क्षमता है, योग्यता है, कर्मठता है, ईमानदारी है, तेजस्विता है, इसलिए नरेंद्र मोदीजी अपने हिसाब से आँकड़े को नचा रहे हैं और हिंदुस्तान के गाँव-गरीब के कल्याण की ओर उसे ले जा रहे हैं। इसलिए इस बात पर सोचना चाहिए। आप जिसका खाते थे, उसका गाते थे। नरेंद्र मोदीजी ने गाँव-गाँव में घूमकर, प्रचारक की हैसियत से या गरीब की हैसियत से जिन गरीब लोगों का अन्न खाया है, नमक खाया है, रोटी खाई है, जिसके घर में सोए हैं, जिसकी जमीन पर सोए, जिसकी चटाई पर सोए हैं, उनको देखा है, इसलिए नरेंद्र मोदीजी की दृष्टि उधर है, आपकी दृष्टि उधर थी?... (व्यवधान) इसलिए आपको पता नहीं लगता है।...(व्यवधान) मल्लिकार्जुन साहब, मैं धन्य हूँ कि मैं डॉ. लोहिया के संस्कार में पला हूँ। मैं सन् 1950 से संघ का स्वयंसेवक हूँ, यह बात भी मैं गर्व के साथ कहता हूँ।

मेरी उम्र के स्वयंसेवक बिहार में एक माननीय कैलाशपति मिश्रजी थे, आदरणीय रवि शंकरजी के पिताजी थे, जो मुझसे सीनियर थे, अन्यथा मुझसे ज्यादा पुराना स्वयंसेवक बिहार में कोई दूसरा नहीं है। मैं 1950 का स्वयंसेवक रहा हूँ, समाजवादी आंदोलन में रहे, लेकिन मेरे गुरु ने सिखाया कि कठपुतली जैसे नाचना मत। आप जिस समाज में रहे, उस समाज में, पिछड़ों को, दलितों को नेता बनाया गया है, लेकिन उनको कठपुतली जैसे नचाया गया। उनके स्वाभिमान की रक्षा कभी नहीं हुई। उनको कभी नेता नहीं बनने दिया गया। मैं जिस निर्भीकता के

साथ अपनी पार्टी की तरफ से बोल रहा हूँ, क्या आप उस निर्भीकता के साथ बोल सकते हैं ?⋯(व्यवधान) नहीं बोल सकते हैं। ⋯(व्यवधान)

HON. CHAIRPERSON [DR. RATNA DE (NAG)]: Hukmdevji, please address the Chair.

श्री हुक्मदेव नारायण यादव (मधुबनी) : सभापतिजी, प्रधानमंत्री कृषि सिंचाई योजना के बारे में मैं कहना चाहता हूँ कि मल्लिकार्जुनजी कह रहे थे तो इससे ज्यादा लाभ किसको होगा ? हर खेत को पानी, हर हाथ को काम मिलेगा, पिछड़ों को, दलितों को और कमजोर वर्गों को ज्यादा लाभ मिलेगा, क्योंकि खेती-किसानी वही ज्यादा करते हैं। उसके खेत में पानी जाएगा, उसके खेत में हरियाली आएगी, घर में खुशहाली आएगी, चेहरे पर लाली आएगी, बेटों-बच्चों को आगे बढ़ाएगा-पढ़ाएगा और यह सब वह तब करेगा, जब उसके खेतों में पानी आएगा। आपने जो योजनाएँ बनाईं, मैं बिहार से हूँ, उत्तर प्रदेश के लोग जानते हैं कि आपने कितनी सिंचाई योजनाएँ बनाईं! एक पश्चिमी कोसी नहर मेरे मिथलांचल में है। 1960 में यह योजना शुरू की गई थी और आज तक मेरे खेतों में पानी नहीं आया। जमीन भी गई, उत्पादन भी गया, योजनाएँ किसलिए बनीं कि ऐसी योजनाएँ बनाओ जो आगे बढ़ती जाएँ और कभी योजनाएँ पूरी नहीं हों! इंजीनियर, नेता और ठेकेदार तीनों मिलकर तिकड़ी बनाओ और लूट-लूटकर खाते रहो और इस योजना को कभी पूरी मत होने दो!⋯(व्यवधान)

उत्तर प्रदेश की सिंचाई योजनाएँ क्यों पूरी नहीं हुईं, इसके लिए कौन जिम्मेदार है ? प्रधानमंत्री ने संकल्प लिया है। अगर राज्य सरकारों का सहयोग मिलेगा तो हर खेत को पानी मिलेगा, हर हाथ को काम मिलेगा, चेहरे पर लाली आएगी और हर घर में खुशहाली आएगी।

एक और मृदा परीक्षण योजना है। सॉयल हैल्थ कार्ड भी है। आपने इतने दिनों तक क्यों नहीं सोचा ? आप तो अंधाधुंध जमीन में खाद देते चले गए।⋯(व्यवधान)

कौशलेंद्रजी, इसके लिए समय लगेगा। चट मंगनी, पट ब्याह नहीं होता है, जो मिथलांचल में कहते हैं। हिंदुस्तान के अंदर यह 12 करोड़ हैक्टेयर जमीन है, उसमें मृदा परीक्षण का काम आसान नहीं है। युद्ध स्तर पर इसके लिए काम करना होता है। कृषि विज्ञान केंद्रों में लैब दिए गए हैं। उनमें टैस्टिंग मशीन दी गई हैं, जिससे मिट्टी की जाँच हो सके कि उसमें कौन सी कमी है। उसमें यूरिया कम है या नाइट्रोजन कम है या फास्फोरस कम है, या पोटाश कम है या जिंक कम है।

यह जाँच करने के बाद किसान उसके हिसाब से उसमें वह खाद डालेगा। अब मेरा बच्चा मेरे जैसा अनपढ़-गँवार नहीं है। अब मेरा पोता मुझसे ज्यादा होशियार है, क्योंकि कंप्यूटर से नेट से निकालकर सारी बातें देखता है। अगर वह यह काम करेगा तो वह आधुनिक खेती करेगा। उसी तरह से लघु-सीमांत किसानों के बारे में मैं कहना चाहूँगा कि 'ग्रामीण गल्ला गोदाम की योजना' अटल बिहारी वाजपेयीजी ने शुरू की थी। हमसे तो हिसाब माँगते हैं, आप भी दस वर्ष का हिसाब दीजिए कि कितने ग्रामीण गल्ला गोदाम बनाए गए? आपने इस योजना को ठप्प कर दिया। बिहार में कहीं पर गोदाम नहीं हैं। किसान का धान नहीं खरीदा जा रहा है। सरकार का रेट 1350 रुपए क्विंटल है। मैं किसान हूँ। अपना 120 क्विंटल धान 1200 रुपए में बेचकर आया हूँ। बिहार सरकार की व्यवस्था कहाँ है? उत्तर प्रदेश में किसान भटक रहा है। वहाँ पर गल्ला गोदाम क्यों नहीं बनाया गया? वहाँ इसीलिए नहीं बना कि अगर ग्रामीण गल्ला गोदाम बनेगा, पैक्स के अंदर धान खरीदा जाएगा, किसान को ज्यादा रेट मिलेगा तो किसान खुशहाल हो जाएँगे तो ये मिल चलानेवाले व्यापारी कहाँ जाएँगे? इसलिए किसान का गीत गाते रहो और व्यापारियों को लाभ पहुँचाते रहो! किसी का गीत गाओ, किसी को लाभ पहुँचाओ, इसके बारे में सोचिए। मैं आपसे यही कहने के लिए सदन में खड़ा हुआ हूँ।

प्रधानमंत्रीजी ने मुद्रा बैंक की स्थापना की। उससे किन्हें लाभ मिल रहा है? (व्यवधान) जितना भी लाभ मिले, उनको लाभ कौन दे रहा है।...(व्यवधान) आप गौर से सुनिए। मुद्रा बैंक से सेल्फ गारंटी पर दस लाख रुपए तक का कर्ज दिया जाता है। क्या आपने इसके बारे में कभी सोचा था कि खुद की जमानत पर दस लाख रुपए मिलें? यह रकम गरीब को मिलेगी, किसान के बेटे को मिलेगी, मजदूर के बेटे को मिलेगी, पिछड़े वर्ग के बेटे को मिलेगी, दलित के बेटे को मिलेगी, समाज के उपेक्षित, उपहासित और कमजोर वर्ग को मिलेगी तो उनके घर में खुशहाली आएगी।

कौशल विकास योजना क्या है? चमड़े का काम, लोहे का काम, गिट्टी का काम, मिट्टी का काम, ये सब काम कौन करते हैं? ये काम पिछड़े और दलित समाज के लोग करते हैं। उनके हाथ में कौशल है, लेकिन उसकी कोई प्रामाणिकता नहीं थी। नरेंद्र मोदीजी ने सोचा कि उनके बच्चे कहाँ आई.टी.आई. और आई.आई.टी. में पढ़ने जाएँगे, इसलिए गाँव-गाँव में कौशल विकास योजना के लिए प्रशिक्षण केंद्र बनाया। उन्हें तीन हजार रुपए प्रशिक्षण के समय में मिलेंगे और गाँव में उन्हें कौशल का एक प्रमाण-पत्र भी मिलेगा। उन्हें राज-मिस्त्री, हल

और कुदाल चलाने का प्रमाण-पत्र मिलेगा। ग्रामीण क्षेत्र में सभी काम करनेवालों को प्रमाण-पत्र मिलेगा। वे भी एक प्रमाण-पत्र लेकर कहीं जाएँगे, क्योंकि हमें अनस्किल्ड लेबर कहा जाता था। किसान अनस्किल्ड लेबर्स हैं, लेकिन अन्य लोग स्किल्ड लेबर्स हैं।

मैं एक बार अपने खेत में हल चला रहा था। मेरे गाँव की बगल में डिफेंस की हवाई पट्टी है। वहाँ जहाज उड़ रहा था तो मैं रुक गया। मैंने सोचा कि हवाई जहाज उड़ानेवाला ऊपर से कुछ बोल रहा है। मैंने अपने मन में कहा कि क्या बोल रहा है, तुम यही कह रहे हो कि तुम टेक्निकल हो और हवाई जहाज उड़ा रहे हो। तुम हवाई जहाज उतारकर आओ और हल पकड़कर, खेत जोतकर बताओ। हवाई जहाज उड़ाने में मैं नॉन-टेक्निकल हूँ और हल चलाने में तुम नॉन-टेक्निकल हो, दोनों का सौदा बराबर है। तेरी विद्या हम न जानें, मेरी विद्या तुम न जानो।

आज किसान की बात करनेवाले बड़े-बड़े नेता हैं। उस दिन वीरेंद्रजी कह रहे थे कि उस नेता के आगे गाय और भैंस रख दीजिए तो उन्हें यह भी नहीं पता है कि दूध उनके आगे से या पीछे से निकलता है। वे काली भैंस और काली गाय में फर्क नहीं कर सकते।...(व्यवधान) हम किसानी की बात करते हैं, हम वह नेता नहीं हैं, जो नाटक करते हैं।

सिनेमा में एक हीरो आता है, हल चलाता है, कंधे पर जुआ रखता है, एक तरफ बैल को जोतता है, अच्छे कपड़े को फाड़कर लैला-मजनू का खेल करता है। उसी तरह राजनीति में लैला-मजनू का खेल है। लोग फटा कपड़ा लेकर मंच पर दिखाते हैं कि मेरा कपड़ा फटा है। ...(व्यवधान) वह फटा है, लेकिन क्या दिखा रहे हो, बोलो कि बचपन में क्या फटा था।...(व्यवधान) हम बचपन में फटे कपड़े पहनते थे। हमारे समय में यह जींस और पतलून नहीं थे। आप जो अंदर पैंट पहनते हैं, हम वह डोरीवाली पैंट पहनते थे, बोरे की टाट पर बैठते थे, गाँव में बासी भात खाते थे। जन्म राजा के घर में लेते हो, रानी के मुहल्ले में पलते हो, जाते हो विदेश में, वहीं से पढ़कर आते हो और आप किसी के बारे में नाटक करते हो! इसलिए आप इस बात को समझिए।

सभापति महोदया, मैं इस देश के उन लोगों को समझाना चाहता हूँ कि जो आदमी अपने नाटक के द्वारा भ्रम फैलाते हैं और हिंदुस्तान के गरीब, किसान और पिछड़ों को ठगना चाहते हैं। अब गाँव, गरीब, किसान और मजदूर का बेटा भी चालाक, तेज और पढ़ा-लिखा है। वे लैपटॉप, कंप्यूटर और मोबाइल रखते हैं। वे

भी नेट पर सबकुछ देखते हैं। वे एक-एक नेता की जन्म से लेकर मरण तक की कहानी गूगल के माध्यम से निकालकर पढ़ लेते हैं, इसलिए हम किसी को धोखा नहीं दे सकते हैं।

मैं आखिर में कहना चाहता हूँ कि आप एक-एक योजना को लीजिए, जिसे प्रधानमंत्रीजी ने गिनाया है। गाँव में सड़क बनाने के लिए 'प्रधानमंत्री ग्रामीण सड़क योजना' अटल बिहारी वाजपेयीजी ने चलाई थी। मैं उस समय उनके साथ मंत्री था। गाँव में सड़क नहीं थी, उस इलाके में जन्म लिया है। मैं उस इलाके में बाढ़ के समय में चलता था। उसी इलाके से संतोषजी हैं।

मैं कोसी और कमला नदी के इलाके में बरसात के समय साइकिल से चलता था। कभी तीन किलोमीटर तक मैं साइकिल को कंधे पर उठाकर लेकर जाता था, फिर आगे 6 किलोमीटर उस पर बैठकर जाया करता था। कभी साइकिल मुझ पर होती थी, तो कभी मैं साइकिल पर होता था। इसका कारण यह था कि वहाँ पक्की सड़कें नहीं थीं इसलिए बरसात में वहाँ कीचड़ हो जाता था। जब हमारी बेटियों की शादी होती थी, तो उन्हें घुटने तक कीचड़ में से गुजरकर अपनी ससुराल जाना पड़ता था। श्रीमान अटल बिहारी वाजपेयीजी ने ऐसे भारत के दर्द को समझा था। उन्होंने 'प्रधानमंत्री ग्राम सड़क योजना' शुरू की थी। गाँव के गरीब की बेटी रुको, पिछड़े दलितों की बेटी रुको, अब तुम भी अपने ससुराल पैदल नहीं जाओगी, तुम भी अब गाड़ी में बैठकर अपनी ससुराल जाओगी। तुम भी अब गरीब नहीं रहोगी, तुम्हारा भी भाग्य-भविष्य बदलेगा। आपने दस वर्षों तक अपना राज चलाया। 'प्रधानमंत्री ग्राम सड़क योजना' को आपने ठप्प कर दिया। आपने यह बहाना बनाया कि राज्य सरकारें इस योजना के लिए पैसा माँगती हैं, जो कि आपके पास नहीं है। आपने तीन वर्षों की योजना को एक बरस में ही चालू कर दिया। इस योजना के तहत आपने सिर्फ थोड़ी सी ईंटें रख दीं। आपने 'कहीं की ईंट, कहीं का रोड़ा, भानुमति ने कुनबा जोड़ा' का काम किया। आपने सोचा कि केवल थोड़ी सी ईंटें डालकर इस योजना का शिलान्यास कर दो, इससे सड़क तो नहीं बनेगी, लेकिन गाँव के लोग वोट दे देंगे, लेकिन गाँव के लोग इतने मूर्ख नहीं हैं। भाई नरेंद्र मोदीजी 'प्रधानमंत्री ग्राम सड़क योजना' के लिए 27 हजार करोड़ रुपए दे रहे हैं। इस योजना में 113 या 115 किलोमीटर सड़क के रोज के निर्माण का लक्ष्य रखा गया है। इससे गाँव बदलेगा। गाँव में पक्की सड़कें बनेंगी, वहाँ की गलियाँ पक्की होंगी। आपने मनरेगा योजना चलाई। मैं कहता हूँ कि आप उस

पैसे से हमारे गाँव की सड़कों और गलियों को पक्का करने का काम करते, हमारे लिए मशीन, ट्रैक्टर और मोटरसाइकिल चलाने का रास्ता बनवाते। इससे गाँव का कायाकल्प और कल्याण हो जाता। सड़क निर्माण सबसे ज्यादा रोजगार उपलब्ध कराने और विकास करने का साधन है। आपका ध्यान इस ओर क्यों नहीं गया? आप बातें नहीं, काम करके दिखाते। नरेंद्र मोदीजी बातों पर नहीं, काम करके दिखाने में विश्वास रखते हैं। मैं आपसे कहना चाहता हूँ कि आप इन बातों पर गौर कीजिए। सब कहते हैं कि यह काम क्यों नहीं हुआ? 60 सालों तक आपकी सरकार रही, सवा तीन सालों से यह सरकार आई है। 60 सालों में आपने इस काम को नहीं किया और हमसे कह रहे हैं कि हम इसे सवा तीन सालों में करके दिखाएँ! कबीरदासजी ने कहा है—

"धीरे-धीरे रे मना, धीरे सब कुछ होए
माली सींचे सौ घड़ा, ऋतु आए फल होए।"

जो योजनाएँ चली हैं, उन्हें पूरा होने में समय लगेगा। ये दीर्घकालीन योजनाएँ हैं। इनका परिणाम दस या बीस बरस में निकलेगा। राष्ट्र निर्माण एक बात है और अपना घर और परिवार निर्माण, अपनी संतान का निर्माण, ये अलग बातें हैं। इनकी दृष्टि और दिशा अलग होती है। मोइलीजी, आप हमें क्या देखते हैं, आप अपने आप को देखिए। हमारी ओर मत देखिए, सब लोग अपनी-अपनी ओर देखिए।

"दोस पराए देख करि, चला हँसत हँसत,
अपने याद न आवई, जिनका आदि न अंत।"

दूसरों का दोष देखकर हँसते-हँसते मत चलिए, आप अपनी गठरी खोलकर उसमें झाँकिए कि आखिर आपने क्या किया कि आप 400 से ऊपर सीटोंवाले आज 44 सीटों पर आ गए हैं! आप इसके बारे में सोचिए। माननीय आडवाणीजी हैं, हम कहाँ दो सीटों पर थे और आज 280 सीटों पर पहुँच गए हैं। आखिर हममें कुछ गुण, कुछ काबिलियत होगी, लोगों ने विश्वास किया होगा, तभी हम यहाँ तक पहुँचे हैं। हम यहाँ तक वोट लूटकर नहीं आए हैं, बंदूक के बल पर भी हम यहाँ नहीं आए हैं। हम लोगों का विश्वास जीतकर आए हैं। आज भी भारत के लोगों को हम पर विश्वास है। अंत में मैं इतना ही कहूँगा कि नोटबंदी पर बहुत चर्चा हुई है, किसान के बारे में भी बहुत बात हुई है' इस पर कल दिन भर चर्चा हुई, फिर आज भी इसी पर चर्चा हुई है। यह नोटबंदी है या कोई हरि कीर्तन है कि जब-जब संकट आए, तब-तब ढोल बजाकर भगवान् का कीर्तन करो! मैं कई दिनों से यह

बात सुन रहा हूँ। एक बार अन्ना हजारेजी ने रामलीला मैदान में ऐसा किया था। दुनिया भर में ढोल पीटनेवाला एक और नेता है, मैं यहाँ उसका नाम नहीं लूँगा, वह भी वहाँ सुबह से शाम तक ऐसा ही कीर्तन किया करता था। इस सबसे लोग तंग आ गए थे। इस पर हम लोगों ने पार्लियामेंट में इसे बंद करवाने के बारे में कहा, तब किसी तरह यह बंद हो पाया। उसी तरह 8 नवंबर, 2016 से, जिधर देखिए, नोटबंदी पर ही चर्चा हो रही है।

हम तो किसान हैं, हमारे बिहार में, उत्तर प्रदेश में किसी किसान के घर में नकदी खर्च दो हजार रुपए से ज्यादा नहीं है। चावल अपना, दाल अपनी, गेहूँ, अपना, सब्जी अपनी, दूध अपना, दही अपना, हम पैसा लेकर क्या करेंगे, क्या पैसा कूटकर खाएँगे? हमारा तो दो हजार रुपए में महीना चलता है। चार हजार रुपए बदलने का आदेश आया कि बदल लो, किसी तरह बचाकर 4000 रुपए, 2000 रुपए, 5000 रुपए घर में रखे थे। एक दिन में बदलकर ले आए और फिर 3-4 महीने तक घर में खर्चा चलाया। कलेजा उनका फटता है, जो फाइव स्टार होटल में जाकर रहते हैं, राजा-रानी रहते हैं, सूइट का किराया एक लाख, डेढ़ लाख होता है। एक दिन मैं एक होटल में गया तो वहाँ बताया गया कि वहाँ एक सूइट का किराया, एक रात का 5 लाख रुपए है। मैंने कहा कि उसको दिखा दो कि उसमें ऐसा क्या है? मैं गया और पूछा कि इसमें रहनेवाला मरता है या नहीं? उसने कहा कि मरते तो सब हैं। हमने कहा कि जब इसमें भी मरना है तो फिर इसमें आकर क्यों मरेंगे, इतने बड़े घर में भगवान् भी डर जाएँगे। इसलिए मैं कहता हूँ कि झोपड़ी में रहनेवालों की बात कीजिए। आप उनकी बात करते हैं, जो पैसे को खर्च नहीं करते हैं, बल्कि पैसे को फेंकते हैं, पैसा उड़ाते हैं, पैसा लुटाते हैं।

एक बार इसी सदन में चर्चा हुई कि इतने पैसे, उतने पैसे, चर्चा में कई बातें आईं। एक मेरे साथी संयोग से, मैं उनका नाम नहीं लूँगा, क्योंकि वह बड़े हैं। एक दिन उनके पास मैं गया तो वे बोतल निकालकर पीने लगे। मैंने कहा कि यह कौन सा शर्बत है, तो उन्होंने कहा कि यह विलायती है, विदेशी। मैंने कहा कि विदेश में भी शर्बत बनता है, इसकी कितनी कीमत है? उन्होंने बताया कि 45000 रुपए कीमत है। मैं अपने दिमाग में हिसाब लगाने लगा कि 45000 रुपए का शर्बत तो मैं पूरे जीवन में भी नहीं पी पाऊँगा। आपको उनकी चिंता है, जो 45000 रुपए की बोतल का शर्बत पीते हैं, उनका क्या होगा। उनका क्या होगा, जिन्होंने बहुत मौज उड़ाई है, बहुत मस्ती की है, देश का खजाना लूटा है, लुटवाया है, बाँटकर खाया

है। नरेंद्र मोदी आएगा, ऐसा ताला लगाएगा कि सबका दिवाला निकल जाएगा। गाँव, गरीब, किसान, मजदूर खुशहाल और अमीर बन जाएगा। उसके बेटे के चेहरे पर लाली आएगी। उनके घर में खुशहाली आएगी, इसलिए…(व्यवधान)

श्री कल्याण बनर्जी (श्रीरामपुर) : आपने ठीक बात बोली, इसलिए मोदीजी 10 लाख रुपए का सूट पहनते हैं।…(व्यवधान)

श्री हुक्मदेव नारायण यादव (मधुबनी) : ठीक बात है, कल्याणजी, आप मेरी बात नहीं समझेंगे, क्योंकि आप तो अच्छे वकील हैं।

श्री कल्याण बनर्जी (श्रीरामपुर) : हम वकील हैं किसके, जनता के, हम गरीब आदमी के वकील हैं।

श्री हुक्मदेव नारायण यादव (मधुबनी) : आपको जो ज्यादा पैसे देता है, आप उसके लिए बहस करते हैं, आप उसके वकील हैं, जो ज्यादा फीस देगा, उसके लिए आप बहस करेंगे, उसने क्राइम किया है या नहीं किया है, बहस शुरू कर देंगे।

माननीय सभापति (डॉ. रत्ना डे (नाग) : हुक्मदेवजी, प्लीज, आप चेयर की तरफ देखकर बात कीजिए।

श्री हुक्मदेव नारायण यादव (मधुबनी) : मैं अपनी बात समाप्त करते हुए एक बात कहता हूँ कि हिंदुस्तान के गाँव, गरीब, किसान, मजदूर, पिछड़े, दलित सबके लिए काम किया गया। मोदीजी ने कहा, 'सबका साथ, सबका विकास', उसमें कौन नहीं है, हिंदू है, मुसलमान है, सिख है, ईसाई है, गरीब है, अमीर है, पिछड़ा है, दलित है, सबका साथ, सबका विकास। खेत में पानी, सबके खेत में पानी, हर हाथ को काम, सबके हाथ में काम, हर एक के चेहरे पर लाली, सबके चेहरे पर लाली, हर गर्भवती माता को 6 हजार रुपए, सबके घर में 6000 रुपए कोई भेदभाव नहीं किया गया। किसी जात के लिए नहीं, न अल्पसंख्यक है, न बहुसंख्यक है, हिंदुस्तान एक समान है, इसलिए समदृष्टि रखिए, सबके लिए बराबर का काम करिए, तब भारत उठेगा, भारत शक्तिशाली और मजबूत बनेगा। हमारा हिस्सा ज्यादा ही बनेगा, जब सबके बेटे नौकरी पाएँगे तो सबसे ज्यादा हम पिछड़े वर्ग के लोग नौकरी पाएँगे, क्योंकि हमारी संख्या ज्यादा है, दलित ज्यादा नौकरी पाएगा, क्योंकि उसकी संख्या ज्यादा है। जब सबका विकास होगा, उसमें मेरी हिस्सेदारी ज्यादा होगी, जब सबका कल्याण होगा, मेरी हिस्सेदारी ज्यादा होगी, इसलिए हम उस दृष्टिकोण से सोचते हैं। नरेंद्र मोदीजी की योजना से

हिंदुस्तान में आर्थिक, सामाजिक, राजनीतिक, सांस्कृतिक और धार्मिक परिवर्तन आएगा। इसी से हिंदुस्तान का कल्याण होनेवाला है, इसीलिए मैं इस बजट का समर्थन करता हूँ, ईश्वर से प्रार्थना करता हूँ कि हे ईश्वर! आप नरेंद्र मोदीजी की रक्षा कीजिए, अगर कोई संकट आए तो हम लोगों में थोड़ा-थोड़ा बाँट दीजिए, लेकिन नरेंद्र मोदीजी के ऊपर कोई संकट न आए।

वे गाँव, गरीब किसानों के नयन का तारा हैं, दिल की धड़कन हैं, आप उनकी रक्षा करना, जिससे वे आगे कुछ करके दिखाएँगे। धन्यवाद।

(8 फरवरी, 2017)

□

महँगाई पर चर्चा

श्री हुक्मदेव नारायण यादव (मधुबनी) : उपाध्यक्ष महोदय, मैं गाँव का आदमी हूँ, मैंने गरीबी को देखा है, गरीबी को भोगा है, गरीबी में पला हूँ, गरीबी में बढ़ा हूँ। मैं केवल उपन्यास की बात नहीं करता और मैं आँकड़ों का खेल भी नहीं करता। कभी राजा-महाराजाओं के पास कोई काम नहीं होता था तो वे शतरंज का खेल खेलते थे। आजकल कुछ विद्वान् हैं या तथाकथित विद्वान् हैं या स्वकथित विद्वान् हैं, वे आँकड़ों का खेल खेलने लगते हैं। मैं उन आँकड़ों के खेल में जानेवाला नहीं हूँ, मैं गाँव का आदमी हूँ।

"कबिरा बाँचे आँखिन देखा, पंडित बाँचे पोथिन लेखा।"

बहुत अच्छी बात है। करुणाकरणजी बोल रहे थे, उनके बाद राहुल गांधीजी बोल रहे थे। करुणाकरणजी जब महँगाई की बात कह रहे थे, तो अंग्रेजी में बोल रहे थे। मैं उतनी अंग्रेजी नहीं जानता, लेकिन कुछ-कुछ बातें समझ लेता हूँ। करुणाकरणजी ने अपने भाषण में महँगाई के लिए जितना जिम्मेदार एन.डी.ए. को ठहराया, उतना ही यू.पी.ए. को जिम्मेदार ठहराया है। 14वीं लोकसभा में वे यू.पी.ए. के पार्टनर भी थे, जब यू.पी.ए. साझेदार···उसके हिस्सेदार, जिसकी मदद से वे सरकार चलाते थे, वही कहता है कि यू.पी.ए. में भी महँगाई थी और एन.डी.ए. में भी महँगाई है तो जब उनके साथ रहनेवाला ही उनके तथ्यों को, उनके आँकड़ों को काट रहा है तो मैं उसे क्यों काटने जाऊँ? वे स्वयं ही समझें··· (व्यवधान) अभी राहुल गांधीजी मोदीजी के बारे में कह रहे थे, उनके नारे को दिखा रहे थे। आखिर 20 करोड़ लोगों ने 'जन-धन योजना' में जो खाते खोले, क्या वे मुंबई, दिल्ली या कोलकाता के बड़े लोग थे? इतने लोगों ने खाते खोले, 30-32 हजार करोड़ रुपए गाँव के गरीबों ने जमा किए।···(व्यवधान) आखिर उनकी वाणी में यह प्रभाव है।···(व्यवधान)

अरे भाई, मेरी बात सुनिए···(व्यवधान) अच्छा एक बात सुनिए।··· (व्यवधान) जब राहुल गांधीजी बोल रहे थे तो क्या कोई हल्ला कर रहा था, हम तो शांति से सुन रहे थे···(व्यवधान) जो आदमी तथ्य में, तर्क में, सत्य में कमजोर होता है, वही हल्ला मचाकर सत्य और तथ्य को छिपाना चाहता है। यह लोकतंत्र का नियम है।···(व्यवधान) आप सुन लीजिए।···(व्यवधान) हमारे गुरु डॉ. लोहिया ने कहा था।···(व्यवधान)

HON. DEPUTY SPEAKER: Please address the Chair.

श्री हुक्मदेव नारायण यादव (मधुबनी) : मेरे गुरु डॉ. लोहिया ने कहा था कि लोकतंत्र का आधार तर्क है।···(व्यवधान) लोकतंत्र का आधार बहस है।··· (व्यवधान) लोकतंत्र का आधार हल्ला करना नहीं है।···(व्यवधान) जो व्यक्ति अपने विरोधियों और विपक्षी दलों की बात सुनने का साहस नहीं रखता है, वह आदमी कभी लोकतंत्र की मर्यादा को जान नहीं सकता है। इसलिए मैं आपसे प्रार्थना करता हूँ।···(व्यवधान)

आप आँकड़े की बात कर रहे थे, मैं आपसे कहना चाहूँगा कि लोकसभा में 6 सितंबर, 1963 को 'राष्ट्रीय आय के वितरण' विषय पर बोलते हुए, डॉ. लोहिया ने जो कहा था, उस बात को मैं समझता हूँ और जानता हूँ। उन्होंने कहा था कि अंकशास्त्री और अर्थशास्त्री दो विषधर की तरह हैं। बीन जिस तरह की बजाओगे, उसी तरह से वे नाचने लगेंगे और अगर आप बीन बजाना ही नहीं जानते हो तो फिर क्या नतीजा निकल सकता है?

आपकी बीन पर वह नाचा और आपकी बीन पर नाच दिखाया था, जिसमें कौन बना या नहीं बना। 70000 करोड़ रुपया अगर किसानों का माफ किया था तो उसी अवधि में एन.पी.ए. का कितना माफ किया था, उसी अवधि में बड़े लोगों का कितना कर्ज माफ किया था?···(व्यवधान) 'अपने तन का मर, न जाने मानुख वन वौराना है।' अपने में झाँककर देखिए और आप जो कहते हैं, रंजीता रंजनजी, मैं आपसे प्रार्थना करूँगा कि आप मत बोलिए। हमारी लड़ाई आपसे नहीं है। जिन लोगों के खिलाफ लड़ते आया हूँ, उनके खिलाफ मोदीजी के माध्यम से लड़ता रहूँगा···(व्यवधान) जिनके विरुद्ध मैं लड़ा हूँ, उनको अपने गाँव, गरीब, किसान, मजदूर, पिछड़े और दलितों की ताकत का यह एहसास कराना चाहता हूँ कि गाँव गरीब, किसान, मजदूर, पिछड़ा और दलित जब जगता है तो हिंदुस्तान में एक इतिहास बनाता है, और मोदीजी का प्रधानमंत्री बनना भी भारत के लोकतंत्र में

एक ऐतिहासिक घटना है, जैसे गांधीजी के नेतृत्व में आजाद भारत लाकर अंग्रेज को हटाना एक घटना है, वैसे ही मोदीजी के नेतृत्व में कांग्रेस को हटाना भी एक ऐतिहासिक घटना है, जो तथ्य है, जो सत्य है। खड़गेजी,···(व्यवधान) आपके लिए मैं बैठ सकता हूँ।

श्री मल्लिकार्जुन खड़गे (गुलबर्गा) : हुक्मदेवजी, हम आपकी बहुत इज्जत करते हैं, लेकिन आपकी राजनीति पलट गई है। आपकी राजनीति में अंतर हो गया है। पहले आप लोहियाजी के शिष्य थे। लोहियाजी ने आपको समाजवाद का तत्त्व दिया। जो सैकुलरिज्म दिया और उनके तथ्यों के ऊपर चलने की जो आपकी धारणा थी और आपको भी फोलो करनेवाले इधर के लोग भी हैं, लेकिन आपका एकदम यू टर्न हो गया है, वह बड़ी मुश्किल बात हो गई है और उनको लेकर आप वह लड़ाई नहीं लड़ सकते।···(व्यवधान)

श्री हुक्मदेव नारायण यादव (मधुबनी) : मैं माननीय मल्लिकार्जुनजी से विनती करना चाहूँगा कि अगर संप्रदायवाद पर, पंथनिरपेक्षता पर, हिंदू-मुसलिम पर किसी दिन इस सदन में बहस रखिए। मैं डॉ. लोहियाजी के तर्कों के साथ बता दूँगा कि डॉ. लोहियाजी की क्या धारणा थी। डॉ. लोहिया ने इसी सदन में कहा था कि दो तरह की सांस्कृतिक समन्वय की बात है।···(व्यवधान) एक गुलाम भाव का है और दूसरा स्वामी भाव का है। इसीलिए किसी दिन बहस करिए। जाने दीजिए, उसको छोड़िए। अभी करुणाकरनजी जब गिनती करा रहे थे, उन्होंने महँगाई के बारे में 21 बिंदुओं की ओर हमारा ध्यान आकर्षित किया।···(व्यवधान) मैं जानना चाहता हूँ कि आखिर डीजल और पेट्रोल की कीमतें उनके राज्य में भी बढ़ती रही हैं। वे भी तर्क देते रहे हैं। मैं 15वीं लोकसभा में उधर से दूसरी पंक्ति में बैठकर बहस करता रहता था। ये तर्क देते रहते थे, आखिर डीजल और पेट्रोल से जो भी पैसे बचे या जो भी कर लगाकर या सरचार्ज लगाकर बचाया, उसका क्या किया? मैं बताना चाहता हूँ कि पहली बार प्रधानमंत्री मोदीजी ने उस पैसे से क्या किया! पहली बार हिंदुस्तान के गाँवों के गरीब, दलित, मजदूर, किसानों को कृषि सिंचाई योजना से लेकर बाकी जितनी योजनाओं का नाम राहुल गांधीजी ने गिनाया है, उन सब योजनाओं में वह पैसा लगाया है। फिर उससे आगे जो गरीब हैं, बी.पी. एल.वाले हैं, इन गरीबों को सस्ती दर पर गैस का कनेक्शन दिया है···(व्यवधान) आपने क्यों नहीं दिया था?

हिंदुस्तान के जो गरीब, पिछड़े समाज के लोग हैं, गरीब माँ-बहनें, जिनकी

आँखें धुएँ के कारण खराब हो जाती थीं, कम उम्र में मोतियाबिंद का शिकार हो जाती थीं, ऐसी निर्धन, गरीब माँ, जो चूल्हा फूँकते-फूँकते अंधी हो जाती थीं, उनकी तरफ भी आपका ध्यान नहीं गया। अगर उस गरीब माँ की तरफ किसी का ध्यान गया तो वे नरेंद्र मोदीजी हैं, जिन्होंने ऐसे हजारों लोगों को गैस चूल्हा दिया। 1500 रुपए में चूल्हा और गैस का सिलेंडर मिलता है। 130 रुपया हर सिलेंडर पर सब्सिडी मिलती है। आपने क्यों नहीं दी?⋯(व्यवधान) क्या यह महँगाई रोकने का उपाय नहीं है?

आप जोड़िए, ये हिंदुस्तान में एक करोड़ गरीब लोगों को चूल्हा देंगे, उनको लगभग 1500 रुपए में चूल्हा मिलेगा, वे 3000 रुपए, 3500 रुपए या 4,000 रुपए में चूल्हा लेते थे, कितने रुपए की बचत उन गरीब घरों में हुई है?⋯(व्यवधान)

"जाके पैर न फटे बिवाई,
सों का जाने पीर पराई,
का दुःख जाने दुःखिया,
का दुःख जाने दुःखिया माई"

उपन्यास में पढ़ लेना आसान है कि राजाजी आएँगे, कंपनी लेकर आएँगे, गाँव में जाएँगे, गरीब की झोपड़ी में सो जाएँगे, जेनरेटर चलाएँगे, मक्खन-रोटी खाएँगे, गरीब की बेटी देखते रह जाएगी, केवल यह गीत गाएगी—

"राजाजी की आएगी बारात
सुहानी होगी रात, मगन मैं नाचूँगी।"

वह कब नाचेगी, यह भगवान् जाने!⋯(व्यवधान) कब राजाजी की बारात दोबारा जाएगी, वह गरीब जाने!⋯(व्यवधान)

उपाध्यक्ष महोदय, मैं दूसरी बात कहना चाहता हूँ कि इस पेट्रोलियम पदार्थ से ही खाद बनती है। मैं भारत के रसायन और उर्वरक मंत्री श्री अनंतकुमारजी को धन्यवाद देता हूँ। मैं उनके पास गया था और उनकी पीठ थपथपाई। उनकी बाँह को पकड़ा और कहा कि आपने डॉ. लोहिया के सपने को साकार किया है।⋯(व्यवधान) डी.ए.पी. की कीमत कम की गई, उसको आपने कभी देखा? आपने कभी नहीं देखा, इसलिए मैं आपसे प्रार्थना करता हूँ कि 250 रुपए प्रति बोरी पोटाश, 125 रुपए डी.ए.पी. और मिश्रित खाद पर 50 रुपए, एक गरीब, निर्धन-निर्बल, पिछड़ा, आदिवासी, जो सीमांत किसान है, एक बोरी पोटाश, एक बोरी डी.ए.पी. और एक बोरी मिश्रित खाद खेत में डालता है, हर आदमी को आज भारत सरकार

ने, श्री नरेंद्र मोदीजी ने सीधा पाँच सौ रुपए की बचत कराई है। आप कैश ट्रांसफर के बारे में कहते हैं, श्री नरेंद्र मोदीजी को धन्यवाद है कि उन्होंने कहा कि पॉकेट ट्रांसफर, बैंक में कहाँ तुम्हारा पैसा जाएगा, तुम्हारा पैसा तुम्हारी जेब में रहेगा। गरीब, पिछड़े, दलित और जितने लोगों को डी.ए.पी, खाद से फायदा हुआ है, उनमें 95 प्रतिशत पिछड़े लोग हैं, दलित हैं, आदिवासी भाई हैं, गरीब मुसलमान हैं। वे किसी एक जाति से नहीं हैं। अगर 95 प्रतिशत में देखा जाए तो 75-80 प्रतिशत पिछड़ी जाति के लोग हैं, जिनकी जेब में सीधा पाँच सौ रुपया बचा है। आपने कभी यह सोचा था? उनके लिए आपके दिल में कोई दर्द नहीं है, इसलिए आपने यह नहीं सोचा था। हमारे और श्री नरेंद्र मोदीजी के दिल में इसलिए दर्द है कि हमने उस गरीब माँ के पेट से जन्म लिया है, हमने उस गरीबी को देखा है, हमने उस गरीबी को भोगा है।

मैं आपसे प्रार्थना करूँगा कि डॉ. लोहिया ने इसी लोकसभा में श्रीमती इंदिरा गांधी से कहा था कि आप दो काम कर दें तो मैं आपकी सरकार को पाँच साल तक नहीं छेड़ूँगा। पहला काम, गरीब के घर में जो औरतें हैं, जिनकी आँखें धुएँ से खराब होती हैं, उनके लिए धुआँरहित चूल्हे का इंतजाम कर दें। बहुत आविष्कार हुए, लेकिन आखिर में मोदीजी ने उस सपने को साकार किया, बी.पी.एल.वाले लोगों को गैस सिलिंडर और धुआँरहित चूल्हा देकर उनकी आँखों की रोशनी बचाई है, लोहियाजी के सपने को पूरा किया है।

दूसरा, लोहियाजी ने कहा था कि गाँव के अंदर सड़क पर जाओ, जिस सड़क से गाँव में प्रवेश करते हैं और जहाँ से निकलते हैं, सड़क के दोनों किनारों पर औरतों के शौचालय से जिंदगी नरक बनी रहती है। इंदिरा गांधीजी आप औरत हैं, औरत के दिल में ममता होती है, आप उस माँ की ममता से सोचें, हिंदुस्तान की उन औरतों को सड़क के किनारे शौचालय जाने से मुक्त कर दें, मैं पाँच साल तक आपकी सरकार को नहीं छेड़ूँगा। आप इतने दिन कहाँ थे? आपको उससे क्या मतलब था? आपको मतलब नहीं था, आप जिनके लिए थे, उनके लिए सोचते रहे, नरेंद्र मोदीजी ने 'स्वच्छ भारत अभियान' चलाया, उस पर जितना पैसा खर्च होगा, वह पैसा कहाँ से आएगा? हम उस पैसे से 'स्वच्छ भारत मिशन' चलाएँगे, घर-घर में शौचालय बनाएँगे। गरीब की माँ और बहनें, जो सड़क के किनारे शौच के लिए खड़ी होती हैं, उनको भी रानी और महारानी की तरह इज्जत के साथ अपने घर के शौचालय में जाने देंगे। एक तरफ है महारानी और दूसरी तरफ है गाँव की गरीबनी!

उस गरीबनी को भी हिंदुस्तान की महारानी की तरह सुविधाएँ मिलेंगी।

उपाध्यक्ष महोदय, मैं लंबी-लंबी बातें नहीं करूँगा, क्योंकि मेरा दिल खौलने लगता है। दवा की कीमत कम कर दी गई है। क्या इसका गरीब को लाभ नहीं मिला है? डायबटीज, टी.बी., कैंसर आदि बीमारियों की दवाओं की कीमत कम कर दी गई। जैनरिक मेडिसिन के लिए प्रधानमंत्री स्वास्थ्य योजना के तहत जो किया गया, क्या वह आवश्यक नहीं था? मैं किसान हूँ और आपसे कहता हूँ कि दीर्घकालीन और तत्कालीन योजना की बात करुणाकरणजी ने कही है। उन्होंने कहा कि भंडारण की व्यवस्था नहीं, कोल्ड स्टोरेज की व्यवस्था नहीं, कोल्ड चैन की व्यवस्था नहीं, अगर ये व्यवस्थाएँ रहतीं तो कटाई उपरांत जो बरबादी होती है, वह नहीं होती। आपने ऐसा क्यों नहीं किया?

'प्रधानमंत्री ग्रामीण गल्ला गोदाम योजना' श्रीमान अटल बिहारी वाजपेयीजी ने चलाई थी। यह योजना आपकी चलाई हुई नहीं है, लेकिन दस वर्षों तक आप शासन में रहे, आप बताएँ कि आपने कितने गल्ला-गोदाम बनाए, कितने कोल्ड स्टोरेज बनवाए, कितने आपने रैफ्रिजरेटिड ट्रक बनाए, कितनी रेफ्रिजरेटिड बोगी ट्रेन में लगवाईं? आप घड़ियाली आँसू बहाते हैं और किसान की बात करते हैं! कहीं पर निगाहें, कहीं पर निशाना और यहाँ बैठकर गरीब तथा किसान की बात करते हैं! मेरी आपसे विनम्र प्रार्थना है कि आप मेरी बात सुनो। जब-जब चुनाव आता था, तब गरीबों के बीच में कोई योजना लेकर जाते थे, मैं योजना लेकर आया हूँ, 'आओ गरीबों आओ, भीख का कटोरा लाओ, उस कटोरे में कुछ डालेंगे, मेरे गीत गाओ।' फिर कहते थे कि 'मेरे पैरों में घुँघरूँ बँधाओ, फिर मेरी चाल देख लो' एक बार वोट देकर दिल्ली पहुँचा दे, फिर मैं कमाल करके दिखाऊँगा। क्या कमाल करके दिखाया? हर खेत को पानी और हर हाथ को काम! हर खेत को पानी का लोहियाजी ने नारा दिया था। प्रधानमंत्री कृषि सिंचाई योजना से गरीबी मिटेगी। हर खेत को पानी मिलेगा, उत्पादन बढ़ेगा, खाद की कीमत कम होगी, किसान की लागत कम होगी।

आप अरहर की खेती और दाल की खेती की बात करते हैं। मैं आँकड़े देकर इन्हें समझाना चाहता हूँ। अरहर की फसल नॉर्मल एरिया फोर हो, खरीफ सीजन 40 लाख हैक्टेयर, नार्मल एरिया पाँच साल का एवरेज घटकर 31.9 लाख हैक्टेयर आ गया। इस साल 2.6 लाख हैक्टेयर और धीरे-धीरे अरहर की खेती, उड़द की खेती, तूड़ की खेती, मूँग की खेती, कुलथी की खेती, हमारा जो एरिया कुल 107.6

लाख हैक्टेयर में था, यह घटते-घटते 64.7 लाख हैक्टेयर में आया। तब से निरंतर क्यों घटता गया, दलहन की खेती में रोग लगता है। मैं किसान हूँ। अरहर में, उड़द में, मसूर में, कुलथी में जब कीड़े का प्रकोप होता है तो पूरी-की-पूरी खेती नष्ट हो जाती है। ज्योतिरादित्यजी बैठे हैं। जब ये गुना में चुनाव लड़ रहे थे, तब इनके विरोध में देशराज यादव भा.ज.पा. की तरफ से चुनाव लड़ रहे थे। मैं एक सप्ताह तक उनकी तरफ से प्रचार करने के लिए गया था। वहाँ नारा लगाते थे—'अबकी जीत हमारी है, देशराज की बारी है।' तब मैं घूमा। तब मैंने चने की खेती देखी। गुना में केवल चने की खेती होती है, लेकिन एक बार फरवरी महीने में जोरदार बारिश हो जाए, चने का पौधा धुल जाए, उसका खट्टापन खत्म हो जाए, तो उसमें ऐसा कीड़ा लगता है कि उसकी सारी फलियों को छेद देता है और चने की पूरी फसल समाप्त हो जाती है। अरहर की खेती पर जनवरी, फरवरी में वर्षा हो जाए, लाही कीड़ा गिर जाए तो वह फसल पूरी नष्ट हो जाती है। क्या इन फसलों को बचाने के लिए आपने कोई उपाय सोचा है?

मैं कृषि मंत्रालय के आई.सी.ए.आर. के कृषि वैज्ञानिकों को धन्यवाद देना चाहता हूँ, जिन्होंने उन दवाओं का आविष्कार किया है, उन दवाओं का छिड़काव करके फसलों को बचाएँगे। दलहन फसलों का 300 रुपए सपोर्ट प्राइस देकर किसानों को प्रोत्साहन देंगे, दलहन की खेती को आगे बढ़ाएँगे। जब दलहन की खेती बढ़ेगी, उत्पादन बढ़ेगा, जब भंडार में दाल ज्यादा आएगी, तब कीमत कम होगी। केवल यहाँ पर बहस करने से कीमत कम नहीं हो जाएगी। यहाँ तो हम कीमत कम करने के लिए बहस करते हैं, लेकिन हम उत्पादन बढ़ाने की योजना के बारे में नहीं सोचते हैं। इसलिए आपसे मेरी विनम्र प्रार्थना है, उत्पाद तब बढ़ेगा, जब किसान के फसलों की एम.एस.पी. बढ़ेगी। भारत सरकार ने 300 रुपए दलहन की फसलों के लिए बढ़ाए हैं। उनके लिए दीर्घकालीन और तत्कालीन दोनों योजनाएँ हैं। मैं माननीय करुणाकरणजी से कहना चाहूँगा कि भारत सरकार की तरफ से, कृषि मंत्रालय की तरफ से पाँच अल्पकालीन और पंद्रह दीर्घकालीन विशेष योजनाओं की बात की गई है, ये सारी योजनाएँ धीरे-धीरे काम करने लगेंगी। ये एक दिन में नहीं लगेंगी। जब ये योजनाएँ धरातल पर उतरती जाएँगी, उनका रूपांतरण होता जाएगा, किसान के हाथ पैसा आता जाएगा, किसान के खेत में पानी बढ़ता जाएगा, किसान के घर में खुशहाली आती जाएगी, किसान का बेटा खड़ा होता जाएगा। हम हिंदुस्तान में दूसरी कृषि क्रांति लाएँगे, हिंदुस्तान को सफल बनाएँगे और यह

तभी होगा, तो मैं कहना चाहता हूँ कि धीरे-धीरे चलो, हे कांग्रेस पार्टी के लोगो, मैं आपसे प्रार्थना करता हूँ, श्री दिनकरजी ने जैसे कांग्रेस पार्टी के छद्म वेश के बारे में कहा था—

"आनन सरल वचन मधुमय है, तन पर शुभ्र बसन है,
बचो युधिष्ठिर! उस नागिन का विष से भरा दसन है।"

इसलिए आपसे मेरी विनम्र प्रार्थना है, मैं हिंदुस्तान के गाँव, गरीब किसान, मजदूरों को हाथ जोड़कर कहना चाहता हूँ। आज हजारों लोग लोकसभा टी.वी. चैनल को देख रहे होंगे। माननीय करुणाकरणजी के तर्क को भी लोगों ने सुना, उनके तर्क को सिर्फ अंग्रेजी पढ़नेवाले लोग ही समझेंगे। मेरे तर्क को तो गाँव का गरीब, सड़क का मजदूर, रिक्शावाला, ठेलावाला, टमटमवाला, सब समझेगा, लेकिन आप जिनके नाम पर आर्गेनाइजेशन बनाकर चुनाव लड़ते रहे, न ही आपकी वैसी वेश-भूषा है और न ही आप उनकी बात कर पाते हो। इसलिए आपसे मेरी विनम्र प्रार्थना है, हम तो जहाँ से आए हैं, उनकी भाषा, उनकी वेशभूषा, उनका व्यवहार, उनका भोजन कभी नहीं भूलेंगे। इसलिए मैं हाथ जोड़कर हिंदुस्तान के गाँव, गरीब किसान, मजदूरों से प्रार्थना करता हूँ :

"गाँव, गरीब, मजदूर, किसान, मिलकर बनाएँगे हिंदुस्तान।"

एक बार नहीं, 2019 का चुनाव आएगा, फिर मोदी भारत के सिंहासन पर बैठेगा और हिंदुस्तान के जो बड़े लोग हैं, जिन्होंने देश को लूटा है, उनके कलेजे पर इस बार एक क्विंटल दाल दल रहे हैं, जब उनके कलेजे पर चक्की बैठाकर 10 क्विंटल दाल दलें, तब उनको पता लगेगा। आप लोग क्यों बौखलाए हुए हैं, क्योंकि जेटलीजी कालाधन निकालने के लिए बहुत ही कड़ा कानून बना रहे हैं। ...(व्यवधान) घाव है कहीं और नश्तर मारते हो कहीं! जेटलीजी ने ऐसे-ऐसे कानून बनाए हैं कि सारे लोगों का दिवाला निकलनेवाला है। जिनका दिवाला निकलनेवाला है, वे अब दूसरी बातों के लिए चिल्ला रहे हैं। वे दाल के भाव खोज रहे हैं, अरहर खोज रहे हैं। अरे दाल-अरहर खोजनेवालो, मैं आखिरी में एक उदाहरण दूँगा। मैं वर्ष 1960 में राजनीति में आया था, जब ग्राम पंचायत का प्रधान बना था। उस समय बड़ी-बड़ी बात करनेवाले कितनों का जन्म हुआ होगा या नहीं, यह भगवान् जाने! मैं वर्ष 1960 में ग्राम प्रधान बना था, ब्लॉक प्रधान बना, जिला परिषद् का अध्यक्ष बना, तीन बार बिहार में एम.एल.ए. बना, दो बार भारत सरकार में मंत्री बना। मैं तो गाँव की गली से चला हूँ, एक गरीब माँ की गोद से चलकर

हिंदुस्तान के लाल किले तक की यात्रा की है। इसलिए मैंने हिंदुस्तान को सतह से लेकर शिखर तक देखा है। मैंने हिंदुस्तान के जर्रे-जर्रे को देखा है, मैंने हिंदुस्तान के जन-जन और कण-कण को परखा है। इसलिए आपसे मेरी विनम्र प्रार्थना है कि हम लोग एक सपना लेकर आए थे—

"हम लोग हैं ऐसे दीवाने, दुनिया को बदलकर मानेंगे,
मंजिल की धुन में आए हैं, मंजिल को पाकर मानेंगे।"

वह मंजिल थी—कांग्रेस हटाओ, देश बचाओ। कांग्रेस हटाई, देश बचाया, मोदी लाए। एक सपना साकार हुआ। अब आगे के सपने को भी पूरा करेंगे।

महोदय, वर्ष 1967 में एक बोरी सीमेंट की कीमत 11 रुपए थी, आज 320 से 370 रुपए है। वर्ष 1967 में लोहा सौ-सवा सौ रुपए क्विंटल मिलता था, आज 3500 से 4800 रुपए क्विंटल है, किसने बढ़ाया? अगर वर्ष 1967 से आज तक आपकी तुलना करें, पचास वर्ष आपने राज किया है, आपके इतने आँकड़े इकट्ठा कर देंगे कि उन्हीं आँकड़ों में आप दब जाएँगे और उठ नहीं पाएँगे।

करुणाकरणजी, आपने दाल, टमाटर, आलू की बात की, किसान की फसल की बात की, बहुत धन्यवाद। महँगाई के बढ़ने से अगर दो पैसा किसान की जेब में गया…(व्यवधान) तारिक साहब, गया है। आपमें से कितने हैं, जो भादों के कादों में, जेठ की दोपहरिया में, जाड़े माह की थरथराती ठंड में खेत की मेड़ पर गए हैं, कितने हैं, जो खेत से आए हैं? सीमेंट का दाम बढ़ गया, लोहे का दाम बढ़ गया, कपड़े का दाम बढ़ गया, दवाई के दाम बढ़ गए और अन्य सामानों के दाम बढ़ गए। औद्योगिक माल की कीमत बढ़ती है तो महँगाई की चर्चा में मैं किसी के मुँह से उसके बारे में नहीं सुनता हूँ। इसलिए दर्द होता है कि किसान की फसल की कीमत बाजार में क्यों बढ़ती है?

यह बात ठीक है कि भोजन सभी के लिए आवश्यक है और सभी को भोजन मिलना चाहिए, उसमें हम आपके सहयोगी बनेंगे। आप किसान से कम कीमत पर लेना चाहेंगे तो किसान दे देगा, लेकिन हमें सीमेंट भी तो सस्ता दीजिए, लोहा भी तो सस्ता दीजिए। बैल और भैंस की नादी बनाने के लिए सीमेंट की आवश्यकता होती है, वह भी तो सस्ता दीजिए। कपड़ा भी तो सस्ता दीजिए। इसको आपने रोका नहीं, लेकिन जब हम इन उद्योगों के खिलाफ कड़े कदम उठाएँगे, तब हम कहेंगे, यहाँ चोट मारो, तब आप कहेंगे यहाँ नहीं, यहाँ मारो। कितना खेल खेलेंगे? आप एक बात समझ लीजिए कि जितने भी खेल आप खेलें, आपके हर खेल के खिलाड़ी को

मैं समझ चुका हूँ। मैं आपके बारे में इतना ही जानता हूँ कि आप बहुत माहिर हो, क्योंकि खिलाड़ी तो बदलते रहते हो, लेकिन अपना खेल नहीं बदलते हो। हिंदुस्तान में पहली बार खिलाड़ी के साथ–साथ खेल भी बदला है और अब यह क्रम रुकेगा नहीं। हिंदुस्तान के गरीब, किसान, मजदूर, पिछड़े और दलित सीना तान के उठेंगे और मोदीजी के नेतृत्व में ही नए हिंदुस्तान की रचना करेंगे। उस हिंदुस्तान की रचना, जिसमें नकली और फर्जी चेहरेवाले का कहीं नामोनिशान नहीं होगा और असली हिंदुस्तान का निर्माण होगा, जिसका सपना चौधरी चरण सिंहजी ने देखा था। धन्यवाद।

(28 जुलाई, 2016)

□

शून्यकाल में चर्चा

श्री हुक्मदेव नारायण यादव (मधुबनी) : उपाध्यक्ष महोदय, प्रधानमंत्री ग्रामीण सड़क की डी.पी.आर. गलत बनाई जाती है। बिहार के मधुबनी और दरभंगा जिलों में आई.एल. एंड एफ.एस. कंपनी के कारण लोगों को काफी कष्ट हो रहा है। बैंगरा-पिरोखर सड़क, मधुबनी; विस्फी-सिंगिया सड़क, मधुबनी, वनकट्टा-बलिया सड़क में दामोदरपुर, मधुबनी तथा कहरिया-भरबाड़ा सड़क में खिरोई नदी पर दरभंगा में पुल नहीं बनाने के कारण सड़क अधूरी है। दो भागों में सड़क है। मधुबनी जिले में शिवनगर सिरवारा सड़क में एक किलोमीटर कम है। अरेर पौना-नागदह में आधा किलोमीटर कम है। उसी तरह से उच्चैठ दुर्गा स्थान से सलहा में आधा किलोमीटर कम है। पुल का प्रावधान नहीं रहने से सड़क दो भागों में है। इसकी उपयोगिता नहीं रह गई है। कम दूरी के कारण गाँव को लाभ नहीं मिल रहा है। इस तरह से सभी सड़कें लंबाई में कम हैं। गाँव के बसावटवाले क्षेत्र में पीसीसी नहीं बनाया गया है, जिसके कारण सड़कें टूट गई हैं। डी.पी.आर. बनानेवाली कंपनी आई.एल. एंड एफ.एस. कंपनी के विरुद्ध मुकदमा चलाने का प्रस्ताव तीन बार सतर्कता एवं निगरानी समिति मधुबनी ने पारित किया, परंतु किसी तरह की काररवाई नहीं की गई है। ग्रामीण विकास विभाग का ध्यान पिछले चार वर्षों से आकृष्ट किया जा रहा है, परंतु किसी तरह की काररवाई नहीं की जा रही है। मेरा आग्रह है कि संसद् की समिति इसकी जाँच करे।

(26 जुलाई, 2016)

शून्यकाल में चर्चा

श्री हुक्मदेव नारायण यादव (मधुबनी) : अध्यक्ष महोदया, अन्य पिछड़ा वर्ग कल्याण संबंधी संसदीय समिति ने अपने पहले प्रतिवेदन में सिफारिश की थी कि अन्य पिछड़ा वर्ग राष्ट्रीय आयोग को संवैधानिक दर्जा दिया जाए, जैसे अन्य राष्ट्रीय आयोग को प्राप्त हैं। आज पिछड़े वर्ग के कर्मचारियों और अन्य लोगों पर किसी तरह का अन्याय होता है तो उस मामले को अनुसूचित जाति, जनजाति आयोग को भेजा जाता है। आरक्षण के मामले में भी आयोग को सुनवाई करने का अधिकार नहीं है। इस आयोग का अध्यक्ष कोई सामाजिक एवं राजनीतिक व्यक्ति नहीं हो सकता। अनुसूची में दर्ज पिछड़े वर्ग की जातियों की अतिरिक्त जातियों को आरक्षण देने से इस वर्ग के हिस्से में कटौती करना है। पिछड़े वर्ग की जनसंख्या लगभग 54 प्रतिशत है। उसी अनुपात में आरक्षण देने की व्यवस्था की जाए और संविधान में संशोधन किया जाए। देश के पिछड़े वर्गों की भावना को सम्मान दिया जाए। आयोग को संवैधानिक दर्जा देने के लिए संविधान में संशोधन किया जाए।⋯(व्यवधान)।

(25 जुलाई, 2016)

□

सामान्य चर्चा

श्री हुक्मदेव नारायण यादव (मधुबनी) : अध्यक्ष महोदया, मैं एक ऐसे विषय पर बोलने के लिए खड़ा हुआ हूँ, मैं अपनी पार्टी के साथियों को, नेताओं को धन्यवाद देता हूँ कि उन्होंने मुझे इस विषय पर बोलने का अवसर दिया।

'जाके पैर ना फटे बिवाई, सो क्या जाने पीड़ पराई। का दुःख जाने दुःखिया, का दुःख जाने दुःखिया माई।' आज भारत के प्रधानमंत्री के पद पर श्री नरेंद्र मोदी जब बैठ गए हैं तो कुछ लोगों का कलेजा ऐसे फटता है, जैसे मुझे अपने परिवार की यह कहानी याद आती है। मेरे गाँव में एक जमींदार था। सड़क के इस पार मेरे चाचाजी अपने दरवाजे पर खाट पर बैठे थे, उस पार जमींदार की कचहरी थी। उसके तहसीलदार ने मेरे दादाजी को बुलाकर कहा कि आपके बाल-बच्चों को इतनी तमीज नहीं है कि मेरे सामने खाट पर बैठता है। मेरा परिवार लड़ाकू था। मेरे पिताजी, आठ चाचा, चार चचेरे भाई, सभी चार वर्ष स्वतंत्रता संग्राम के सेनानी रहे, जेल काटकर आए। उन लोगों ने निर्णय लिया था कि जमींदार के तहसीलदार को सबक सिखाएँगे और रात में उसका इलाज कर देंगे। उसको पता लग गया, वह गाँव छोड़कर भागा तो भागा ही रह गया। मुझे याद आती है कि जैसे अपने दरवाजे पर खाट पर बैठे हुए मेरे चाचाजी को देखकर जमींदार के तहसीलदार की छाती फट गई, उसी तरह हिंदुस्तान के प्रधानमंत्री की कुरसी पर एक गरीब, निर्धन पिछड़े वर्ग के बेटे को बैठा देखकर इस देश के सामंतवादियों का कलेजा फट रहा है। वैसे फट रहा है, जैसे ककड़ी फट जाती है। इससे क्या मिलनेवाला है? बरदाश्त करो। लोकतंत्र में वोट का अधिकार मिला तो इसके लिए डॉ. अंबेडकर के साथ, उन सभी महान् नेताओं को अपनी तरफ से मैं आभार प्रकट करता हूँ, जिन्होंने एक मत के साथ, चाहे हिंदुस्तान की रानी हो, चाहे वह गाँव की नौकरानी हो, चाहे कोई बड़ा या छोटा हो, सबको एक साथ बराबर वोट का अधिकार दे

दिया। यह बराबर वोट का अधिकार यदि नहीं मिला होता तो आज हिंदुस्तान के इन दलित और पिछड़ों को जो सम्मान मिला हुआ है, उस सम्मान का एक-चौथाई भी इस समाज में मिलनेवाला नहीं था। यह सच्चाई है।

समाज के अंदर आज भारतवर्ष में तीन तरह के लोग पैदा किए गए, संरक्षित, सुरक्षित और उपेक्षित। संरक्षित लोग वे लोग हैं, जो जन्म-जन्मांतर तक अपने परिवार के अंदर एक के बाद दूसरा, दूसरे के बाद तीसरा, तीसरे के बाद चौथा, चौथे के बाद पाँचवाँ, सम्मान की जगह पर बैठते चले गए, कुरसी पाते चले गए, क्योंकि उन्होंने समझा कि यही हमारा जन्मसिद्ध अधिकार है कि इस परिवार में जो पैदा होगा, वही भारत पर राज करेगा। वे लोग संरक्षित थे। उनके द्वारा हिंदुस्तान के कुछ समृद्ध, संपन्न, वेस्टेड इंट्रेस्टवाले सुरक्षित थे। जो देश को लूटते रहे, खाते रहे, बैंक को लूटते रहे, खजाने को लूटते रहे, भ्रष्टाचार करते रहे, फिर भी सुरक्षित रहे। दूसरी तरफ हिंदुस्तान के पिछड़े और दलित समाज के लोग थे, जो उपेक्षित रहे, उनको मनाया गया कि आजाद भारत में वे भिखमँगे हैं। तुमको हम कुछ देते रहेंगे, तुम खाते रहो। जिसका प्रमाण है कि हिंदुस्तान के 85 प्रतिशत पिछड़े और दलित आज खड़े होकर कहते हैं कि मुझे अपना अधिकार दो, मेरी समस्या का निदान करो, मुझे बराबरी का दर्जा दो, मुझे सम्मान दो। आज हिंदुस्तान के 85 प्रतिशत लोग अगर हाथ जोड़कर माँग रहे हैं, तो इसके लिए अपराधी कौन है?

मैं आपसे प्रार्थना करना चाहता हूँ कि इनसान में एक मन की भूख होती है, एक पेट की भूख होती है। पेट की भूख मिटती है रोटी से, मन की भूख मिटती है सम्मान से। हिंदुस्तान के अंदर जो मन के भूखे हैं या पेट के भूखे हैं, आपने बहुत कुछ किया होगा, आप उसके पेट की भूख मिटाने के लिए थोड़ा-बहुत देते रहे भिखारी के जैसे, लेकिन उनके मन की भूख मिटाने के लिए आजाद भारत में कुछ भी काम नहीं किया गया। कोई काम नहीं किया गया आजाद भारत में, जिससे उनके मन की भूख मिटती।

आप अभी नौकरी की बात कर रहे थे। इस रिपोर्ट में दिया गया है कि आज भी क्लास वन की नौकरी में अनुसूचित जाति को 13.94 प्रतिशत आरक्षण है, अनुसूचित जनजाति को 5.82 प्रतिशत है, अन्य पिछड़े वर्ग को यह 11.11 प्रतिशत है। कहाँ 27 प्रतिशत और कहाँ आप दे रहे हैं 11 प्रतिशत? क्या दो वर्ष में नरेंद्र मोदी सब खा गए? खा गए आप, पेट फुलाए आप और हमारे ऊपर ठीकरा फोड़ते हो कि हमने यह किया! आप मनमर्जी तोप दागते चले जा रहे हैं।

परिवर्तन तो आ गया, जब हिंदुस्तान के गरीब, पिछड़े वर्ग के बेटे को हिंदुस्तान के गरीबों ने भारत के प्रधानमंत्री के पद पर बैठा दिया और राजमहल में रहनेवाले, राजा-रानी की कोख से पैदा होनेवाले लोगों को कहा कि तुम अब बाहर जाओ।··· (व्यवधान) जब देखो, तब, नरेंद्र मोदी से जैसे ईर्ष्या पैदा हो गई है। क्यों इतनी नफरत पैदा हुई है, क्यों खुजली पैदा होती है? हिंदुस्तान के अंदर गरीब 'पिछड़े लोगों' को कभी आपने बैठने दिया क्या? आपकी पार्टी में बाबू जगजीवनराम प्रतिभाशाली थे, जिंदगी भर आस लगाए रह गए। एक बार एक नंबर की कुरसी का मौका मिलता, आपने बनने दिया क्या?

···(व्यवधान) मैंने भी देखा है। मैं बिहार का हूँ।···(व्यवधान) अगर डॉ. लोहिया ने चाहा तो बिहार में गरीब, निर्धन, निर्बल, बकरी चरानेवाले, बासी भात खानेवाले, एक गरीब नाई के बेटे कर्पूरी ठाकुर को बिहार की मुख्यमंत्री की कुरसी पर बैठा दिया। क्या आपने कभी बैठाया?

श्री राजीव सातव (हिंगोली) : हमने महाराष्ट्र में मुख्यमंत्री बनाया है, आप क्या बात कर रहे हैं?

श्री हुक्मदेव नारायण यादव (मधुबनी) : यह अच्छी बात है। क्या आपको हिंदुस्तान का प्रधानमंत्री बनाने के लिए किसी ने रोक दिया था?··· (व्यवधान)

माननीय अध्यक्ष : श्री हुक्मदेव नारायण यादवजी के अलावा अन्य बातें रिकॉर्ड में नहीं जाएँगी।

श्री राजीव सातव (हिंगोली) : अध्यक्ष महोदया, ···(कारवाई वृत्तांत में सम्मिलित नहीं किया गया।)

श्री हुक्मदेव नारायण यादव (मधुबनी) : अध्यक्ष महोदय, उन्होंने उपयोग किया, इस हिंदुस्तान में ऐसा बनाया, कठपुतली की तरह नचाया।··· (व्यवधान) हम लोग बचपन में अनेक बाइस्कोप सिनेमा देखते थे। वह दिखाता था कि हावड़े का पुल देखो, मक्का शहर मदीना देखो, यमपुरी यमखाना देखो, दिल्ली का जामा मस्जिद देखो, छह मन की रानी देखो, नौ मन का बुलाक देखो। इन्होंने पिछड़े और दलित जातियों को नेता बनाकर ऐसे बाइस्कोप दिखा-दिखाकर समाज को ठगा और कहा कि वोट बटोरकर लाओ और दिल्ली की गद्दी पर मुझे बिठाओ! दिल्ली में बैठने का हक हिंदुस्तान में केवल कुछ परिवार और कुछ खानदान को है, बाकी देश के लोगों को उसका अधिकार नहीं है। इसलिए मैं

आपसे विनम्र प्रार्थना करता हूँ कि सोचो-समझो।

एक योजना नहीं है, नरेंद्र मोदीजी ने अनेक योजनाएँ चलाई हैं। डॉ. लोहिया ने जो कहा था, आज उसी आधार पर वे काम कर रहे हैं। डॉ. लोहिया ने कहा था कि दलित और पिछड़े लोगों को आर्थिक बराबरी, सामाजिक बराबरी, राजकीय बराबरी और धार्मिक बराबरी, ये सारी बराबरी उनको चाहिए। क्या उनको सारी बराबरी मिल गई, क्यों नहीं मिली? आजाद भारत में आज भी सेक्रेट्री के पद पर, सेक्रेट्री के समकक्ष पद पर कोई दलित, पिछड़ा, अनुसूचित जाति या अनुसूचित जनजाति का आदमी है, क्यों नहीं आया, किसने रोका?⋯(व्यवधान) कौशलेंद्रजी, जरा धीरज रखिए, हँसकर बात नहीं करिए। हम अपनी पीड़ा पर, अपने अपमान पर मिलकर लड़े।

उपनिषद् की एक कथा है। प्रजापति ब्रह्मा के यहाँ देव और दानव दोनों भोज खाने गए। दानवों ने प्रजापति को कहा कि सब दिन पहले देवता खाते हैं, आज हम पहले खाएँगे। उन्होंने कहा कि हाथ में लकड़ी बाँध देंगे। सबने कहा कि हमें स्वीकार है। दानव खाने के लिए बैठ गए। श्रमजीवी, गाँव के निर्धन किसान, वह खाने गए, उनके हाथ में लकड़ी बँध गई। वे पत्तल से खाना उठाते थे, कुछ खाना मुँह में गया, कुछ गिर गया, कुछ कपड़े पर गिर गया, जिससे कपड़े खराब हो गए और वे खाना खाकर उठ गए। देवताओं को खाने का अवसर मिला। वे आमने-सामने पत्तल लगाकर बैठ गए, इस पत्तलवाले ने उस पत्तल से भोजन उठाकर उनको खिलाया, उस पत्तलवालों ने भोजन उठाकर इनको खिलाया, सभी ने भरपेट खाना खाया और उठकर चले गए। हिंदुस्तान के गरीब, पिछड़े, दलितो! जिस दिन उपनिषद् की इस कहानी से ज्ञान के रहस्य को समझोगे, उस दिन पता लगेगा। आज नरेंद्र मोदी, गरीब, निर्धन, निर्बल, एक पिछड़े वर्ग का आदमी भारत का प्रधानमंत्री बना, तो आज उनका विरोध करनेवाले हिंदुस्तान के जो पिछड़ी जाति के नेता उठ रहे हैं, उन सभी से मैं कहना चाहता हूँ कि कभी-न-कभी इसी नरेंद्र मोदीजी की पार्टी ने तुम्हें सिर पर उठाया था, कुरसी पर बैठाया था, अगर हम मौका नहीं देते तो कहीं गली-सड़क पर भटकते रहते, कोई पूछनेवाला नहीं रहता। आज यह कहते हैं कि ये करेंगे, वह करेंगे, संघ-मुक्त भारत करेंगे! हिंदुस्तान में आप मनमर्जी जो चाहो, वह बोल लो। संघ से मुक्त करनेवाले इस दुनिया में बहुत आए और गए, जन्म लिये और जन्म लेकर चले गए, लेकिन जो-जो उससे मुक्त करनेवाले थे, वे सभी स्वर्गधाम चले गए, अपनी जगह पर संघ वैसे ही चल रहा

है और आगे भी चलता रहेगा। इसलिए आप सभी से मेरी विनम्र प्रार्थना है कि डॉ. लोहिया ने कहा था कि हिंदुस्तान में जो पिछड़ी जाति और दलित समाज के लोग हैं, उसका कारण क्या है? उसका कारण जाति प्रथा है। इस जाति प्रथा को मिटाने के लिए क्या आपने कोई काम किया, नहीं किया। क्या आपने कोई योजना बनाई, नहीं बनाई। इसलिए डॉ. लोहिया सबसे ज्यादा जोर देते थे कि हिंदुस्तान में अगर जाति प्रथा रहेगी तो कुछ नहीं होनेवाला है। इस जाति प्रथा को मिटाना है तो आप इसको तोड़ो।

तब तक हिंदुस्तान का कल्याण नहीं होगा। इसके लिए क्या करना है? कुछ लोग राज्य सरकारों में पिछड़े और दलित के नाम पर सत्ता में आए, किसी ने अंतरजातीय विवाह करनेवाले को प्रश्रय दिया, कोई कानून बनाया, उन्हें सम्मान दिया। हिंदुस्तान में अगर जाति प्रथा को तोड़ना है तो एक ही काम है कि हिंदुस्तान में अंतरजातीय विवाह हों। अंतरजातीय विवाह करनेवाले को पूरा सम्मानित होना चाहिए।

अंत में मैं कहूँगा कि श्री नरेंद्र मोदी की केवल एक योजना नहीं है, 'जन-धन योजना' किसके लिए है, 'जन-धन योजना' से किसका लाभ हुआ है? जीरो प्वाइंट पर जो 21 करोड़ लोगों ने खाता खुलवाया है, वह खाता खुलवानेवाले यही पिछड़े और दलित समाज के लोग हैं। आपने कितने खाते खुलवाए थे? कल रूड़ी भी बोल रहे थे। हम जो कौशल विकास दे रहे हैं, यह किसका है? लकड़ीवाला, लोहा, वाला, चमड़ावाला, गिट्टीवाला, मिट्टीवाला, रिक्शावाला, ठेलावाला, ताँगावाला, टमटमवाला, ये कौन हैं? ये सब पिछड़े और दलित समाज के लोग हैं। उनके हाथ में जो हुनर है, उनकी योग्यता की कोई पहचान नहीं थी। हमारे पास सब ज्ञान है, कौशल है, लेकिन हमें अकुशल मजदूर कहा जाता था। पहले जो आए, गिटपिट बढ़े, करे काम, ऐसे लोग न जो कहीं से सर्टिफिकेट लेकर आते थे, वे बड़े-बड़े इंजीनियर बन जाते थे। मैं नरेंद्र मोदीजी को धन्यवाद दूँगा कि उन्होंने कौशल विकास योजना के तहत हमारे उन भाइयों, बच्चों, माताओं, बहनों को, उनके हाथ में जो परंपरागत ज्ञान है, उसके आधार पर उन्हें प्रमाण-पत्र दे रहे हैं, जिसके आधार पर उनको हिंदुस्तान में सम्मान मिलेगा, दुनिया में सम्मान मिलेगा। क्या यह काम नहीं है? इस पर मूल्यांकन कीजिए।

मुद्रा बैंक—एक करोड़ 37 लाख लोगों ने मुद्रा बैंक से कर्ज लिया है। किसने लिया है? मैं थावरचंदजी से कहना चाहूँगा कि इन सभी योजनाओं का आप

अपने यहाँ से एक सोशियो-इकोनॉमिक सर्वे करवाइए कि इसका आर्थिक और सामाजिक दृष्टिकोण से कितने लोगों को लाभ मिला है! इससे हिंदुस्तान के लोगों की आँख खुल जाएगी कि इस योजना का लाभ पिछड़े, दलित, निर्धन, निर्बल किसान को कितना गया है! हम समाजवादी आंदोलन में नारा लगाते थे—'गांधी, लोहिया का अरमान, मालिक हो मजदूर, किसान।' आज मैं सम्मान के साथ कहता हूँ कि मेरी वह अभिलाषा पूरी हो गई, जब नरेंद्र मोदीजी ने यह काम किया। नरेंद्र मोदी ने किया काम, मालिक बना मजदूर, किसान। गांधी, लोहिया, दीनदयाल, अंबेडकर के जो सपने थे, उन सपनों को साकार रूप में प्रकट किया है, सगुन रूप में प्रकट किया है। मैं एक बात फिर कहूँगा, मैंने एक दिन और कहा था—चाहे लाख कुछ कर लो, मैं हुक्मदेव नारायण यादव 58 वर्ष से राजनीति में लड़ते-मरते आया हूँ। जितना मेरा जेल में पसीना गया होगा, उतना आज के बहुत से नौजवानों ने दूध नहीं पिया होगा। मेरे शरीर पर जितनी धूल पड़ी होगी, उतना उन्होंने अपने घर में पाउडर नहीं लगाया होगा। इसलिए मेरी विनम्र प्रार्थना है कि जब हम जेल के अंदर सड़ते थे, इस सामाजिक क्रांति में कांग्रेसी सरकार सैल में बंद कर देती थी। उस समय हम जेल के अंदर गाते थे—

हम लोग हैं ऐसे दीवाने दुनिया को बदलकर मानेंगे,
मंजिल की धुन में आए हैं मंजिल को पाकर मानेंगे।

जब 2014 में भारत के गरीब, निर्धन, निर्बल किसानों ने गरीब, पिछड़े वर्ग के नरेंद्र मोदीजी को भारत का प्रधानमंत्री बनाया, उस दिन हमने कहा— गांधी, लोहिया का जो अरमान था, वह तो पूरा हो गया। इस देश में हिंदुस्तान की सत्ता उनके हाथ में आ गई। इसलिए मेरी आपसे विनम्र प्रार्थना है कि धीरज रखिए··· (व्यवधान) हमारी ओर क्या देख रहे हैं, अपनी ओर देखिए। राज्यों में जाइए। बिहार में नीतीश, लालू का नाम लेकर किसी तरह कुरसी मिल गई।···(व्यवधान)

माननीय अध्यक्ष : प्लीज, नाम मत लीजिए।···(व्यवधान)

श्री हुक्मदेव नारायण यादव (मधुबनी) : बिहार में कुछ नेताओं का नाम लेकर आप कुछ सीट जीत गए। उससे पहले अकेले लड़े थे। कितनी सीटें आई थीं? हम बिहार में कहते हैं—'धन में धन कठौता और पूत में पूत तौता।' कितने आए थे। कहीं किसी नेता का पाँव पड़ते हैं, उन्हें फुलाते हैं, लकड़ी सुँघाते हैं, तमाशा दिखाते हैं, मुंगेरी लाल के हसीन सपने दिखाते हैं। कितने लोगों को भारत का प्रधानमंत्री बनाते हैं और फिर आगे बढ़ाते हैं। क्या हुआ, कहाँ गया उत्तर

प्रदेश, असम में क्या हाल हो रहा है, बंगाल में क्या हो रहा है ? जरा देख लें, अपने आपको देखें, हिंदुस्तान के उन गरीब, निर्धन, निर्बल, पिछड़े, दलित को अब मूर्ख मत समझिए। अब वे जग गए हैं, उठ गए हैं, पहचान गए हैं। इसलिए आपसे मेरी विनम्र प्रार्थना है। गाँवों में गरीब, पिछड़े व दलित जो छिपे हुए हैं, उनको भी सम्मानित किया जाए। कोई जीरो से स्टार्ट करके बड़ा पूँजीपति बनता है। उनका नाम टी.वी., अखबार में आता है कि बड़ा नाम कर गए।

कर्पूरी ठाकुर बासी भात खानेवाला, बकरी चरानेवाला, नाई का बेटा एकछत्र 20 वर्ष तक राज करता है। कर्पूरी ठाकुर की माँ धन्य हैं। उनको सम्मानित किया जाए कि जिसने ऐसे रत्न को पैदा किया। अगर पूजा करनी है तो नरेंद्र मोदी के माता-पिता की पूजा करनी चाहिए। मैं भारत की संसद् में खड़ा होकर हाथ जोड़कर कोटि-कोटि प्रणाम करता हूँ, आप धन्य हैं, जो ऐसे पुत्र को जन्म दिया, जिसने हिंदुस्तान का इतिहास बदल दिया, हिंदुस्तान का तख्त बदल दिया, हिंदुस्तान में इतिहास की रचना कर दी। उन प्रतिभाओं को पहचानना है, उनको सम्मानित करना है। पिछड़े, दलित, अनुसूचित जाति व अनुसूचित जनजाति में ऐसे हुनरवाले हैं, ऐसे कारीगर हैं, ऐसे उस्ताद हैं, जिनका समाज में स्थान है, लेकिन वे पूजित नहीं हो रहे हैं। अब श्रीमान नरेंद्र मोदी के राज में पूजित होंगे, सम्मानित होंगे, उनको उचित स्थान मिलेगा और नया हिंदुस्तान बनेगा। हमने जो नए हिंदुस्तान का सपना देखा था, गांधी, लोहिया, डॉ. अंबेडकर ने देखा था, कर्पूरी ठाकुर ने देखा था, चरण सिंह ने देखा था, वह सपना हम साकार करेंगे। इस देश को जो लूटनेवाले रहे हैं, खानेवाले रहे हैं। दो तरह के नेता होते हैं, एक देश की खातिर मरते हैं, एक देश को खाकर मरते हैं। देश को खाकर जो नेता हुए, वे हमें कभी पसंद नहीं करेंगे, लेकिन हमें कोई परवाह नहीं है आप हमें पसंद करें या न करें। हमसे आप जितना लड़ना चाहें, लड़ें, आकाश में लड़ना चाहें, लड़ें, पाताल में लड़ना चाहें, लड़ें, धरती पर लड़ें, जितना लड़ना चाहें, उतना लड़ें। एक बात कह देना चाहता हूँ, अब वह जमाना, जो आप चाहते हैं, फिर उलटकर आएगा, इस भ्रम में मत रहिए। मुंगेरी लाल के हसीन सपने देखते-देखते चले जाइएगा, लेकिन वह 30-40 साल का जमाना लौटकर आनेवाला नहीं है।

महोदया, अब पानी बहुत आगे बढ़ चुका है। हम जग चुके हैं, हम देख चुके हैं, हम नया हिंदुस्तान बना रहे हैं। हम श्री नरेंद्र मोदीजी के नेतृत्व में आगे तक जाएँगे। मैं इस सदन में, एक गरीब किसान का बेटा, इतनी दूर तक आया हूँ। मैं

आज यहाँ कह रहा हूँ, जैसे कुरुसभा में कृष्ण ने कहा था, मैं उसी कृष्ण के वंश का, हुक्मदेव नारायण यादव, उँगली उठाकर कहता हूँ पूरी दुनिया को कि याद रखो, 2019 में भी फिर नरेंद्र मोदी लौटकर आएगा, हिंदुस्तान का राज बनाएगा, जो लड़ना चाहोगे, तो सात समंदर में डूब जाओगे, इसलिए हमें तुम रोक नहीं पाओगे। धन्यवाद।

(29 अप्रैल, 2016)

□

निजी विधेयक पर चर्चा

श्री हुक्मदेव नारायण यादव (मधुबनी) : सभापति महोदय, मैं श्री निशिकांतजी को धन्यवाद देता हूँ कि इन्होंने गैर-सरकारी प्रस्ताव के रूप में सदन के माध्यम से देश और दुनिया का ध्यान इस ओर आकृष्ट किया है।

यह कहानी किसकी है ? हम अपनी पीड़ा की कहानी स्वयं सुनाते हैं, लेकिन दु:ख है कि उस पीड़ा को पैदा करने का कारण न खोजा जाता है, न ही उसका निवारण किया गया। अगर इसके कारण को ढूँढ़ना चाहें और निवारण करना चाहें, तो मैं भारतवर्ष के सभी लोगों से प्रार्थना करूँगा, खासकर युवा पीढ़ी से कि अमेरिका, फ्रांस और रूस ने इस समय जैसा निर्णय लिया है, वहाँ के लोगों ने, मीडिया ने और राजनीतिक दलों ने तथा जनता ने जिस एकता, कटिबद्धता, प्रतिबद्धता का परिचय अपने राष्ट्रवाद के लिए दिया है, भारत के अंदर जिस दिन जन-जन और कण-कण में वही एकता, वही समरूपता और वही प्रतिबद्धता के साथ राष्ट्रवाद की भावना उग्र रूप से प्रज्वलित हो जाएगी, उस दिन हिंदुस्तान में इन समस्याओं का सदा के लिए समाधान हो जाएगा। लेकिन दूसरे को कौन कहे, हिंदुस्तान बार-बार क्यों गुलाम हुआ, दुनिया में सबसे ज्यादा हिंदुस्तान गुलाम होता रहा, इसका कारण क्या था ? सन् 1526 में पानीपत की पहली लड़ाई में 1200 घुड़सवारों के साथ बाबर हिंदुस्तान आता है और हिंदुस्तान को फतह करके चला जाता है। इतना बड़ा मुर्दा देश उस गुलामी को कबूल कर लेता है। हम वर्षों तक मुगलों के गुलाम रहे, वर्षों तक अंग्रेजों के गुलाम रहे, इसलिए हम उस गुलामी की मानसिकता से जब तक नहीं निकलेंगे और इससे देश को नहीं निकालेंगे, तब तक हिंदुस्तान में समस्या का समाधान भी नहीं हो सकता।

आखिर, जो लोग विस्थापित होते हैं, उनको कितनी तकलीफ होती है, इसे कौन जानता है ? हम तो बाढ़ में बसनेवाले हैं। जब भयंकर बाढ़ आती है, तो

विस्थापित होकर जाते हैं, कहीं बाँध पर बसते हैं, कहीं पेड़ पर बसते हैं या फिर कहीं अन्य जगह पर बसते हैं। पंद्रह दिनों या महीना तक खानाबदोश की जिंदगी जीते हैं। उस पीड़ा से इतने व्यथित हो जाते हैं कि कुछ कहा नहीं जा सकता है। लेकिन जो लोग इतने वर्षों से विस्थापित हैं, उसका क्या कारण है? श्री महताबजी अभी सारे कारण बता रहे थे, लेकिन कारण इसी संसद् में डॉ. लोहिया ने बताया था और मैं उसे किताब में से निकालकर इस संसद् में कई बार कह चुका हूँ। डॉ. लोहिया ने इसी संसद् में कहा था कि पिछले 1500 वर्षों में हिंदुस्तान ने दास भाव के सांस्कृतिक समन्वय को सीखा है, उसने स्वामी भाव के सांस्कृतिक समन्वय को सीखा ही नहीं है। आज भी हिंदुस्तान उस दास भाव के सांस्कृतिक समन्वय में जी रहा है। हम स्वामी भाव के सांस्कृतिक समन्वय को कब जिएँगे? इतिहास की दो धाराएँ रही हैं। रोमिला थापर और आर.सी. मजूमदार जैसे इतिहासकार इस देश में हुए, जिन्होंने सांस्कृतिक समन्वय की धारा की बात कही है। वह धारा, दास भाव की धारा है, वह स्वामी भाव की धारा नहीं है।

आज भी हम उस दास भाव की सांस्कृतिक धारा को ही अंगीकार किए हुए हैं। दास भाव का मतलब है कि हम पराई संस्कृति के आगे, जो ताकतवर हो, शक्तिशाली हो, उसके आगे सिर झुकाकर उसके साथ समन्वय करें और स्वामी भाव का मतलब यह है कि यदि हम किसी की अच्छाई को सीखें, तो मेरी अच्छाई को भी वह सीखे, अच्छाई का लेन-देन हो, दोनों बुराई का त्याग करें, तब वह स्वामी भाव का समन्वय कहलाता है। यह कारण उसी का है। उसी से यह पैदा हुआ है। आखिर उन पर क्यों आक्रमण हुआ, उन पर आक्रमण करनेवाले कौन थे? मान लीजिए आक्रमण किए, तो धन लूट ले जाते, जेवर लूट लेते, पैसे ले जाते, लेकिन मंदिरों ने क्या बिगाड़ा था? गजनी-गौरी ने जैसा किया था, उन लोगों ने सोमनाथ के मंदिर को तोड़ा था और आकर हिंदुस्तान को लूटा था, उसी तरह से ये दूसरे गजनी-गौरी हिंदुस्तान में घुस रहे हैं। हम लोग सोचते हैं कि यह कोई साधारण कारण है। बहुत से मंदिरों को तोड़ दिया, क्यों तोड़ दिया, उस मंदिर ने क्या बिगाड़ा था? इसका एकमात्र कारण यह है कि कश्मीर की घाटी से उन राष्ट्रवादियों को चुन-चुनकर निकालकर बाहर कर दो और बाहर करनेवाले वे लोग हैं, जो इस राष्ट्र के विरोधी हैं, आतंकवादी हैं, उग्रवादी नहीं, आतंकवादी हैं। उस आतंकवाद के कारण आज भी देश पीड़ित होता है। जब आतंकवाद से देश पीड़ित होता है, हम दास भाव में यहाँ तक गुलाम हैं कि उन आतंकवादियों को फाँसी से बचाने के लिए दो बजे

रात में सुप्रीम कोर्ट को बिठा देते हैं। धिक्कार है इस देश पर! क्या अमेरिका में, रूस में, फ्रांस में है किसी वकील में ऐसी ताकत? है किसी अदालत में यह ताकत, जो ऐसा करके दिखाए? लेकिन हम ऐसा करते हैं। फिर यदि आतंकवादी के नाम पर पकड़े जाते हैं, तो हम ही, तथाकथित मानववादी और तथाकथित भ्रमजीवी-बुद्धिजीवी उनको जाति की श्रेणी में गिनाने लगते हैं।

कितने आतंकवादी पकड़े गए, किस जाति के हैं, किस संप्रदाय के हैं। श्रीमान जी, मेरा खेत चरेगा भैंसा तो क्या हम नाथने जाएँगे साँड़ को, बकरी को? क्यों यह देश में बढ़ता जा रहा है, केवल कश्मीर में नहीं है, अन्य जगहों पर भी है। क्या दुनिया में कहीं ऐसा हुआ है? किसी अन्य देश में अगर ऐसा हुआ होता तो उन देशों ने इसको बरदाश्त नहीं किया होता, उन्होंने इसका निराकरण कर लिया होता। मैं आपसे विनम्र प्रार्थना करना चाहता हूँ। राष्ट्रवादियों को उजाड़ो, राष्ट्रविरोधियों के लिए नारे लगाओ, उनका सम्मान करो, उनकी जय-जयकार करो, उनको प्रतिष्ठित करो? कहाँ गए थे हिंदुस्तान के वे सारे बुद्धिजीवी, पद्म भूषण और पद्म विभूषणवाले, साहित्य रत्नवाले, साहित्य पुरस्कार लेनेवाले, जिस दिन कश्मीर के इतने पंडितों को और कश्मीर के राष्ट्रवादियों को चाहे वह मुसलमान हो, सिख हो या हिंदू हो, उनको उजाड़कर वहाँ से भगाया गया, उस समय इनकी बुद्धि, विद्वत्ता, योग्यता कहाँ चली गई थी? उस दिन उन लोगों को सोच नहीं आई थी। उनकी पीड़ा कहाँ चली गई थी? कहीं पर निगाहें, कहीं पर निशाना। बात करते हैं। साहब! इसीलिए मैंने कहा था ये हैं भ्रमजीवी-बुद्धिजीवी! हिंदुस्तान में अनुग्रह और अनुकंपा पर पलनेवाले बुद्धिजीवी बनाए गए। उन्होंने एक अलग तरह से लिखना शुरू किया, अलग धारा से लिखना शुरू किया और लोगों के अंदर यह भ्रम पैदा करना शुरू किया।

मैं भारत सरकार को धन्यवाद देता हूँ कि कम-से-कम उन्होंने यह फैसला किया कि उनको पुनर्वासित करेंगे, बसाएँगे, सबकुछ ठीक करें, लेकिन अगर उनको वहाँ बसाने का निर्णय हुआ है तो बसाइए। चाहे जितनी ताकत लगे, सारे कश्मीरी पंडितों के इलाके को काँटेदार तारों की तीन तह से घेरिए, उनको उसी जगह बसाइए। हिंदुस्तान की पलटन को लगाइए और उससे भी अगर कम पड़े तो हिंदुस्तान के वे नौजवान, जो अपने देश के लिए राष्ट्रवाद के लिए मरनेवाले हैं, ऐसे लाखों नौजवान उस घाटी को घेरकर पहरा देंगे और आतंकवादियों से मुकाबला करेंगे। हमको वहाँ जाने तो दीजिए, लेकिन कानून बना दिया कि बाहर से किसी

हिंदुस्तानी को घुसने नहीं दिया जाएगा। यह कानून किसने बनाया? पाकिस्तानी आना चाहे तो आ जाए, दूसरे लोग आ जाएँ तो आएँ, लेकिन कश्मीर में किसी हिंदुस्तानी को न जमीन खरीदने देंगे, न रहने देंगे, न बसने देंगे। क्यों? अगर उस समय यह कानून नहीं बनाया गया होता, मैं कहता हूँ, जिस सरकार ने यह कानून बनाया, उस सरकार ने सबसे बड़ा अपराध किया। हमारा देश है, हम सब जगह जाकर बस जाएँ, लेकिन कश्मीर में जाकर नहीं बसने देंगे। क्यों? अगर कश्मीर में भारतीयों को बसने की इजाजत होती तो मैं आपसे कहूँगा, सभापति महोदय, हिंदुस्तान में ऐसी लड़ाकू जातियाँ हैं कि वे सीमा पर आकर बस जातीं और मिलिटेंट्स को बता देतीं कि उन्होंने माँ का कितना दूध पिया है और हिंदुस्तान का नौजवान माँ का कितना दूध पिया हुआ है।…(व्यवधान)

श्री भर्तृहरि महताब (कटक) : मेरे अमेंडमेंट में यह बात है कि कैसे जा सकते हैं।

श्री हुक्मदेव नारायण यादव (मधुबनी) : लेकिन नहीं, उनको बसने नहीं दिया, कानून नहीं बनाया। कौन सी धारा है—370। मैं नहीं कहता, आज भा.ज.पा. के लोग बोलते हैं तो कहते हैं कि गलत बोलते हैं, आप पढ़िए डॉ. लोहिया को। इसी संदर्भ में डॉ. लोहिया ने धारा 370 का विरोध किया था, वह तो समाजवादी थे। हम सोशलिस्ट पार्टी में थे, उस समय नारा लगाते थे—370 हटाओ, कॉमन सिविल कोड लाओ। हॉ. लोहिया समाजवादी थे, जिन्होंने जन-जन में इस आंदोलन को चलाया था। इसलिए मेरी विनम्र प्रार्थना है, नंबर एक, यह सदन संकल्प ले और सदन की मार्फत राष्ट्र संकल्प ले कि हम सदन के साथ-साथ राष्ट्र के लोग संकल्प लेते हैं कि जैसे अमेरिका, फ्रांस और रूस के नागरिकों ने, मीडिया ने और सभी राजनीतिक दलों ने आतंकवाद के विरुद्ध लड़ने के लिए संकल्प लिया और सरकार का साथ दिया है, उसी तरह भारत की सरकार निर्णय ले तो पूरा मीडिया और सभी राजनीतिक दल उसका साथ देंगे।

क्या इस संसद् में हम सब यह प्रस्ताव स्वीकार करने के लिए तैयार हैं? जब हमारे ही शरीर में खुजली है तो हम दूसरे की खुजली का इलाज क्यों करना चाहेंगे? हम अपने यहाँ उग्रवादियों को छिपाने के लिए उन्हें सहारा देते हैं, खिलाते हैं और रखते हैं। सबसे बड़ी चिंता तो उस दिन हुई थी, जब इसी संसद् पर आतंकवादियों द्वारा आक्रमण किया गया था। जिस पर पूरे सदन ने शोक व्यक्त किया था। हम उस समय यहीं थे।

सभापतिजी, मैं अंत में एक बात और कहकर अपनी बात को विराम देना चाहूँगा, जिससे और भी माननीय सदस्य अपनी बात कह सकें। इसका एक ही उपाय है और वह है राष्ट्रीय जागरण, समलक्ष्य, समबोध। देश के हर नागरिक में एक बोध हो कि राष्ट्र का कण-कण हमारा है और जो हमारे राष्ट्र की एकता, संस्कृति और सभ्यता को चुनौती देगा, उससे इस देश में एक-एक नागरिक निपटेगा, चाहे वह हिंदू हो, मुसलमान हो, सिख हो या ईसाई हो। हर नागरिक उस विदेशी ताकत को यहाँ से खदेड़कर बाहर करे। कश्मीरी पंडितों को पुनः वहाँ स्थापित करने के लिए अगर सरकार के खजाने में पैसा नहीं है तो देश के नागरिकों से माँगे, मैं समझता हूँ कि तब उसे पैसे की कमी नहीं रहेगी, लेकिन इन लोगों को चाहे कश्मीर में हों या जम्मू में हों, पुनर्वासित करना चाहिए। इसके साथ ही साथ सरकार को यह भी चाहिए कि वहाँ जो मंदिर तोड़े गए. उनका जीर्णोद्धार कराए। जिस तरह से सरदार वल्लभ भाई पटेल ने सोमनाथ मंदिर का जीर्णोद्धार कई राजनेताओं के विरोध के बावजूद कराया था, उसी तरह भारत सरकार सभी मंदिरों का जीर्णोद्धार कराए। कश्मीर घाटी में एक नहीं, अनेक सोमनाथ मंदिरों का निर्माण अगर करना पड़े तो अपने खजाने से पैसा लेकर या लोगों से पैसा लेकर जैसे भी हो, सरकार यह काम करे। वहाँ से विस्थापित हुए लोगों को स्थापित किया जाए। हिंदुस्तान के मान-सम्मान की रक्षा होनी चाहिए। यही आह्वान मैं देश के सभी नौजवानों से करते हुए अपनी बात को विराम देता हूँ।

(11 दिसंबर, 2015)

□

बाढ़-सुखाड़ पर बहस

श्री हुक्मदेव नारायण यादव (मधुबनी) : उपाध्यक्ष महोदय, किसान होने के नाते मैं इस बात से प्रारंभ करूँगा कि 'का दुःख जाने दुःखिया, का दुःख जाने दुःखिया माई, जाके पैर न फटी बिवाई, सो का जाने पीर पराई।' जो खेती करता है, खेत में पूँजी लगाता है, रात-दिन मेहनत करता है, धूप में तपता है, कीचड़ में सड़ता है और जाड़े में ठिठुरता है, उसी को अहसास होता है कि सूखा पड़ने से और बाढ़ में फसल बरबाद होने से क्या सहना पड़ता है! सुखाड़ दो तरह से आते हैं, एक है अनावृष्टि और दूसरा है बाढ़ के उपरांत आनेवाला सुखाड़। मैं जिस क्षेत्र से आता हूँ, मिथिलांचल बिहार में बाढ़ भी आती है और बाढ़ जब चली जाती है तो उसके बाद सुखाड़ आ जाता है, क्योंकि खेत में पानी रहता नहीं, सिंचाई के कोई स्रोत नहीं होते। इस तरह वह किसान दोनों तरह से मरता है। दूसरा सुखाड़ होता है अनावृष्टि के कारण। इसमें भी कुछ क्षेत्र ऐसे हैं, जो बराबर सूखाग्रस्त क्षेत्र हैं और कुछ ऐसे क्षेत्र हैं, जिनमें चक्रानुसार सूखा होता है, तीन साल पर, पाँच साल पर या दस साल पर सूखा आता है। इस बात को मैं इसलिए कह रहा हूँ कि जब से हिंदुस्तान आजाद हुआ है, इतने कृषि वैज्ञानिक हुए, मैं बराबर इस बात को उठाता रहा हूँ कि इसका कोई इतिहास उन्होंने नहीं बनाया कि जो चक्रानुसार सुखाड़ होता है, वह कब-कब और किस-किस स्थिति में आता है, क्योंकि इस पर उन लोगों ने चिंतन नहीं किया। हमारे पुराने परंपरागत किसान थे, उस समय हमारे यहाँ लोक कवि थे—डाक कवि। डाक कवि की वाणी को ध्यान में रखकर किसान उसी के हिसाब से अपनी खेती करता था—

"सावन पछवा भादो पुरवा आसिन बहे इशान।
कातिक कंत सीस न डोले, कहाँ क राखब धान किसान।"

मैथिली में लोग कहते थे कि सावन महीना में अगर पछवा हवा बहे, भादों

महीने में पुरवा हवा बहे, आसिन में ईशा की हवा बहे और कातिक में हवा बिल्कुल न चले, जिससे शीश भी न डोले तो इसका मतलब है कि इतना धान पैदा होगा कि किसान का घर धान से भर जाएगा। दूसरी तरफ वे कहते थे —

"सावन मास जब बहे पुरवइया, बेचो वरदा कीनो गइया।"

अर्थात् अगर सावन महीने में पुरवा हवा बहने लगे तो बैल बेच दो, गाय रख लो, क्योंकि तुम्हारी खेती होनेवाली नहीं है। वर्षा के बारे में वे कहते थे—

"सावन शुक्ल सप्तमी छिप के उगे भानु,
कहे डाक सुनु डाकिनी तावत मेघ बरसिहों, जब लगि देव उत्थान।"

यह परंपरागत ज्ञान था, किसान अपने कंप्यूटर के आधार पर खेती करता था। जो कृषि वैज्ञानिक हुए, आधुनिक तंत्र आया, लेकिन प्राचीन मंत्र चला गया। अगर वह प्राचीन, परंपरागत मंत्र रहता और आधुनिक यंत्र एवं तंत्र के साथ उसका समन्वय किया जाता तो मैं समझता हूँ कि हिंदुस्तान के किसान को कम कष्ट होता, लेकिन यह मान लिया गया कि गाँव के किसान के पास कोई अक्ल नहीं है और किसान परिवार में से अगर प्रह्लाद पटेलजी या मेरे जैसे कोई संयोग से अगर संसद् में आ भी जाते हैं तो सामान्यत: आज के लोग हम लोगों को समझते हैं कि ये लोग किसान परिवार से आए हैं, धोती-कुरता-पाजामावाले, साधारण चेहरेवाले ये लोग क्या जानते होंगे? हमें तो वैसे भी नादान समझा जाता है। इसलिए मैं माननीय मंत्रीजी से आग्रह करना चाहूँगा कि इस पर सोचें। मैं सदन से प्रार्थना करना चाहूँगा कि कांग्रेस पार्टी के लोग, ज्योतिरादित्यजी, जो व्याख्यान दे रहे थे, क्या आज जो समस्या हिंदुस्तान के किसान और कृषि की है, वह डेढ़ साल में पैदा हुई है? नरेंद्र मोदीजी जब गद्दी पर बैठे थे तो क्या वे समस्याओं की गठरी लेकर बैठ गए थे? समस्या पैदा की किसी ने, बच्चा पैदा किया किसी ने, उसे भूखा रखा किसी ने और जब वह बीमार होकर मरने लगता है, कहते हैं कि ऐसा बच्चा क्यों लाए?

जिसने पैदा किया, यह बताए कि क्यों पैदा किया, भूखा क्यों रखा, बीमार क्यों बनाया? लगातार आजाद भारत में देश के किसानों की ऐसी हालत बनाकर रखी गई है। हमें इसके लिए तात्कालिक उपाय भी करने हैं और दीर्घकालिक उपाय भी करने होंगे। तात्कालिक उपायों में तो राहत के काम होते हैं, जो इस बार भी सुखाड़ के साथ विपत्ति आई है, तो आपदा प्रबंधन से भारत सरकार की तरफ से राहत में कोई कमी या त्रुटि नहीं रखी गई है, लेकिन मैं उस बाढ़ प्रभावित क्षेत्र का हूँ, जब हम बाढ़ से प्रभावित होते हैं और उस पीड़ा को झेलते हैं तो उस समय भारत

सरकार का पूरा खजाना भी यदि बाँट दिया जाए, तब भी बाढ़ पीड़ितों के बीच पूरा नहीं पड़ेगा, क्योंकि उसकी भी एक सीमा है। लेकिन दीर्घकालीन उपाय किया जा सकता है, अगर सिंचाई का प्रबंध हो। प्रधानमंत्री सिंचाई योजना लागू की गई है, उस पर पूरा अमल हो। तत्कालीन प्रधानमंत्री श्री अटल बिहारी वाजपेयी ने नदियों को जोड़ने का काम शुरू किया था, लेकिन दस वर्षों तक उसमें कुछ नहीं हुआ। अगर ये नदियाँ जुड़ जातीं, सन् 1962 में डॉ. राममनोहर लोहिया हमारे नेता थे, उस समय हम उनके नेतृत्व में आंदोलन चलाते थे—'बाढ़-सुखाड़ स्थायी निदान', तब हम नारा लगाते थे कि सभी नदियों को जोड़ा जाए, क्योंकि हिंदुस्तान की भी नदियों में एक समय बाढ़ नहीं आती है। कुछ नदियाँ नीचे रहती हैं तो कुछ ऊपर रहती हैं। अगर सभी नदियों को जोड़ दिया जाए तो पानी अपनी सतह को बराबर में रखना चाहता है, यह विज्ञान का नियम है, इसलिए सब नदियों में जलस्तर बराबर हो जाएगा। इससे हम एक तरफ बाढ़ से भी बचेंगे और दूसरी तरफ सुखाड़ से भी बचेंगे। लेकिन इस वैज्ञानिक सिद्धांत को न मानते हुए, मैं जिस इलाके से हूँ, बड़े-बड़े तटबंध बना दिए गए। उन तटबंधों के अंदर ऊपर पहाड़ से मिट्टी आती गई, भूक्षरण के कारण नदी का पेट ऊँचा हो गया तथा दोनों तरफ के खेत नीचे हो गए। इन तटबंधों ने जितनी हमारी समस्या का समाधान नहीं किया है, उससे अधिक कोसी, कमला, गंडक, तिलजुगा नदियों को इन तटबंधों ने नुकसान किया है।

आजाद भारत के समय पश्चिमी कोसी नहर बना दी गई। पश्चिमी कोसी नहर खोद दी गई, लेकिन उसमें जो छोटे-छोटे चैनल बनाने थे, वे नहीं बनाए। किसान की जमीन भी चली गई, नहर भी अधूरी पड़ी है। हमारे यहाँ पानी उत्तर से दक्षिण की ओर, लेकिन सारी नहरें पूर्व से पश्चिम की ओर बना दी गई हैं। विपरीत दिशा में ये पानी को रोकती हैं। इसके कारण हमारे यहाँ बाढ़ की समस्या बढ़ती गई और सूखा भी पड़ता है। अभी वहाँ सुखाड़ है। कोसी नहर में अगर पानी हो तो लोग सिंचाई करके खेत सींच सकते थे। इसलिए हमारी प्रार्थना है कि दीर्घकालीन उपाय किए जाएँ।

सभी मृत नदियों की खुदाई कर दी जाए। जितने नदियों के डेड बेड हैं, उन्हें खुदाई करके फिर से चालू कीजिए, जिससे पानी भी आएगा और जल का बहाव भी होगा। हमारे देश में जितनी भी बरसाती नदियाँ हैं, उन सबमें गुजरात जैसे चेकडैम बना दीजिए। आखिर गुजरात में भी 20,000-25,000 चेकडैम बनाने का काम नरेंद्र मोदीजी, जब वहाँ के मुख्यमंत्री थे, उन्होंने किया था। अगर उसी तरह छोटी-छोटी

नदियों में जगह-जगह चेकडैम, सुलिसगेट बना दिए जाते, पानी को रोक दिया जाता, भूजल का स्तर उससे ऊपर आता। फिर किसान अपने परिश्रम से पंपिंग सेट और अन्य साधनों के जरिए अपने खेत की सिंचाई कर लेता। इससे जिन खेतों में सूखा पड़ता है, वहाँ 12 महीने, हरियाली आती और किसान अपने पसीने और परिश्रम से तीन फसलों का उत्पादन कर सकता था और बारिश के समय में भी जल संचयन हो, पानी को रोकने के लिए खेत में और गाँव का पानी गाँव में रहे। यहाँ तो हम नारा लगाते रहे, इस पर अमल नहीं किया गया।

प्रधानमंत्री सिंचाई योजना एक महत्त्वाकांक्षी योजना है। मैं समझता हूँ कि मनरेगा या फूड सिक्योरिटी के नाम पर जो लूट है, भारत सरकार यह सारा पैसा बंद कर दें और सारा पैसा केवल प्रधानमंत्री सिंचाई योजना में लगा दे तो हर खेत को पानी, हर हाथ को काम, एक साधे सब सधे और सब साधे जग जाए। इसलिए वह सारा पैसा इस एक योजना में लगा दीजिए। होता क्या है कि थोड़ा-थोड़ा पैसा कई योजनाओं में बाँटा जाता है। जैसे मनरेगा है, मैं तो उसका सीधा अर्थ लगाता हूँ, मनरेगा मतलब किसान मरेगा! फूड सिक्योरिटी, खाद्य सुरक्षा, इसका मतलब है किसान की पूर्ण असुरक्षा!

तारिक साहब, आप कह रहे थे, मैं गाँव से आया हूँ, किसान हूँ। धान काटने के लिए मजदूर नहीं, काट के खेत में रख दिया तो उसको झाड़ने के लिए मजदूर नहीं। किसान कहाँ तक करेगा? अपने बीवी-बच्चों को मिलाकर चार-पाँच आदमी वे हैं। जिसके पास मशीन है, वह तो कर लेगा। आपने जितनी योजनाएँ चलाईं, आजाद भारत में वे सभी योजनाएँ किसान विरोधी थीं। आपने किसान का नारा लगाया, लेकिन काम किसी और का हुआ। किसान को मारो, क्यों? इसलिए कि किसान मरेगा तो उत्पादन कम होगा, अन्न का अभाव होगा, विदेश से मँगाएँगे और बीच में बंदरबाँट करके खाएँगे। "बाप-बेटा दलाल और बैल का दाम बारह आना।" यह करके हिंदुस्तान चलाएँगे और यही तो चलाकर चलाते चले गए। अगर देश में किसान उत्पादन करता तो अन्न का निर्यात भी होता, जो हरित क्रांति आई थी, मैंने उसको अपनी आँखों से देखा है। हरित क्रांति लाने में अगर कृषि वैज्ञानिकों का योगदान है तो उससे भी ज्यादा योगदान लघु और सीमांत किसानों का है। जिसने जुगाड़ टेक्नोलॉजी से, कुछ आधुनिक विज्ञान और परंपरागत कृषि को जोड़कर अपनी कृषि उपज को बढ़ाया और हिंदुस्तान को अनाज, आत्मनिर्भरता में पहुँचाया। पहुँचाए किसान और डुगडुगी बजाए कोई और? यहाँ बैठे बड़े-बड़े अफसर हैं, मैं

उनके बारे में कुछ नहीं कहना चाहता हूँ। जिन्होंने न अरहर, न मसूर, न तिल और न सोयाबीन देखा है, यदि उनके हाथ में भिंडी का बीज और लौकी का बीज दे दिया जाए और कहा जाए कि खेत में रोप के बताओ तो सिर को नीचे करेंगे या ऊपर, पता नहीं। जैसे मन होगा, वैसे लगाएँगे। जो बीज लगाना नहीं जानते हैं और बहुत से सदन में ऐसे नेता हैं श्रीमान, जिनके आगे गाय खड़ी कर दी जाए तो उन्हें पता नहीं हैं कि दूध आगे से निकलेगा या पीछे से निकलेगा। अगर काली गाय आ जाए तो यह भी नहीं पता है कि भैंस है या गाय है! कुछ पता ही नहीं है। और किसान के दर्द की बात बखानते हैं! जिन्होंने देखा नहीं, वे दर्द की बात बखानते हैं। इसलिए मैं मंत्रीजी से आग्रह करूँगा कि अभी किसान आयोग बनाने की बात हो रही है, मैंने पत्र भी लिखा है कि दो तरह के वैज्ञानिक हैं, एक हैं कृषि वैज्ञानिक और दूसरे हैं कृषक वैज्ञानिक। आज देश में आवश्यकता कृषक वैज्ञानिक की है, कृषि वैज्ञानिक जो लेबोरेटरी में जाते हैं, रिसर्च करते हैं, लेकिन उसके आगे एक्सटेंशन का प्रोग्राम नहीं है। न प्रशिक्षण है, न प्रसार है, न प्रयोग है। वह कभी किसान के पास नहीं जाता है, वह अनुसंधान प्रयोगशालाओं में बंद है। बड़ी-बड़ी किताब लिखते हैं, विदेशों में जाते हैं, सेमिनार करते हैं, पाँच सितारा होटल में बैठते हैं, चाय-कॉफी पीते हैं, लंच-डिनर करते हैं, एक मेमोरेंडम बनाते हैं, सरकार को भेजते हैं। मैं कहता हूँ, वाह रे किसान पर सेमिनार करनेवाले, पंच सितारा होटल में बैठनेवाले, हम यहाँ पसीने से तर-बतर हैं और तेरे सिर पर एक बूँद पसीना नहीं है! ठंड-गरमी में बैठकर कृषि की समस्या का निदान करते हो। इसीलिए कृषि आयोग में कृषक वैज्ञानिकों को रखा जाए, जो जमीन को जानता है, जो सतह को पहचानता है।

अपनी बात को समाप्त करते हुए मैं कहना चाहूँगा कि किसान नेता चौधरी चरण सिंह की किताब 'Economic Nightmare of India - Its cause and cure' आज भी भारत सरकार के कृषि मंत्रालय के जितने अफसर हैं, इस किताब को पढ़ें, उसमें समस्या को देखें। समस्या का कारण और उसका निदान दें। समस्या का कारण पता नहीं और निदान ढूँढ़ रहे हैं! एक टाइम पर किसान आयोग बना था। रामनिवास मिर्धाजी उस किसान आयोग के अध्यक्ष बने थे। उस समय दीपेंद्र हुड्डाजी के दादाजी बाबू रणवीर सिंह हुड्डा उसके सदस्य बने थे। किसान बनेगा तो किसान के दर्द की बात जानेगा। मैं अपनी बात समाप्त करूँगा, क्योंकि अन्य सदस्य भी बोलना चाहते हैं। बिहार के मिथिलांचल से आया हूँ, सबसे पीड़ित और प्रभावित क्षेत्र से आया हूँ। बाढ़ से भी मरता हूँ, सुखाड़ से भी मरता हूँ। नेपाल की

सीमा पर हूँ। माओवादियों का भी हम पर हमला होता है और उसके साथ-साथ हिंदुस्तान के उग्रवादी और आतंकवादी तत्त्वों का भी हम पर हमला है। हम सब तरह की चक्की में पिसते रहते हैं, फिर भी हम देश की सेवा में लगे रहते हैं। मैं कह सकता हूँ कि अगर हिंदुस्तान में इस राष्ट्र के लिए पसीना बहानेवाला और सीमा पर अपने बेटे को भेजनेवाला जो अपना खून बहाता है, लाश गिराता है और सीमा की सुरक्षा करता है। जिस दिन किसान कमजोर होगा, उस दिन देश की सीमा कमजोर होगी, उस दिन देश की सुरक्षा भी कमजोर होगी। इसलिए यदि किसान मजबूत बनेगा, उसका बेटा मजबूत बनेगा, सीमा पर जाकर लड़ेगा तो दुश्मन के छक्के छुड़ाएगा। इसलिए अगर देश बचाना है तो किसान को पहले बचाना है। धन्यवाद।

(10 दिसंबर, 2015)

□

न्यायाधीशों के वेतन-भत्ते से संबंधित विधेयक पर चर्चा

श्री हुक्मदेव नारायण यादव (मधुबनी) : सभापति महोदय, मैं ज्यादा समय नहीं लेना चाहूँगा।

जब मैं 1967 में बिहार विधानसभा का सदस्य बना था तो अपने कुछ साथियों के साथ संसद् को देखने आया था। संसद् के परिसर में बाबा साहब की मूर्ति को देखकर मैंने अपने साथियों को कहा कि यह बाबा साहब की मूर्ति हम लोगों को कुछ कह रही है। उन्होंने कहा कि मूर्ति क्या कहेगी? हमने कहा कि हाथ में संविधान की किताब है और उँगली संसद् की ओर है। इनका कहना है कि हिंदुस्तान के गरीबों, पिछड़ों, दलितों, इस संविधान की किताब में तुम्हारे लिए न्याय की बहुत सी बातें लिखकर जा रहा हूँ, लेकिन जब तक हिंदुस्तान में विधायिका, कार्यपालिका और न्यायपालिका में तुम्हारा बहुमत और अधिकार नहीं होगा, तब तक यह संविधान तुम्हारे लिए निरर्थक रहेगा।

इसलिए आज तक वे बातें हमारे सामने ज्यों-की-त्यों खड़ी हैं। विधायिका में तो ज्यों-ज्यों हम पिछड़े और दलित समाज के लोग अपने वोट की कीमत जानते जाएँगे, अपने बहुमत की शक्ति पहचानते जाएँगे, विधायिका पर कब्जा करते चले जाएँगे। एक-न-एक दिन उनका बहुमत होकर रहेगा।

दूसरी बात है कि आरक्षण लागू होने के कारण कार्यपालिका में भी उनका बहुमत होता जाएगा और 50 वर्ष, 100 वर्ष आते-आते इन पिछड़े और दलितों का कार्यपालिका में भी वर्चस्व होकर रहेगा, लेकिन न्यायपालिका में आज तक उनको अधिकार नहीं मिला। विधायिका में एक-से-एक प्रतिभाशाली, योग्य, विद्वान्, मुख्यमंत्री, मंत्री मिल सकते हैं, कार्यपालिका में एक से एक बड़े-बड़े ऑफिसर

विद्वान् मिल सकते हैं तो क्या न्यायपालिका में एक भी पिछड़े और दलित समाज का व्यक्ति उस योग्य नहीं बना है? यह हिंदुस्तान के 85 प्रतिशत लोगों की प्रतिभा का अपमान है, उनके 85 प्रतिशत जनमत का अपमान है। इसलिए आपसे मेरी विनम्र प्रार्थना है, प्रधानमंत्रीजी ने जो संशोधन किया, उसमें चयन समिति में उन्होंने लिखा कि 6 सदस्यों में दलित आदिवासी और पिछड़ा वर्ग में से एक सदस्य इस समुदाय में रहेगा, हिंदुस्तान के इतिहास में यह क्रांतिकारी परिवर्तन था। हिंदुस्तान के सामंतवादी लोगों को यह बरदाश्त नहीं है कि चयन समिति में कोई पिछड़ा, दलित और आदिवासी बैठे, जो इस बड़ी कुरसी पर बैठनेवाले न्यायाधीशों को चुनने का काम करे। इसलिए मेरी विनम्र प्रार्थना है कि वह एक क्रांतिकारी परिवर्तन आया था, जिसको आज लोग नहीं मान रहे हैं। मैं माननीय मंत्रीजी से प्रार्थना करूँगा कि श्री नरेंद्र मोदीजी के नेतृत्व में हिंदुस्तान के पिछड़े, दलित, निर्धन, निर्बल, गरीबों ने विश्वास किया था कि सभी जगहों पर उनको उचित न्याय मिलेगा और मिलता जा रहा है, लेकिन न्यायपालिका में उन्हें उचित न्याय नहीं मिल रहा है, प्रतिनिधित्व नहीं मिल रहा है। उसको दिलाने के लिए संविधान में एक नहीं, अनेक संशोधन करने पड़ें तो संसद् को करने चाहिए और न्यायपालिका को इस संसद् के निर्णय को सम्मानजनक तरीके से स्वीकार करना चाहिए, तभी हिंदुस्तान चलेगा, अन्यथा यह संसद् का अपमान हिंदुस्तान के लोकमत का अपमान है, हिंदुस्तान के लोक का अपमान है; और हिंदुस्तान के जनमत और हिंदुस्तान के लोक का अपमान हिंदुस्तान में ज्यादा दिन तक लोग बरदाश्त नहीं करेंगे। धन्यवाद।

(7 दिसंबर, 2015)

□

गैर-सरकारी संकल्प

श्री हुक्मदेव नारायण यादव प्रस्ताव करेंगे :

देश में विभिन्न क्षेत्रों में व्याप्त असमानताओं को ध्यान में रखते हुए यह सभा सरकार से आग्रह करती है कि वह देश में व्याप्त सामाजिक-आर्थिक, राजनीतिक और प्रशासनिक असमानताओं का उन्मूलन करने तथा एक वर्ष की अवधि के भीतर निम्नलिखित के बारे में अपनी सिफारिशें देने के लिए एक समयबद्ध व्यापक योजना तैयार करने हेतु राष्ट्रीय आयोग का गठन करे—

(एक) अंतरजातीय विवाह करनेवाले व्यक्तियों के लिए सरकारी सेवाओं में प्राथमिकता;

(दो) व्यक्तियों की न्यूनतम और अधिकतम आय के लिए युक्ति-युक्त सीमा का निर्धारण;

(तीन) सेवानिवृत्ति के उपरांत सरकारी अधिकारियों के किसी सरकारी सेवा अथवा प्राइवेट कार्यालय में पुन: नियोजन पर प्रतिबंध;

(चार) 'एक व्यक्ति-एक नियोजन' के सिद्धांत का क्रियान्वयन;

(पाँच) सभी छात्रों को उचित और समान शिक्षा सुविधाओं का प्रावधान;

(छह) देश में किसानों और श्रमिकों को सरकारी कर्मचारियों के समान वृद्धावस्था पेंशन प्रदान करने के लिए एक योजना तैयार करना;

(सात) देश में औद्योगिक उत्पादन लागत के आधार पर निर्धारित करने के लिए एक राष्ट्रीय आयोग का गठन;

(आठ) राजनीति और प्रशासन में राजनीतिक भाई-भतीजावाद अथवा जातिवाद की बढ़ती हुई प्रवृत्ति को नियंत्रित करने के लिए आवश्यक उपाय;

(नौ) सरकारी सेवाओं, न्यायपालिका, सशस्त्र बलों, राजनीतिक संगठनों

में, जिनमें राजनीतिक संस्थाएँ अथवा दल और व्यापार संगठन भी शामिल हैं, में अनुसूचित जातियों, अनुसूचित जनजातियों और अन्य पिछड़े वर्गों, महिलाओं और अल्पसंख्यकों से संबंधित व्यक्तियों के लिए कम-से-कम साठ प्रतिशत आरक्षण का प्रावधान।"

नई दिल्ली

अनूप मिश्र

महासचिव

(12 अगस्त, 2015)

□

गैर-सरकारी संकल्प पर चर्चा

श्री हुक्मदेव नारायण यादव (मधुबनी) : सभापति महोदय, सृष्टि के आदिकाल से इस बात का संघर्ष रहा है। पश्चिमी देश के एक विद्वान् ने एक थ्योरी दी थी—'स्ट्रगल फोर एगजीस्टेंस एंड सर्वाइवल ऑफ दि फिटेस्ट।' बाद में चलकर हिंदुस्तान के हमारे चिंतकों ने कहा कि यह दर्शन दुनिया के लिए नहीं है। हमारे यहाँ दर्शन चलेगा—'लिव एंड लेट लिव।' जिओ और जीने दो। जब गांधी का युग आया तो उन्होंने कहा कि इससे आगे बढ़ो, तब हमारा दर्शन आया—लिव फोर अदर्स। 'दूसरे के लिए जिओ।' लोकतंत्र की बुनियाद है कि दूसरे के लिए जीना सीखो। लोकतंत्र तभी सफल होगा, सक्षम होगा, लोकतंत्र कुछ फलदायी होगा, जहाँ नागरिकों में यह चेतना आएगी कि हम अपने लिए नहीं करेंगे, जो कुछ करेंगे, राष्ट्र के लिए करेंगे। 'राष्ट्र' का मतलब है कि राष्ट्र के संपूर्ण नागरिकों के लिए करेंगे। आखिर यह भावना कैसे पैदा होगी ? यह दो चीजों से पैदा होगी।

अभी कई माननीय सदस्यों ने इन बातों को उठाया है कि एक ओर विद्वान्, पढ़े-लिखे लोग, सबल, योग्य और संपन्न लोग हैं, लेकिन दूसरी तरफ अनपढ़ विपन्न, गँवार और मूर्ख हैं और उनके हाथ में सत्ता दोगे तो क्या चलाएँगे? डॉ. लोहिया ने कहा था कि मैं इस देश के सक्षम, सबल और विद्वान् लोगों से पूछना चाहता हूँ कि आखिर इस देश में 80 प्रतिशत लोगों को सत्ता से दूर रखा गया है। केवल हिंदुस्तान के 15 या 20 प्रतिशत लोगों के हाथ में सत्ता थी, राष्ट्र की सुरक्षा की जिम्मेदारी थी, तब हिंदुस्तान बार-बार गुलाम क्यों हुआ ? जब हिंदुस्तान की सत्ता चलानेवाले सक्षम और योग्य लोग थे, तब सबसे ज्यादा हिंदुस्तान गुलाम रहा और गांधी के नेतृत्व में जिस दिन गाँव का निर्धन, निर्बल से लेकर बिरला तक एक स्वर में बोल उठा कि 'ऐ अंग्रेजो भारत छोड़ो' उस दिन शक्तिशाली अंग्रेज भारत छोड़कर चले गए। इसका मतलब है कि जब गाँव का गरीब और मजदूर जागता है, तभी

देश सबल और सक्षम होता है। अगर लोकतंत्र की यह प्रक्रिया नहीं होती, सभी को समान वोट का अधिकार नहीं मिलता तो बिहार में एक गरीब का बेटा कर्पूरी ठाकुर क्या नेता बन सकता था, दूसरा बिहार के अंदर अनुसूचित जाति का भोला पासवान शास्त्री, जिनकी पत्नी सड़क के किनारे भूंजा और कचरी बेचती थी, वह गरीब आदमी क्या बिहार का मुख्यमंत्री बन सकता था, क्या हिंदुस्तान की गद्दी पर एक साधारण किसान का बेटा चौधरी चरण सिंह प्रधानमंत्री बनकर आ सकता था? क्या एक गरीब का बेटा चंद्रशेखर कभी बढ़ते-बढ़ते भारत का प्रधानमंत्री बन सकता था? आज मैं कहूँ एक चाय बेचनेवाला, रेलवे के फुटपाथ पर सोनेवाला, मजदूरन का बेटा श्री नरेंद्र मोदी, क्या कभी भारत का प्रधानमंत्री बनकर बैठ सकता था? यह इसी लोकतंत्र की देन है, जहाँ सबको समान वोट देने का अधिकार मिला है।

महोदय, निर्धन हो या धनवान् हो, संपन्न या विपन्न, नारी हो या नर, सभी को वोट देने का अधिकार है। नारी को अपने अधिकार के लिए इंग्लिस्तान में बहुत दिनों तक लड़ना पड़ा। इंग्लिस्तान की पार्लियामेंट में माइक उखाड़कर फेंके गए और स्पीकर का सिर तोड़ दिया गया तथा उनकी हत्या हुई। जिस इंग्लिस्तान में वहाँ की औरतों ने अपने अधिकार के लिए लंबी लड़ाई लड़ी थी, लेकिन हिंदुस्तान में गांधीजी की कृपा थी, हमारे अंबेडकरजी और हमारे महापुरुषों की कृपा थी कि संविधान बना तो सभी लोगों को समान वोट का अधिकार मिला। डॉ. लोहिया ने जाति प्रथा के लिए लिखा है कि लोग कहते हैं कि मूर्ख लोगों को, सभी लोगों को वोट का समान अधिकार दे दिया गया, यह उचित नहीं है। कभी-कभी मैं भी यह सोचता हूँ कि यह उचित नहीं है, लेकिन गंभीर चिंतन के बाद मुझे लगता है कि ये निर्धन, गरीब, दलित, पिछड़ी जाति के, अनुसूचित जाति के, जनजाति के जंगल में रहनेवाले लोग एक-न-एक दिन वोट की ताकत को जानेंगे और जिस दिन वे वोट की ताकत को पहचानेंगे, उस दिन अपने वोट की ताकत से भारत की सत्ता पर कब्जा करेंगे और भारतीय लोकतंत्र का इतिहास बदलकर रख देंगे। आज वह तबका जग गया है, उसने वोट की ताकत को पहचान लिया है, वह वोट के जरिए लोकतंत्र में अपनी हिस्सेदारी चाहता है, साझेदारी चाहता है। वह आज अपनी हिस्सेदारी और साझेदारी के लिए लड़ रहा है। मैं लोकतंत्र के मंदिर में खड़ा होकर कहना चाहता हूँ कि हमें आज भी तकलीफ होती है, जब यह कहा जाता है कि अनुसूचित जाति को इतना दे दो, अनुसूचित जनजाति को इतना दे दो, ओ.बी.सी. को इतना दे दो।

आज भी इस आजाद भारत में इन 64 प्रतिशत लोगों को भिखमँगा बनकर हाथ उठाकर क्यों माँगना पड़ रहा है? उन्हें ऐसा इसलिए करना पड़ रहा है, क्योंकि आज भी उस समाज के लोग सोए हुए हैं। जिस दिन उस समाज के लोग जागेंगे और सत्ता पर कब्जा करेंगे, उस दिन वे माँगनेवाले नहीं, बल्कि बाँटनेवाले होंगे। जिस दिन बाँटने की ताकत उनके हाथ में आएगी, उस दिन उनके बच्चे किसी के आगे भिखमँगा बनकर नहीं खड़े होंगे। इसलिए आपसे मेरी विनम्र प्रार्थना है, सीग्रीवालजी ने बहुत अच्छा काम किया है। उन लोगों को सजा दीजिए या नहीं दीजिए, लेकिन कुछ तो कीजिए। लोगों को कहिए कि भाई वोट गिराओ। यदि वोट नहीं गिराएँगे, सजा नहीं दी जाएगी, उन्हें कहा जाए कि तुम्हें दो साल के लिए या पाँच साल के लिए सरकारी सुविधा से वंचित कर देंगे, तुमको किसी बैंक से लोन नहीं देंगे, कुछ सुविधाएँ सरकार की ओर से नहीं दी जाएँगी। आखिर कहीं-न-कहीं भय लाना होगा। 'विनय न माने जलधि जड़, गए तीन दिन बीत, बोले राम सकोप तब बिन भय, होए न प्रीत।' बिना दंड के राज नहीं चलता है। इसलिए कुछ-न-कुछ भय होना चाहिए। मैं ज्यादा नहीं कहूँगा, लेकिन केवल इतना ही कहूँगा कि आज भी हिंदुस्तान में दो धाराएँ हैं। जो पढ़े-लिखे लोग हैं, योग्य हैं, अपने को तथाकथित योग्य, शिक्षित, सबल, सक्षम, संपन्न कहते हैं। हम लोकतंत्र की परिभाषा में कहते हैं—'लोगों का, लोगों के द्वारा, लोगों के लिए' (of the people, by the people, for the people) 'बाई द पीपुल' का मतलब क्या हुआ? इसका मतलब है—लोगों के द्वारा। ऐसा हम तब कह सकते हैं, जब उसमें सबका पार्टिसिपेशन हो, सबकी हिस्सेदारी हो, सबकी साझेदारी हो, सबका उसमें मतलब हो, सबके हितों की कामना हो, तभी तो उनके द्वारा शासन होगा। आज भी हिंदुस्तान में लोगों का, लोगों के द्वारा है, लेकिन यह लोगों के लिए नहीं है। यह क्यों नहीं लोगों के लिए है? आज भी हिंदुस्तान में जो बहुसंख्यक हैं, वे आज भी अपने हक के लिए कहीं-न-कहीं हाथ पसार रहे हैं और कह रहे हैं कि कानून बनाओ, संविधान बनाओ। वे क्यों माँग रहे हैं?

इसलिए आपसे मेरी विनम्र प्रार्थना है कि कहीं-न-कहीं इस कानून के जरिए या किसी के जरिए उन गरीब, निर्धन, निर्बल, पिछड़े, दलित, अनुसूचित जातियों के अंदर इस चेतना को जगाया जाए, उन्हें प्रेरित किया जाए कि वोट का अधिकार है, आप सब बाल-बच्चों के साथ वोट डालें। अब जागरूकता आई है कि जो गरीब, निर्धन, निर्बल हैं, मेरे यहाँ अनुसूचित जाति, अनुसूचित जनजाति के लोग हैं, वे दो,

चार, पाँच किलोमीटर अपने बच्चों के साथ, पति-पत्नी साथ-साथ जाकर लाइन में खड़े होकर वोट डालते हैं और पढ़े-लिखे लोग घर में बैठे रहते हैं। वे कहते हैं कि बहुत गरमी है, चमड़ी जल जाएगी, धूप में कहाँ जाएँ, वर्षा में कहाँ भीगने जाएँ। उन्हीं लोगों की बात यहाँ होती है कि वे योग्य हैं। इसीलिए मैं आपसे प्रार्थना करता हूँ कि सीग्रीवालजी जो विधेयक लाए हैं, उसमें थोड़ा-बहुत सरकार सुधार करे। इस रूप में सरकार को यह न स्वीकार हो तो सरकार इसे राह के रूप में ले। जयप्रकाश अग्रवालजी इसे पंद्रहवीं लोकसभा में लाए थे। हम लोगों ने भी उस पर बहस की थी। हमने इसे समर्थन दिया था।

अंत में, मैं एक बात कहूँगा कि अनिवार्य मतदान की प्रक्रिया हो। लेकिन मैंने तब भी कहा था और आज भी कहता हूँ कि जो निर्धन, निर्बल, पिछड़े, दलित, अनुसूचित जातियों के लोग हैं, उनको वोट के दिन कम-से-कम मिनिमम वेज के हिसाब से सरकार भुगतान करे, ताकि उन्हें रोटी के लिए चिंता न हो। कम-से-कम उनको मिनिमम वेज के हिसाब से मजदूरी दे दी जाए, ताकि सभी गरीब मतदान केंद्र पर जाकर अपना वोट डालें। इस कानून में ऐसा प्रावधान भी जोड़ दिया जाए और तब इसे अनिवार्य बनाया जाए, तो मुझे कोई आपत्ति नहीं है।

(24 अप्रैल, 2015)

□

सामान्य बजट पर चर्चा

श्री हुक्मदेव नारायण यादव (मधुबनी) : अध्यक्षजी, मैं अपनी बात कहने से पहले अपने दल के नेताओं को धन्यवाद देना चाहता हूँ और आभार प्रकट करता हूँ कि उन्होंने आम बजट की सामान्य चर्चा पर मुझे बोलने का प्रथम अवसर दिया है। मैं स्वभाव से ही गाँव का किसान हूँ। गाँव में पैदा हुआ, गाँव में पला, गाँव में बड़ा हुआ। किसी तरह से राजनीति की धारा में चलते-चलते यहाँ तक मैं पहुँच गया, लेकिन जब मैं कभी बोलने के लिए खड़ा होता हूँ तो मेरी नजर वहीं रहती है। चौधरी चरण सिंह जब भारत के प्रधानमंत्री बने, तब उन्होंने मुझे एक बार कहा था कि हुक्मदेव मैं भारत का प्रधानमंत्री हूँ, लेकिन दिन में एक बार मेरी नजर अपने गाँव की तरफ चली जाती है। वही कच्ची दीवार, फूस का छप्पर, कच्चा कुआँ, गाय, भैंस, बकरी, ज्वार-बाजरा दिखाई देता है। अध्यक्षजी, आप तो संस्कृत के विद्वान् हैं, जो जहाँ पैदा होता है, जिस संस्कार में पलता है, मनुष्य सबकुछ भूल सकता है, लेकिन जिस संस्कार में पला है, बड़ा हुआ है, उसे वह कभी नहीं भूल सकता है। मैं तो गाँव के संस्कार में पला हूँ, वहीं बड़ा हुआ हूँ। मैंने गोबर देखा, मैंने बकरी की गिनती की, मैंने भैंस की गिनती की और जब से लोकसभा में आया हूँ तो आँकड़ों की गिनती करनी पड़ती है, फिसकल डेफिसिट, रेवेन्यू डेफिसिट, मुझे समझ नहीं आता है कि बकरी गिनूँ, भैंस गिनूँ या डेफिसिट गिनूँ?

माननीय अध्यक्ष : आप यहाँ डेफिसिट गिनिए।

श्री हुक्मदेव नारायण यादव (मधुबनी) : हम तो केवल वही खोजते हैं, जैसे लंका विजय के बाद जब वानर, भालू के बीच मणि की माला वितरित की जा रही थी, तब सभी मणि को बंदर तोड़-तोड़कर देख रहे थे।

सब बड़े लोग हँस पड़े कि आखिर यह बंदर तो बंदर ही है। उससे पूछा

कि आखिर यह माला क्यों तोड़ रहे हो, तो उसने जवाब दिया कि मैं हर दाने में सीता-राम की मूर्ति देखना चाहता हूँ और जिस दाने में सीता-राम की मूर्ति नहीं है, वह मेरे लिए निरर्थक है। मैं बजट के हर पन्ने को पढ़ता हूँ तो देखता हूँ कि उसमें किसान कहाँ है, मजदूर कहाँ है, गाँव कहाँ है, उसमें हमारे गाय, भैंस के चारा-दाना के लिए कुछ है या नहीं है, इसमें गाँव की गरीब औरतें, जो खेत में काम करती हैं, पसीना बहाती हैं, मिट्टी-पानी में काम करती हैं, उनके शरीर से बदबू आती है, उनको जीवन में कभी एक बार भी लक्स और रेक्सोना साबुन, लिपिस्टिक और पाउडर लगाने के लिए नहीं मिलता है। क्या उनकी दुनिया को इन्होंने देखा था, मैं उन्हीं से पूछना चाहता हूँ, आप बड़ी-बड़ी बातें करते हैं।

"आगे दिन पीछे गए, गुरु से किया न हेत,
अब पछताए होत क्या, जब चिड़िया चुग गई खेत।"

जिस समय आपको गाँव को देखना था, किसान को देखना था, मजदूर को देखना था, गरीब को देखना था, पिछड़े को देखना था, दलित को देखना था, गाँव की सड़कों को देखना था, गलियों को देखना था, कुएँ को देखना था, क्या आपने देखा था? आप कहीं और देखते रह गए। एक ही हिंदुस्तान में आपने दो हिंदुस्तान बना दिए। एक है भारत, दूसरा है इंडिया, दैट इज कॉल्ड हिंदुस्तान। यह आपने बनाया है। मैं आज भी कहता हूँ कि अगर मेरे गाँव के किसी को उठाकर लाइए, उसकी आँख पर पट्टी बाँध दें, हिंदुस्तान के किसी भी गाँव का हो, ओडिशा का हो, पश्चिम बंगाल का हो, किसी किसान को आँख पर पट्टी बाँधकर लाएँ और इंडिया गेट के पास खड़ा करके उसकी आँख खोल दें, तो उसे लगेगा कि पता नहीं मैं स्वर्ग में चला आया, बैकुंठ में चला आया या इंद्रपुरी चला आया! दोनों जगहों में इतना ज्यादा अंतर है। मैं वर्ष 1977 में एम.पी. बनकर आया, इंडिया गेट के पास पैदल टहल रहा था। एक बड़ी गाड़ी में एक बड़ा सा कुत्ता जा रहा था, वह अपने मुँह को निकालकर अपनी जीभ लपलपाते हुए जा रहा था। मैं गाँव का आदमी खड़ा होकर सोचने लगा कि यह कुत्ता जरूर कुछ कह रहा है। मैंने पहले कभी दिल्ली देखी नहीं थी, मुझे लगा कि यह कुत्ता कह रहा है कि 'हे गाँव के किसान, गरीब, मजदूर, पिछड़े, दलित, तुम जन्म लेकर क्या करने आए हो, तुमसे मैं ज्यादा सौभाग्यशाली हूँ। देखो, मैं ठंडी-गर्म गाड़ी में बैठा हूँ, केक खाता हूँ, आमलेट-कटलेट खाता हूँ, गद्दे पर सोता हूँ। क्या तुमने हिंदुस्तान देखा है? तुमसे अच्छा मैं हूँ।' उस दिन मुझे लगा कि इस देश के बड़े लोगों के कुत्ते भी

मुझसे अच्छी जिंदगी जी रहे हैं और मुझे उस जिंदगी जिलानेवाले कोई और नहीं हैं, आप लोग हैं। आपने राज किया है, मैंने आंदोलन किया, जेल में गया, मुझे जेल में डाल दिया। आज भी जब पूर्वा हवा चलती है, तो आपकी पुलिस की लाठी से हड्डी में जो चोट आई थी, वह कहीं-न-कहीं दर्द करने लगती है। तब मुझे ऐसा एहसास होता है कि जिस राज में मुझे इतना कष्ट मिला था, अगर मेरा वश चले तो उस राज को मैं सदा-सर्वदा के लिए हिंदुस्तान से उखाड़कर ले जाकर गयाजी में उसका पिंडदान कर दूँ, ताकि फिर से न निकलने पाए। क्या बात करते हैं साहब, मैं आँकड़ों में नहीं जाऊँगा, आप योजना आयोग की बात कह रहे थे, मैं अपने गुरु डॉ. लोहिया की बात को आपके सामने रखना चाहता हूँ। मैं नहीं बोलता, मुझे उन्होंने दृष्टि दी थी। इसी लोकसभा में 6 सितंबर, 1963 को एक बहस हुई थी, जिसने पंडित नेहरू को भी हिला दिया था। वह बहस थी, तीन आना बनाम 15 आना की। लोहियाजी ने कहा था कि मैंने 27 करोड़ हिंदुस्तानियों के लिए तीन आने रोज की आमदनी कही, प्रधानमंत्री ने 15 आने रोज और योजना मंत्री ने साढ़े सात आने रोज की आमदनी कही है। अब प्रधानमंत्री और योजना मंत्री आपस में निपट लें कि दोनों में कौन सही है! यही आँकड़े हैं योजना आयोग के। प्रधानमंत्री कहें 15 आना, योजना मंत्री कहें साढ़े सात आना, जिस योजना आयोग को यह भी नहीं पता कि 15 आना सही या साढ़े सात आना सही, प्रधानमंत्री सही या योजना मंत्री सही, उस योजना आयोग को क्या हम सिर पर ढोते रहें?

"जो दर्शन करना चाहिए तो दर्पण माँजत रहिए
जो दर्पण में लागा काई तो दरस कहाँ से पाई।"

आप क्या बात करते हैं साहब? यहाँ प्रधानमंत्रीजी बैठे हैं, इस हिंदुस्तान में जिस रोग से मैं पीड़ित हूँ वीरप्पा मोइलीजी, कहीं-न-कहीं उसी रोग से आप भी पीड़ित हैं।

आप भी पिछड़े वर्ग से हैं, मैं भी पिछड़े वर्ग से हूँ :

का दुःख जाने दुःखिया की, का दुःख जाने दुःखिया माई,
जाके पैर न फटे बिवाई, सो क्या जाने पीर पराई।

आपके मल्लिकार्जुनजी भी दलित समाज से हैं। क्या आपने सामाजिक पीड़ा को नहीं झेला है, भोगा नहीं है? इस हिंदुस्तान में अगर सबसे बड़ा कारण, सबसे बड़ी चीज कोई रही है सनातन काल से, तो वह है हिंदुस्तान की जाति प्रथा। इस जाति प्रथा के कारण क्या-क्या नहीं भोगा हमने और क्या-क्या नहीं भोगते हैं!

जब लोकसभा के चुनाव हो रहे थे, श्री नरेंद्र मोदीजी के लिए कोई कह रहा था कि मैं अपने ऑफिस के आगे चाय की दुकान खुलवा देता हूँ, फुटपाथ पर चाय की दुकान उन्हें अलॉट कर देते हैं। लोगों को इसके अलावा और कुछ कहने को नहीं मिलता है, क्यों आप उपहास करते हो? मैं लोकसभा में हूँ, अगर कोई ऐसा कहे तो यह ठीक नहीं है। शरद यादवजी जब अमेठी में चुनाव लड़ने के लिए गए लोकदल से तो नारा लगा—'शरद यादव वापस जाओ, लाठी लेकर भैंस चराओ।' कर्पूरी ठाकुर जैसा नाई का गरीब बेटा, जिसके नेतृत्व में बिहार में इतना परिवर्तन हुआ, वे जब बिहार के मुख्यमंत्री बने तो वहाँ 27 प्रतिशत आरक्षण लागू किया, मिडिल और हाई स्कूल तक बच्चों की फीस माफ की। इसके अलावा पाँच एकड़ तक की मालगुजारी माफ की। उन्हीं कर्पूरी ठाकुर के लिए भी नारा लगा—'कर्पूरी ठाकुर दिल्ली जाओ, छूरा लेकर सैलून खोलो।' क्या-क्या नहीं सहा हमने! क्या-क्या नहीं देखा हमने! इसलिए दिल के अंदर वह दर्द और पीड़ा है। आखिर कहीं-न-कहीं मुझे यह भी लगता है कि क्या हिंदुस्तान के पिछड़े और दलित समाज के लोगों ने कोई अपराध किया था कि उन्होंने उसमें जन्म लिया? क्या किसी ने भगवान् के यहाँ दरखास्त दी थी कि मुझे तेली बना दो, लुहार बना दो, कुर्मी बना दो, कहार बना दो, मुझे अहीर बना दो, कलवार बना दो। कोई भी व्यक्ति भगवान् के यहाँ दरख्वास्त देकर नहीं आया था।

मैं आज वित्त मंत्रीजी को और प्रधानमंत्रीजी को धन्यवाद देना चाहूँगा कि उन्होंने बजट में कुछ ऐसी योजनाओं का प्रावधान किया है, जिससे हिंदुस्तान में जाति प्रथा के बंधन को ढीला करने का अवसर मिलेगा। जब इन लोगों की आर्थिक चेतना बढ़ेगी, आर्थिक विकास होगा, वह कब होगा, वह तब होगा, जब गाँव में पैसा जाएगा, जब गरीब के हाथ में रोजगार आएगा, जब उनकी आर्थिक उन्नति होगी। तब कहीं जाकर उनके जीवन में विकास होगा। क्या आपने कभी सोचा, गाँव का विकास कैसे होगा? क्या 'प्रधानमंत्री ग्रामीण सिंचाई योजना' कोई मामूली योजना है? खर्च पर सीमा लगाने के लिए राममनोहर लोहिया ने इसी लोकसभा में बहस करते हुए पंडित नेहरू से कहा था कि मैं कुछ नहीं चाहता, यह काम कर दो कि सब लोगों के, खासकर बड़े लोगों के, खर्च पर सीमा लगा दो। आप आय पर नहीं, खर्च पर सीमा लगाओ कि इससे अधिक कोई खर्च नहीं करेगा, उससे जो पैसा आए, उससे सिंचाई योजना बनाओ और 20 साल का बॉण्ड बनाओ। उन्होंने कहा कि मैं और कुछ नहीं चाहता, सिर्फ हिंदुस्तान के हर खेत में पानी पहुँचा दो,

तो हिंदुस्तान की तरक्की हो जाएगी। यह बात डॉ. लोहिया ने इसी सदन में कही थी। वे तो अग्रवाल थे, बनिया थे, उन्हें क्या जरूरत थी इस बात को कहने की? लेकिन मैं कहता हूँ कि हिंदुस्तान के गरीब, निर्बल और पिछड़ों का इस युग में अगर एकमात्र कोई राजनीतिक मसीहा आया तो वह डॉ. राममनोहर लोहिया थे, जिन्होंने नेतृत्व को पैदा किया गाँव की गली से। इसलिए मैं आपसे विनम्र प्रार्थना करना चाहता हूँ कि 'प्रधानमंत्री ग्रामीण सिंचाई योजना' से हर खेत को पानी, 'हर हाथ को काम मिलेगा। लोहियाजी ने और दीनदयाल उपाध्यायजी ने कहा भी है कि हर खेत को पानी, हर हाथ को काम, एक बीघा जमीन और एक गाय, अपनी खेती, अपनी राय।' हम तो इस बात को लेकर संघर्ष करते आ रहे हैं और आज यह सपना साकार हो रहा है। इसलिए मैं कहना चाहूँगा कि सवाल दृष्टि का है, दिशा का है और संकल्प का है। आपकी दृष्टि कुछ और थी, अब दृष्टि बदली है।

हिंदुस्तान के गाँव के गरीब, पिछड़े और दलितों ने मिलकर कश्मीर से लेकर कन्याकुमारी तक, कामरूप से लेकर द्वारका तक इस आशा और अरमान के साथ, आपके शब्दों में, जिन्हें आप अपने आफिस के सामने चाय की दुकान खुलवा रहे थे, वह चाय बेचनेवाला, रेलवे स्टेशन के फुटपाथ पर पानी पिलानेवाला गरीब-निर्धन, जिसकी माँ मजदूरी करती थी, उसके बेटे को भारत के प्रधानमंत्री की कुरसी पर बिठाया कि नरेंद्र मोदी आएगा, भारत का प्रधानमंत्री बन जाएगा, गाँव, गरीब, किसान और मजदूर का भाग्य चमक जाएगा। उन्होंने इसलिए इस सपने को देखा है…(व्यवधान) क्या यह नौ महीने में पूरा हो जाएगा?

आपके नेता बोल रहे थे, मैं सुन रहा था। मुलायम सिंह यादव यह बोल रहे थे, मेरे साथी हैं, बरसों तक समाजवादी आंदोलन से जुड़े रहे हैं, कि नौ महीने में तो बच्चा पैदा हो जाता था। मैंने कहा कि कितनी अवैज्ञानिक बात कर रहे हैं! यह तो वैज्ञानिकता है, प्रकृति का नियम है कि नौ महीने में बच्चा पैदा होता है, लेकिन जो बच्चा पैदा होता है, क्या वह नौ महीने में फिर से बच्चा पैदा कर देगा? कितनी अवैज्ञानिक बात बोल रहे थे! इस सरकार को नौ महीने हुए, दस महीने हुए, सरकार पैदा हुई, अब क्या सोचते हैं? इसलिए आपसे मेरी विनम्र प्रार्थना है कि अभी भी आप सँभलिए।…(व्यवधान) आप बजट को क्या समझते हैं? मैं वीरप्पा मोइली साहब नहीं हूँ। वीरप्पा मोइली साहब आँकड़े बता रहे थे। मैं उन आँकड़ों का जवाब दे रहा हूँ कि आप इतने दिन से हमें यह आँकड़े पढ़ा रहे हैं, क्या आपने ये आँकड़े पढ़े थे कि वर्ष 1951 में किसान 71.9 परसेंट थे, लेकिन वर्ष 2011

में, आपके राज में घटकर 45.10 परसेंट हो गए! 26.08 परसेंट किसान गायब हो गए। कहाँ गायब हो गए? कहीं नहीं गायब हुए। खेतिहर मजदूर 28.1 परसेंट थे और वे घट कर 24.09 हो गए। वे बढ़कर 26.08 परसेंट हो गए।

अध्यक्ष महोदय, जितना किसान गया, उतना खेतिहर मजदूर बनाया। क्या ये आँकड़े सही नहीं हैं? आप बजट बनाते रहे, बड़े-बड़े अर्थशास्त्री आए। एक अर्थशास्त्र के विद्वान् हार्वर्ड से आए। हमने कहा, कहाँ से आए, बोले, हार्वर्ड, हमने कहा, यह देश को कर देंगे गड़बड़। हिंदुस्तानी अर्थशास्त्री चाहिए, अरुण जेटलीजी के जैसे। ये सब किसान कहाँ गए? हिंदुस्तान के जितने भी ग्रामीण अर्थशास्त्री हुए, जे.सी. कुमारप्पा से लेकर चौधरी चरण सिंह तक, सभी ने एक ही बात कही कि खेती पर ज्यों-ज्यों भार घटेगा, त्यों-त्यों गाँव की उन्नति होगी और किसान खुशहाल होगा। खेती पर से भार कम करो, आपने कम किया। लेकिन हमको क्या बनाया? ऑफिसर बनाते, नौकरी देते, उद्योग लगाते, हाथ को काम देते, साइकिल देते, मोटर साइकिल पर चढ़वाते, तब आपको कुछ समझते। हम किसान थे, हम लोगों को मजदूर बना दिया। झुग्गी-झोंपड़ी में डाल दिया। गंदी जिंदगी जीने के लिए हमको छोड़ दिया। जो गाँव में बसनेवाले थे, वे 82.7 प्रतिशत थे, वे घटकर 68.06 प्रतिशत हो गए। 14 परसेंट गाँव के लोग गायब हो गए। कहाँ गायब हो गए? वे गायब होकर आपके यहाँ दिल्ली में फुटपाथ पर सोते हैं। पेड़ के नीचे सोते हैं, पेड़ के नीचे जन्म लेते हैं, पलते हैं, बढ़ते हैं, पेड़ के नीचे शादी करते हैं, पेड़ के नीचे हनीमून मनाते हैं और वहीं बच्चा पैदा करते हैं और फिर पेड़ के नीचे ही अपना परिवार बसाते हैं। आप हमारे बच्चों को यहाँ लाए, उनके हाथ में रिक्शा थमाया, ठेला दिया, फुटपाथ पर काम करवाया, गरीबी ने मजबूर किया और कुत्ते जैसी जिंदगी जीने के लिए हमें मजबूर कर दिया और ऊपर से आप बताते हैं कि आपने हम लोगों के लिए क्या दिया! आप कहते हैं कि फूड सिक्योरिटी दे दी। फूड सिक्योरिटी—धान उपजाएँ हम, गेहूँ उपजाएँ हम, अनाज उपजाएँ हम, मेहनत करें हम और हमें भिखमँगा समझते हैं! हर आदमी को एक किलो चावल और तीन किलो गेहूँ देंगे। आप बड़े बजट बनानेवाले अर्थशास्त्री हैं! महीने में एक किलो चावल खाकर देखो, एक आदमी एक महीने में केवल तीन किलो गेहूँ खाकर देखो! यह हमारी गरीबी और निर्धनता पर उपहास है। हमें कहते हैं कि एक महीने में एक किलो चावल देते हैं। रोज की जिसकी आदमनी 26 रुपए से कम है, वह गरीबी रेखा से नीचे है और 70 परसेंट को चावल-गेहूँ बाँटेंगे।

आपका क्या आँकड़ा है? क्या आप यही बजट बनाते थे? मैं इसी से कहता हूँ, यही आपका आँकड़ा है। गरीबों को दिया जानेवाला चावल-गेहूँ 70-80 परसेंट को देते हैं और हमें कहते हैं कि गरीबी की रेखा से नीचे 26 परसेंट हैं!

"कबीरा बाँचे आँखिन देखा, पंडित बाँचे पोथिन लेखा।"

हम तो आँख से जो देखते हैं, वह बोल रहे हैं। आपने क्या किया? हमको कहते हैं, किसान विरोधी हैं। हिंदुस्तान में 1990-91 में 185.2 मिलियन हैक्टेयर खेती की जमीन थी और आपके राज में 2011-12 में 182 मिलियन हैक्टेयर हो गई। यह जमीन कहाँ गई, क्या हम खा गए या हमारे गाँवों के लोग खा गए, कौन लोग खा गए?...(व्यवधान) किसने खाई है? लेकिन मैं इतना जानता हूँ कि आप हमारी जमीन खा गए और दूसरी तरफ जो गैर-कृषि योग्य भूमि थी, 1990- 91 में 21.22 मिलियन हैक्टयर थी, वही 2011-12 में 26. 29 मिलियन हैक्टयर हो गई। गैर-कृषि योग्य भूमि बढ़ी है। कृषि योग्य भूमि का नुकसान हुआ है। आपने उल्टी बात कही। कहीं पर निगाहें, कहीं पर निशाना! न कुछ मिले तो कुछ कहिए। न कुछ मिले तो विरोधी में गए तो कुछ-न-कुछ तो कहना है, नहीं तो दुनिया कैसे देखेगी कि विरोधी का काम कर रहे हैं! इसलिए आपसे मेरी विनम्र प्रार्थना है कि अगर विरोधी का काम करना है तो आप अपने नेताओं को कहिए कि कुछ दिन हमारे पास आएँ, 6 महीने ट्रेनिंग दे देंगे कि हम विरोधी थे तो क्या करते थे!...(व्यवधान)

अरे नाटक भी करिए तो किसी डायरेक्टर से सीख तो लीजिए। जो गरीबी का डायरेक्टर है, उससे सीखा नहीं और गरीबी का नाटक खेल रहे हैं!...(व्यवधान) मैं आपको एक उदाहरण देता हूँ। एक गाँव में रामलीला होनी थी और हनुमानजी का पाठ करनेवाला नहीं आया। उसने सोचा कि आज तो नाटक नहीं होगा। एक बहुत मोटा-तगड़ा दुकानदार था, उसको पकड़कर ले आया कि तू नाटक कर। केवल खड़े रहना और जब वह खड़ा होकर पार्ट करने लगा तो रावण ने डाँटकर कहा कि इसकी पूँछ में तेल डालकर आग लगाओ। उसको लगा कि अब तो जलकर मरना पड़ेगा। उसने कहा कि हुजूर, हम हनुमानजी नहीं हैं, हम तो बनिया हैं। हम अपनी दुकान चला रहे थे। वैसे ही आप नाटक करिएगा। इसलिए आपसे मेरी विनम्र प्रार्थना है कि इसको देखें। दृष्टि, दिशा, यानी जब तक आपके पास दृष्टि नहीं बनेगी, तब तक आपकी दिशा ठीक नहीं होगी। आपकी दृष्टि ठीक नहीं थी तो आप संकल्प क्या कर रहे थे? सब चलता है, तो आप कहें, हम भी चलें और आपका बजट चला। आपकी अर्थ नीति चली। देश में आर्थिक विषमता,

सामाजिक विषमता, राजनीतिक विषमता और प्रशासनिक विषमताएँ बढ़ी हैं। मैं पूछना चाहता हूँ कि क्या आपके बजट ने इन विषमताओं का अंत करने के लिए कोई काम किया? नहीं किया। इसलिए हमारे गुरु डॉ. लोहिया कहते थे, हिंदुस्तान में जब तक जाति प्रथा है और जब तक जाति प्रथा का रोग रहेगा, तब तक हिंदुस्तान का कल्याण नहीं होगा। भ्रष्टाचार के पीछे भी जाति प्रथा है। माननीय प्रधानमंत्रीजी यहाँ पर बैठे हैं। हिंदुस्तान के अंदर अगर वह अपने प्रधानमंत्री रहते हुए चाहेंगे कि किसी के साथ कुछ कर दें, क्या है कि कर देंगे, क्योंकि जिस जाति का सरकारी नौकर होता है, मैंने भी 54 वर्षों तक राजनीति में रहकर देखा है, जिस जाति का सरकारी नौकर है, यदि उसके ऊपर कलम उठाइए तो उसकी जाति के न जाने कहाँ-कहाँ से, सभी जगहों से उसको बचाने के लिए लोग आ जाते हैं और उसे जाति पर हमला कह दिया जाता है।

अगर किसी बेईमान पर हमला है तो जाति पर हमला कहलाता है। किसी भ्रष्टाचारी पर हमला है तो माना जाता है कि जाति पर हमला है। इस जाति को तोड़ने के लिए सबसे बड़ा कदम उठाना पड़ेगा। माननीय प्रधानमंत्रीजी को धन्यवाद देता हूँ कि कुछ योजनाएँ ऐसी आई हैं, जिनसे जाति प्रथा घटेगी। मैं एक प्रार्थना करूँगा कि हमसे आरक्षण की बात कही जाती है, लेकिन मैं तो शुरू से ही यह कहता हूँ कि यदि सदन सहमत हो और आप भी सहमत हों तो प्रधानमंत्रीजी से कहिए कि तुरंत लागू करिए, लेकिन इसमें सहमति का सवाल है। राष्ट्रीय सहमति, सदन की सहमति और आपसी सहमति का सवाल है। सब आरक्षण खत्म कर दीजिए, लेकिन यह कर दीजिए कि सरकारी नौकरी और सरकारी सुविधा दोनों के लिए अंतरजातीय विवाह को अनिवार्य करिए। न रहेगी जाति, न रहेगा बाँस, न बजेगी बाँसुरी! जातियाँ टूटेंगी, अंतरजातीय विवाह के कारण हिंदुस्तान में एक जाति बनेगी। वह जाति भारतीय बनेगी, वह जाति मानव जाति बनेगी। इन जातियों की रेखा को तोड़िए। इसके लिए अगर आप सहमत हैं तो बोलिए! आप कहते हैं कि गरीब और अमीर का भेद मिटा देंगे, लेकिन न्यूनतम और अधिकतम की सीमा अगर यह सरकार तय करना चाहे, नरेंद्र मोदीजी चुटकी में कर देंगे, क्योंकि इनका क्या बिगड़ेगा? इनका कुछ नहीं बिगड़ेगा। नरेंद्र मोदीजी अगर न्यूनतम और अधिकतम की रेखा तय करेंगे तो इनका कुछ नहीं जाएगा और न ही इनके परिवार का जाएगा, न बाल-बच्चे का जाएगा, किसी का कुछ बिगड़नेवाला नहीं है, लेकिन हम चिल्लाने लगेंगे। "सौ से कम, न हजार से ज्यादा। समाजवाद का यही तकाजा।" बड़े समाजवाद की बात

करते हैं! मैं ज्यादा समय नहीं लेना चाहूँगा। मैं समाजवाद की बात अपने गुरु डॉ. लोहियाजी की बात पढ़ाकर सुना दूँगा।

हमारे कुछ समाजवादी हैं, अब वे तथाकथित समाजवादी हो गए हैं। समाजवादी तो रहे नहीं, लेकिन तथाकथित हैं। अब मुझे कहेंगे कि आप भा.ज.पा. में चले गए। मैं भा.ज.पा. में क्यों गया हूँ? आपके ऐसे दल बने, इस दल के टुकड़े हजार हुए, कोई यहाँ गिरा, कोई वहाँ गिरा, मैं कहाँ-कहाँ दौड़ा फिरता, मैं भा.ज.पा. में चला आया। मैं भारतीय जनता पार्टी के नेताओं को धन्यवाद देना चाहता हूँ कि हुक्मदेव नारायण यादव किसी पार्टी को तीन बरस से ज्यादा दुरुस्त नहीं रहने देता था, आज वह बीस बरस से भारतीय जनता पार्टी में अटल और अडिग खड़ा है। इस पार्टी में जब तक कोई ताकत नहीं है आडवाणीजी में, अटलजी में, नरेंद्र मोदीजी में, इन सब लोगों में जब कोई गुण नहीं है, तो मेरे जैसे उद्दंड समाजवादी को बीस बरस तक अपने पिंजरे में रख लिया, क्या यह कोई साधारण योग्यता है? आप इस बात को समझिए।

महोदया, मैं अंत में कहूँगा कि समाजवाद हर किसी के लिए एक सिद्धांत की तरह है, इसमें एक होता है थोक और एक होता है फुटकर। एक होता है सगुण, एक होता है निर्गुण, एक होता है सिद्धांत, एक होता है कार्यक्रम। समाजवाद से एक सीढ़ी नीचे उतरो तो उस सीढ़ी का नाम है बराबरी, उस बराबरी से एक सीढ़ी नीचे उतरो, आर्थिक बराबरी, सामाजिक बराबरी, राजकीय बराबरी, धार्मिक बराबरी, उससे एक सीढ़ी और नीचे उतरो, तब उसके बाद आएगा समता, संपूर्ण समता, संभव समता, तब एक सीढ़ी और नीचे उतरो, तब अधिकतम और न्यूनतम की सीमा लगाओ। धार्मिक बराबरी की बातें भी की गई हैं। अगर धार्मिक बराबरी पर मुझे कहा जाए तो मैं कितनी अपनी पीड़ा सुना दूँगा कि धार्मिक बराबरी इस देश में कैसी है! उसके संबंध में मैं आपके सामने सुना देना चाहूँगा कि समन्वय दो तरह का होता है, एक दास का समन्वय और एक स्वामी का समन्वय। यह मैं नहीं कहता, यह महान् समाजवादी, अर्थशास्त्री डॉ. लोहिया ने इसी सदन में 26 मार्च, 1966 को कहा था। आप गौर से उनके शब्दों को सुनिए—'समन्वय दो तरह का होता है, एक दास का समन्वय और एक स्वामी का समन्वय। पिछले हजार वर्ष के इतिहास से हिंदुस्तान ने स्वामी का समन्वय नहीं सीखा, वह एक दास का समन्वय रहा है।' मैं श्री नरेंद्र मोदीजी की सरकार से कहूँगा कि पिछले हजार साल में भारत दास भाव से सांस्कृतिक समन्वय में रहा है। अगर अब स्वामी भाव के समन्वय में

भारत आना चाहता है तो क्या अपराध है ? इसीलिए उन्होंने यह कहा है। इस संबंध में मैं खाली परदेसियों को ही दोष नहीं देता, उनके सबब से जितने भी इतिहासकार हैं, वे सभी जहर में बिल्कुल घुल जाते हैं। आज भारत के दो इतिहास के स्कूल हैं, एक डॉ. ताराचंद और दूसरा डॉ. मजूमदार। दोनों के दोनों इसी समन्वय धारा के हैं, विविधता धारा के हैं। भारत क्या है, उसे भूलकर भारत के जो विभिन्न अंग हैं, उनकी तरफ निगाह चली जाती है।

(16 मार्च, 2015)

□

शून्यकाल

श्री हुक्मदेव नारायण यादव (मधुबनी) : उपाध्यक्ष महोदय, मेडिकल में एम.बी.बी.एस. के एडमिशन में 50 लाख रुपए, 75 लाख रुपए खुलेआम लिये जाते हैं और पी.जी. के एडमिशन में 1 करोड़ रुपए से 2 करोड़ रुपए लिये जाते हैं। मैंने अपनी बिटिया की सीट के लिए कई जगह हाथ पसारा, जब मेरे जैसे आदमी से इतने रुपए की माँग की गई तो हिंदुस्तान के साधारण आदमी के साथ क्या दुर्गति होगी? इसलिए मेडिकल कॉलेज ऑफ इंडिया के ऐक्ट को सुधारा जाए, संविधान में संशोधन किया जाए। उनको जेल में बंद किया जाए, सी.बी.आई. द्वारा छापामारी की जाए और सभी मेडिकल कॉलेजों के संचालकों को गिरफ्तार किया जाए कि इस तरह का गोरखधंधा क्यों करते हैं और इतना अन्याय देश में क्यों कर रहे हैं?…(व्यवधान)

इसलिए मेरी सदन से विनम्र प्रार्थना है, मैं हाथ जोड़कर सदन से प्रार्थना करता हूँ और इस लोकसभा के चैनल को हिंदुस्तान के करोड़ों लोग देख रहे हैं, मैं उन गाँवों के गरीबों, किसानों, मजदूरों से कहता हूँ—गाँव, गरीब, मजदूर, किसान, पिछड़ा, दलित और नौजवान मिलकर देश बनाओ, आओ देश बनाएँगे और नरेंद्र मोदीजी के प्रधानमंत्री रहते हुए एक बार नहीं, हिंदुस्तान में आप जितने दिन रहें, एक बार में थोड़ी सी रेखाएँ बनाई जाएँगी, दूसरी बार में मिट्टी डालेंगे, तीसरी बार में पिचिंग करेंगे। हमको भी आप इतना समय दें। मैं गाँव, गरीब, किसान, मजदूर पिछड़े, दलित और नौजवान, इन सबसे हाथ जोड़कर प्रार्थना करना चाहता हूँ, आओ, कदम-से-कदम मिलाओ, मिलकर हिंदुस्तान को बनाओ। समता लाएँगे, आर्थिक समता, सामाजिक समता, राजनीतिक समता। अगर इन्होंने मेरा सालाना 12 रुपए में जीवन बीमा कर दिया तो बड़े लोगों का कलेजे फटने लगा कि ये 12 रुपए में सबका जीवन बीमा कर रहे हैं! खेत में काम करेंगे, बीमार पड़ेंगे, मरेंगे तो

एक रुपया महीना, 12 रुपए साल में जीवन बीमा कर दिया। यदि तंबाकू का गुटखा भी खाते हैं तो तीन रुपए में मिलता है, उससे भी सस्ता जीवन बीमा इस सरकार ने गरीब लोगों को दे दिया, इसलिए कलेजा फट रहा है। कलेजे में दर्द इसीलिए है। इन्होंने जो और योजनाएँ चलाईं, पशुपालन और गाय के उत्थान की योजना इत्यादि कई योजनाएँ हैं, मैं उन्हें क्या गिनाऊँ?

हरी अनंत, हरी कथा अनंता। मुद्रा बैंक बनाए हैं, उसमें छोटी इकाईवाले को कर्ज देंगे। इसलिए आपसे मेरी विनम्र प्रार्थना है कि मैं एक मिनट में इस बात को कहकर अपनी बात खत्म करूँगा। राष्ट्रीय नमूना सर्वे के मुताबिक देश में 5.70 करोड़ उद्यमी हैं। इनमें 11 लाख करोड़ रुपए की पूँजी लगी हुई है। इन 12 करोड़ लोगों को रोजगार मिल रहा है, लेकिन इस क्षेत्र के उद्यमियों को पूँजी में कर्ज का हिस्सा केवल 4 फीसदी है, जबकि अनुमान के अनुसार बीते 22 वर्षों में बड़े उद्योगों में 50 से 60 लाख लाख करोड़ रुपए की पूँजी लगी हुई है। इनसे मात्र 22 लाख लोगों को रोजगार उपलब्ध है। ये छोटे उद्योग हैं, बढ़ई को, लुहार को, कुम्हार को, हज्जाम को, ये जो पिछड़ी जातियाँ हैं, उन्हें कर्ज मिलेगा। हिंदुस्तान में जाति आधारित पेशा है। पेशे के आधार पर जातियाँ बनाई गईं। अब इन रोजगारों के जरिए उनके हाथों को काम देंगे, उन छोटे उद्यमियों को रोजगार देंगे। इनके कलेजे में दर्द हो रहा है कि नरेंद्र मोदी आया है, मुद्रा बैंक बनाएगा, गाँव के गरीबों के हाथ में रोजगार जाएगा, ये गरीब बनेंगे पहलवान, ये गरीब बनेंगे विद्वान्, ये गरीब बनेंगे बुद्धिमान। जब गरीब के हाथ में ताकत आएगी, तब वह आपके आगे शरणम् गच्छामि नहीं होंगे, न फूड सिक्योरिटी खाएँगे और न मनरेगा खाएँगे, बल्कि हम अपने पसीने, पुरुषार्थ और अपनी कमाई से इस देश को बनाएँगे। हम आपके भिखमँगे बनकर जिए हैं, अब हम स्वाभिमान के साथ जिंदा रहना चाहते हैं। इसलिए मैं भारत के प्रधानमंत्री और वित्तमंत्रीजी को धन्यवाद देता हूँ।

(13 मार्च, 2015)

□

गैर-सरकारी विधेयक पर चर्चा

श्री हुक्मदेव नारायण यादव (मधुबनी) : सभापति महोदय, महताबजी ने यह जो बिल इंट्रोड्यूज किया है, इसके लिए हमें अपनी मानवीय व्यवस्था पर ध्यान देने की आवश्यकता है। यह केवल सरकार की चीज नहीं है। यह सरकार और समाज, दोनों की ही जिम्मेदारी है। महाभारत का एक प्रसंग है, जब युद्ध की समाप्ति के बाद गांधारी के पास श्रीकृष्ण गए थे, उन्होंने समाचार पूछा तो गांधारी ने उनको कहा था—केशव जरा कष्टम् कष्टम् निर्धन जीवनम्, पुत्रशोकम् महाकष्टम् कष्टाति कष्टम् क्षुधाः। उसमें से जो तीन चीजें हैं, एक वृद्धावस्था हो, ऊपर से गरीबी हो और दूसरे वे भूख के कारण पीड़ित हों, इन तीनों कारणों से वे वृद्धावस्था में कष्ट पाते हैं। वृद्धावस्था में लोग समृद्ध और संपन्न रहते हुए भी कष्ट भोगते हैं। वे इसलिए कष्ट भोगते हैं, क्योंकि उनकी समुचित देखभाल करने के लिए उनके परिवार की ओर से व्यवस्था नहीं होती है। कुछ लोग ऐसे भाग्यशाली हैं और ईश्वर की उन पर कृपा है कि उनके बच्चे वृद्धावस्था में उनकी देखरेख के लिए किसी एक रक्षक को या किसी सेवा करनेवाले को रख देते हैं, जो उन पर ध्यान देते हैं।

आदमी की अवस्था ज्यों-ज्यों बढ़ती जाती है, त्यों-त्यों वृद्धावस्था आने लगती है। सबसे पहले उसकी स्मरणशक्ति का ह्रास होने लगता है। यह सहज-स्वाभाविक प्रक्रिया है। विज्ञान ने इतनी तरक्की की, इतनी खोज की, लेकिन आज तक दुनिया में विज्ञान इस बीमारी की रोकथाम के लिए किसी दवा की खोज क्यों नहीं कर पाया? आज के इस तकनीकी युग में, यह विज्ञान की असफलता है। बहुत से बड़े-बड़े लोग हैं, हमारे कई राजनीतिक नेता हैं, जो स्मरणशक्ति के अभाव में पीड़ित हैं और कई वर्षों से उस पीड़ा को झेल रहे हैं, लेकिन जो इस पीड़ा को झेलते हैं, उनको भी यह अहसास नहीं होता है कि उन्हें इसके कारण

कितनी पीड़ा होती है, क्योंकि उनके पास स्मरणशक्ति ही नहीं होती है और मस्तिष्क इतना कमजोर हो जाता है, निर्बल हो जाता है कि वे कुछ सोच नहीं पाते हैं। मैं महताबजी को धन्यवाद देता हूँ कि उन्होंने इस बात को सदन में रखा और इसके जरिए संपूर्ण भारत और संपूर्ण विश्व के लोगों का ध्यान इस ओर आकृष्ट किया है। इसके लिए सरकार के तौर पर भी काम होना चाहिए और जो इतनी स्वयंसेवी संस्थाएँ हैं, हजारों-हजार करोड़ रुपए विदेशों से लेते हैं और दुनिया भर के कामों में और इधर-उधर के कामों में खर्च करते हैं, उनसे भी मैं आग्रह करूँगा कि उन्हें आगे बढ़कर इसको अपने हाथ में लेना चाहिए। ऐसे केंद्रों का निर्माण करना चाहिए, जो विधेयक में इन्होंने सुझाए हैं। वहाँ पर ऐसे वृद्ध लोगों को रखा जाए, उनकी सेवा की जाए, उन पर ध्यान दिया जाए। जो आदमी गरीब है, अगर उसके माँ-बाप इस रोग से पीड़ित हो गए और भुलक्कड़ हो गए तो वह अपने खेत में काम करने के लिए बाल-बच्चे समेत जाएगा कि अपने माँ-बाप की देखभाल करेगा? अगर माँ-बाप की देखभाल करने के लिए घर में बैठा रहेगा तो परिवार का पालन कैसे करेगा? ऐसे जो लोग गरीबी और निर्धनता में हैं, उनके लिए विशेष ध्यान देने की आवश्यकता है। उन्होंने ठीक ही कहा कि सरकार की तरफ से जिले में कोई केंद्र बनाया जाए, जिनको कहते हैं कि सेवा आश्रम के जैसे बनाया जाए, और ऐसे वृद्ध लोगों को वहाँ लाकर रखा जाए। वहाँ उनकी सेवा करने के लिए नर्स हो या डॉक्टर हो या कोई और सेवा करनेवाले हों, जो उनके खान-पान को देखें, कपड़े समय पर पहनाएँ, उनको नहलाएँ-धुलाएँ, उनको देखें-सुनें, उनकी सेवा-शुश्रूषा करें। इसके लिए भी सरकार की जिम्मेदारी है, लेकिन सरकार के साथ-साथ समाज की भी जिम्मेदारी है।

सभापति महोदय, हिंदुस्तान में संयुक्त परिवार की जो हमारी व्यवस्था थी, वह ज्यों-ज्यों टूटती गई, त्यों-त्यों व्यक्ति अकेला होता गया। आज परिवार नहीं है, आज व्यक्ति अकेला है। जब मैं बचपन में था, मैं गाँव में पला-बढ़ा, हमारे तीन दादा थे और मेरे सात चाचा थे, मेरे पिताजी और उनके एक भाई थे, कुल नौ लोग थे, लेकिन मैं देखता था कि सबके सब एक बड़े आँगन में ही रहते थे। वहीं खाते थे, वहीं सब बच्चे खेलते थे और सब एक-दूसरे का खयाल रखते थे, लेकिन आज व्यक्ति अकेला है, परिवार है नहीं, शहरीकरण के कारण से, पश्चिमी सभ्यता का प्रभाव पड़ा है। हमने देखा तो नहीं है, लेकिन सुनते हैं कि यूरोप में बूढ़ा मर जाता है तो पाँच दिन के बाद पता चलता है कि इस घर से बदबू आ रही है,

उसे खोलकर देखते हैं तो पता चलता है कि एक बूढ़ा मरा पड़ा है। उसकी लाश सड़ जाती है। हिंदुस्तान में भी धीरे-धीरे यह मानसिकता फैल रही है। इसलिए आवश्यकता इस बात की है कि हमको सांस्कृतिक तौर पर भी इस बात का प्रचार करना चाहिए और लोगों को शिक्षित करना चाहिए, संस्कारित करना चाहिए। हमारा वह संस्कार छूट गया है कि वृद्धों की सेवा करें, निर्बल की सेवा करें, निर्धन की सेवा करें, रोगियों की सेवा करें। इसे इस तरह से जोड़ा गया था कि इससे धर्म-लाभ होता है। आज मान्यताएँ बदल गई हैं, आज भौतिकवादी युग है। इस मान्यता के आधार पर समाज में ऐसा हो तो मुझे लगता है कि विद्यालयों में भी इस तरह की कोई पढ़ाई पढ़ाई जाए कि बचपन से ही उनकी मनोवृत्ति बदले, उनका संस्कार बदले, उनका स्वभाव बदले, उनकी प्रवृत्ति बदले और वृद्ध लोगों के प्रति उनके मन में स्नेह हो, सम्मान हो, सेवाभाव हो। यह जाग्रत् होना चाहिए, क्योंकि वह राष्ट्रीय समस्या है। ज्यों-ज्यों लोगों की आयु बढ़ी है, मृत्यु-दर कम हुई है, त्यों-त्यों एक समस्या है कि बूढ़ों की संख्या बढ़ती जा रही है।

मुझे संयोग से श्रीमान अटल बिहारी वाजपेयीजी ने मंत्री बनाया था, उनकी सरकार में मैं पूरे कार्यकाल मंत्री रहा। एक-दो बार विदेश जाने का मौका मिला। एक-दो जगह गया तो मैंने देखा कि वृद्ध पुरुषों और वृद्ध नारियों का झुंड एक साथ चलता था। मेरी पत्नी भी मेरे साथ थी, मेरे पी.एस. भी साथ थे, मैंने पूछा कि कैसे देश में हम चले आए, यहाँ तो जितने भी बूढ़े हैं, वे सब घर-बार छोड़कर केवल सड़क पर भटक रहे हैं। आखिर इनका कहीं ठौर-ठिकाना है या नहीं है, इन्हें कोई रखनेवाला है या नहीं, इनका घर-परिवार होगा या नहीं होगा? उन्होंने कहा कि इनको सरकार की तरफ से पेंशन मिलती है। ये सब मिलकर जमात बनाते हैं और गिरोह बनाकर घूमते रहते हैं, भ्रमण करते रहते हैं, खाते हैं, न पीते हैं, न परिवारवालों को इनकी चिंता है, न इनको परिवार से कोई मोह है। वहाँ जाकर लोग देखकर आते हैं और इसी कारण से हमारे यहाँ भी मोह छूट गया है। भाई-भाई के बीच में वह हिंदुस्तान वाला प्रेम नहीं है। इसको कैसे किया जाए, यह समस्या है। उस समस्या के निदान के लिए महताबजी ने कई उपाय भी बताए हैं। सरकारी स्तर पर उपाय किया जाए, सामाजिक स्तर पर उपाय किया जाए और जब तक उपाय नहीं किया जाएगा, तो यह बढ़ता चला जाएगा, लोग कष्ट झेलते रहेंगे।

यहाँ स्वास्थ्य मंत्रीजी बैठे हैं, उन्हें इस बारे में सोचना चाहिए। यहाँ इतने बड़े-बड़े विद्वान् लोग हैं, सरकार के इतने प्रशासनिक अफसर हैं, जो अपनी

योग्यता से, क्षमता से, विद्धत्ता से, प्रतिभा से, प्रतिस्पर्धा से इतनी ऊँची-ऊँची जगहों पर आते हैं। उनको इतनी ऊँची कुरसी पर बिठाकर इतना देते हैं। हिंदुस्तान में इतने डॉक्टर हैं, उन डॉक्टर्स को भी कहना चाहिए कि शोध करके आप कुछ-न-कुछ तो रास्ता निकालिए। आयुर्वेद के जो बड़े-बड़े वैद्य हैं, जो जानकार लोग कहीं पर हैं, उनके पास भी इसका कुछ इलाज है। मैं तो ज्यादा नहीं जानता हूँ, लेकिन थोड़ा-बहुत आयुर्वेद की किताब को पढ़ लिया है, खासकर रामदेव महाराजजी की जड़ी-बूटी की एक मोटी पुस्तक है, मैंने उसका अध्ययन किया है। कई जड़ी-बूटियों में ये गुण पाए गए हैं। आयुर्वेद के ग्रंथ में सबसे मूल बूटी ब्राह्मी बटी है, जिसका इस्तेमाल लोग वृद्धावस्था के समय में करते हैं, ताकि उनकी स्मरणशक्ति कम न हो, वह बढ़े।

इसी तरह से आयुर्वेद में भी बड़े-बड़े वैद्य और विद्वान् हैं, उनसे यह खोज कराई जाए, रास्ता निकाला जाए। एलोपैथी वाले भी निकालें। मेरा आग्रह होगा कि दुनिया के जितने भी विद्वान् हैं या इस क्षेत्र में काम करनेवाले चिकित्साशास्त्र के वैज्ञानिक हैं, उनसे मेरा यह अनुरोध होगा कि यह एक चुनौती है, तो उस चुनौती और समस्या का निदान खोजना ही विज्ञान का कर्तव्य और धर्म होता है। दुनिया भर के सोचनेवाले जो चिकित्सा विज्ञान के वैज्ञानिक हैं, इस पर कोई सेमीनार करें, कोई सम्मेलन करें। न हो तो भारत में ही उसको संगठित किया जाए, गोष्ठी का आयोजन किया जाए, उनको आमंत्रित किया जाए, इस पर विचार-विमर्श किया जाए और इसके बुनियादी निदान के लिए उपाय किए जाएँ। मैं साधारण किसान हूँ। मैं भी अब वृद्धावस्था की ओर जा रहा हूँ। बीमारियों के बारे में सुनता हूँ तो रोज ध्यान करते हुए और पूजा करते हुए परमात्मा से कहता हूँ कि और कुछ करना, न करना, ऐसी बीमारी कभी न देना, जो बुढ़ापे में कोई देखनेवाला न हो और हमारी हालत खराब हो जाए, हमारी दुर्गति हो जाए। दुनिया के सामने जब यह चुनौती है कि इस चुनौती का मुकाबला करना चाहिए और कहीं-न-कहीं किसी को आगे बढ़ना चाहिए, मैं स्वास्थ्य मंत्रीजी से आग्रह करूँगा कि भारत आगे बढ़े, नेतृत्व करे, दुनिया भर के ऐसे शोध करनेवाले और इस क्षेत्र में काम करनेवाले लोगों की गोष्ठी आयोजित करे। उनसे आग्रह करे कि इनके निदान निकालो। इतनी बीमारियों के लिए वैक्सीन निकल गई, कालाजार का निदान हमने निकाल दिया, चेचक का निकाल दिया, पोलियो का निकाल दिया—पोलियोमुक्त भारत, कालाजारमुक्त भारत, चेचकमुक्त भारत, यह सब हम कर रहे हैं, लेकिन क्या इस

बीमारी के लिए भी कोई ऐसी खोज करके ऐसी वैक्सीन नहीं निकाल सकते कि वृद्धावस्था में लोगों को यह वैक्सीन दे दी जाए कि उनको ये रोग न होने पाए, इस रोग से मुक्ति मिले! विज्ञान चाहे तो खोज सकता है, लेकिन इस ओर ध्यान देने की जरूरत है। आखिर लोगों ने इस पर ध्यान दिया ही नहीं है। वे सोचते हैं कि यह तो कहीं-कहीं है। जिस घर में है, उस घर में पड़े हैं, यह उनकी निजी समस्या है और उससे निपटना चाहिए, लेकिन यह निजी समस्या नहीं है, यह राष्ट्र की समस्या है, यह परिवार की समस्या है। जब तक समाज में प्रतिबद्धता नहीं आएगी, जब तक सरकार में प्रतिबद्धता नहीं आएगी, तब तक ऐसी समस्याओं का समाधान हम ढूँढ़ नहीं सकते हैं। इतने पैसे खर्च होते हैं योजनाओं पर, महताबजी कह रहे थे कि केंद्र बनाना हो, इनके इलाज के बारे में सोचना हो, सेवा-शुश्रूषा केंद्र हो, इसके बनाने में अगर कुछ खर्च होगा तो आखिर इतने बड़े-बड़े जो पब्लिक अंडरटेकिंग्स हैं या उद्योगपति हैं, उनको भी सोशल सेक्टर में काम करने का, सामाजिक क्षेत्र में काम करने के लिए नियम है कि अपनी आय का दो प्रतिशत या पाँच प्रतिशत सामाजिक क्षेत्र में लगा सकते हैं, सोशल सेक्टर में लगा सकते हैं। उसमें इसको भी जोड़ दिया जाना चाहिए कि सोशल सेक्टर में काम करने में प्राथमिकता इसको दी जानी चाहिए कि जो वृद्ध लोग हैं, जो असहाय हैं, ऐसे वृद्ध लोग, जो असमर्थ हैं, ऐसे वृद्ध, जो अपंग हैं, ऐसे वृद्ध हैं, जो निर्धन और गरीब हैं, गरीबी और निर्धनता के कारण उनको कोई देखनेवाला नहीं है। न दवा करनेवाले हैं, न सेवा करनेवाले हैं। उनको उठाकर सोशल सिक्योरिटी फंड से ऐसे केंद्र बनाए जाएँ कि उसमें उनको लाकर रखा जाए, देखभाल की जाए, दवा की जाए। भोजन और वस्त्र की व्यवस्था की जाए। इस दृष्टि से ममता और करुणा की दृष्टि से समाज को देखना पड़ेगा और सरकार को भी देखना पड़ेगा। केवल इस दृष्टि से नहीं देखना है कि बूढ़ा है। कोई आदमी कहे कि बूढ़ा हो गया, मर जाएगा तो क्या होगा, ऐसा कहनेवाले लोगों की भी कमी नहीं है। मैं बचपन से गाँव में पला और गाँव में बचपन से देखा, जो बूढ़े लोग होते हैं, एक अवस्था के बाद जब उनकी तरफ देखता हूँ, उनकी तकलीफ और वेदना को देखता हूँ, कोई पूछनेवाला नहीं है, कोई खिलानेवाला नहीं है और ऊपर से इन जैसे भयंकर रोग से पीड़ित हो जाते हैं तो उनकी दुर्दशा होती है।

महाभारत में सोचकर माता गांधारी ने श्रीकृष्ण को कहा था कि 'केशव जरा कष्टम, कष्टम निर्धन जीवनम, पुत्र शोकम महाकष्टम, कष्टा अति कष्टम क्षुधाः।

सबसे ज्यादा कष्टदायक भूख है और उसके साथ निर्धनता भी है और वृद्धावस्था भी जुड़ जाए तो समझिए कि उस व्यक्ति का जीवन नरकमय हो जाता है। मैं इस विधेयक का समर्थन करता हूँ, इसलिए समर्थन करता हूँ, क्योंकि यहाँ बैठे जितने लोग हैं, उन्हें एक-न-एक दिन इस अवस्था में पहुँचना ही है। जब मेरे सामने कुछ नौजवान आते हैं और बातचीत करने लगते हैं तो मैं कहता हूँ कि तुम क्या बातचीत करते हो, तुम्हारी दुनिया को तो मैंने चालीस साल देखा है, लेकिन मेरी दुनिया को तुम्हें देखने के लिए अभी बहुत समय लगेगा। तुम्हारी दुनिया को मैं देखकर आया हूँ और मेरी दुनिया तुम नहीं देख पाए हो। जब मेरी दुनिया में प्रवेश करोगे, तब आकर मुझसे बात करना। इसलिए तुम अभी नहीं समझोगे। इसलिए मेरी प्रार्थना सदन से भी है और सरकार से भी है तथा दुनिया भर के वैज्ञानिकों और चिकित्साशास्त्र के महापंडितों से भी है कि यह विश्व की चुनौती है।

श्री ए.पी. जितेंद्र रेड्डी (महबूबनगर): हुक्मदेवजी, आप तो जवान हैं, फिर भी इस विषय पर बोल रहे हैं!

श्री हुक्मदेव नारायण यादव (मधुबनी) : कौन जवान है?

श्री ए.पी. जितेंद्र रेड्डी (महबूबनगर) : आप अभी जवान हैं।

श्री हुक्मदेव नारायण यादव (मधुबनी) : कभी तो मैं बूढ़ा होऊँगा। आपको अगर मैं 76 साल की अवस्था में भी जवान दिख रहा हूँ तो यही समझिए कि मैं पुराने भारत का नमूना हूँ।

श्री भर्तृहरि महताब (कटक) : लगता है कि रेड्डीजी को ययाति की कहानी याद नहीं है।

श्री हुक्मदेव नारायण यादव (मधुबनी) : आपने सही कहा है कि ययाति ने अपने अंतिम समय में अपने पुत्र से जवानी उधार माँगी थी। महताबजी, यह भी वेदना की बात है कि एक ऐसी स्थिति आई थी कि ययाति को अपने पुत्रों से जवानी उधार माँगने की याचना करनी पड़ी थी और चार पुत्रों में से तीन पुत्रों ने इनकार कर दिया था। एक पुत्र अपनी जवानी देने के लिए तैयार हुआ था और उसे ययाति ने अपना उत्तराधिकारी बनाया था। प्रसंग कुछ अलग है।

मैं आप सभी से प्रार्थना करूँगा और अपनी बात को समाप्त करूँगा कि मैं इसलिए इस विधेयक का समर्थन करने के लिए आया हूँ, क्योंकि हर व्यक्ति की जिंदगी में एक-न-एक दिन बुढ़ापा आनेवाला है। सभी को इस बुढ़ापे के समय से गुजरना है, इसलिए सभी को मिलकर इसके निदान खोजने में लगना

चाहिए। सरकार तथा स्वास्थ्य मंत्रीजी इसे प्राथमिकता दें तथा भारत को इस विषय पर विश्व में सामने आना चाहिए और विश्व को आमंत्रित करके एक सेमिनार आयोजित करें, इसका निदान निकालें। इस बात की व्यवरथा कैसे हो कि भारत के वृद्ध लोग कष्ट में न रहें, सुख से मरें, खुशहाल होकर मरें और कम-से-कम जो इस देश में पैदा हुआ है, बड़ा हुआ है, इस देश के लिए खून-पसीना बहाया है, तो वह मरते समय कम-से-कम हँसते-हँसते हुए भारत माता की गोद में अपने प्राण अर्पित करे, ऐसी व्यवस्था होनी चाहिए। मैं इस विधेयक का समर्थन करता हूँ। धन्यवाद।

(27 फरवरी, 2015)

□

गैर-सरकारी संकल्प पर चर्चा

श्री हुक्मदेव नारायण यादव (मधुबनी) : उपाध्यक्ष महोदय, इस विषय पर बहुत विस्तार से चर्चा हुई है। कई माननीय सदस्यों ने महत्त्वपूर्ण सुझाव भी दिए हैं। मैं उन सुझावों की ओर न जाते हुए यह कहना चाहूँगा कि इस देश में स्कूलों में संस्कारित करनेवाली शिक्षा पर प्रतिबंध लगाया गया और कहा गया कि ऐसी शिक्षा देना सांप्रदायिकता है। जब हम चौथी-पाँचवीं क्लास, यानी मिडल क्लास तक पढ़ते थे, तब रहीम, रसखान, कबीर के दोहे, जो मनुष्य के चरित्र का निर्माण करते थे, संस्कार देते थे, उसे मानवीयता के गुणों से परिपूर्ण करते थे, उन सबको छोड़ दिया गया। अब ऐसा पढ़ाया जाने लगा है, जिससे उसके हृदय में मानवीयता नहीं रहती। समाज को केवल भौतिकता और भौतिकवाद की ओर मोड़ने का काम हुआ है। ऐसे उपद्रव या आक्रमण इसलिए होते हैं, क्योंकि उसके हृदय में मानवता नहीं है, मानवीयता नहीं है। ऐसे लोगों में मानवीयता और मानवीय गुण कैसे आएँ, यह हमें देखना होगा। एक, इसके लिए शिक्षा में परिवर्तन करने की आवश्यकता है। दूसरा, इस तरह के अपराध करनेवाले लोग दुष्ट प्रवृत्ति के होते हैं। वे मनुष्य कभी नहीं हो सकते। उनकी प्रवृत्ति और प्रकृति ही बिगड़ जाती है। ऐसे लोगों को सजा के द्वारा ही सही किया जा सकता है। बिना दंड के भय से समाज रुकता भी नहीं है। साम, दाम, दंड विभेद। यह जो दंड का प्रावधान है, उसे भी सख्त किया जाना चाहिए। इस तरह के अपराध करनेवालों को आजीवन कारावास दिया जाए या मृत्युदंड दिया जाए। उसके साथ-साथ ऐसे अपराध करनेवाले की सारी संपत्ति जब्त कर ली जाए और पीड़ित के इलाज में जो भी खर्च हो, वह उससे वसूल किया जाए। तीसरी बात यह है कि सरकार किस बात के लिए है, चाहे केंद्र सरकार हो या राज्य सरकार हो, किसी एक पर जिम्मेदारी न देते हुए यह करना चाहिए कि पीड़ित के इलाज में जो भी खर्च हो, उसे सरकार खुद उठाए।

अंत में, मैं कहूँगा चाहूँगा कि तेजाब की बिक्री पर नियंत्रण हो और प्रतिबंध लगे। उस पर ठीक से कोई कानून बने, जिससे लोग तेजाब न ले जा सकें। अगर कोई तेजाब ले भी जाए, तो दुकान पर उसका पता रहना चाहिए, जिससे मौका लगने पर उसे खोजा भी जा सके। अगर हम इस तरह के प्रोविजंस करेंगे तो एसिड अटैक को रोका जा सकता है।

महिलाओं के संबंध में भारतीय संस्कृति की एक परंपरा रही है। हम उनकी पूजा, आराधना करते हैं, उसके बावजूद यह अपराध हो रहा है। इसका मतलब है कि हमारी अपनी संस्कृति, सभ्यता, संस्कार, आचार-विचार, व्यवहार या हमारे पूर्वजों द्वारा जो परंपरा बनाई गई है, उसमें मेरी आस्था नहीं है। भारत में अपराध बढ़ने का एक और कारण है कि हिंदुस्तान में जब से भारतीय संस्कार में कमी आने लगी है और हम पाश्चात्य संस्कार के कारण भौतिकवादी होने लगे हैं, तब से हमारी इस भौतिकवादी मनोवृत्ति ने समाज को विकृत किया है। इस भौतिकवादी मनोवृत्ति से समाज को निकाला जाए और बचपन से ही बच्चे को संस्कारित किया जाए। उसे शिक्षा भी इस तरह से दी जाए, जिससे उसके संस्कार बनें। मानव को मानव समझे, उसके हृदय में मानवीयता आए, आध्यात्मिक गुण आएँ, आत्मा का बोध आए। इससे उसका चरित्र बदलेगा, प्रकृति बदलेगी, प्रवृत्ति बदलेगी। इन सबको अगर हम समग्रता से सोचेंगे तो कोई निदान निकाल सकते हैं। धन्यवाद।

(12 दिसंबर, 2014)

□

शून्यकाल

श्री हुक्मदेव नारायण यादव (मधुबनी) : उपाध्यक्ष महोदय, कुशल-अकुशल मजदूर के लिए न्यूनतम वेतन निर्धारित है। उसके अनुसार अगर उन्हें वेतन भुगतान न किया जाए तो उस पर कानूनी काररवाई होती है। लेकिन यह देश का दुर्भाग्य है कि हिंदुस्तान में हजारों-लाखों ऐसे इंजीनियरिंग पास लोग हैं, बी.टेक., एम.टेक. या प्रोफेशनल शिक्षा प्राप्त लोग हैं, जैसे एमबीए की शिक्षा लिये हुए हैं, उनके लिए कोई वेतन निर्धारित नहीं है। ऐसे इंजीनियर नौजवानों को इंजीनियरिंग पास करने के बाद भी पंद्रह हजार रुपए मजदूरी पर मजदूर के जैसे काम करना पड़ता है। यह उनकी प्रतिभा, योग्यता, क्षमता दक्षता का अपमान है।

मैं सरकार से माँग करता हूँ कि इन इंजीनियरिंग पास नौजवानों के लिए भी कम-से-कम 25,000 रुपए महीना वेतन निर्धारित किया जाए। इसके लिए कानून बनाएँ और सभी कंपनियों पर और सरकारी, गैर-सरकारी क्षेत्रों पर इसे लागू करें कि किसी भी इंजीनियर लड़के की 25,000 रुपए से कम पर भरती नहीं की जाएगी। अगर कहीं ऐसा है तो उसे बढ़ाकर इस स्तर पर भुगतान करें, यही मेरी प्रार्थना है।

(12 दिसंबर, 2014)

□

राष्ट्रपति के अभिभाषण पर चर्चा

श्री हुक्मदेव नारायण यादव (मधुबनी) : सभापति महोदय, सदन में महामहिम राष्ट्रपतिजी के अभिभाषण पर जो धन्यवाद प्रस्ताव प्रस्तुत किया गया है, मैं उसके समर्थन में खड़ा हुआ हूँ। भाषण के अलावा मैं वैसे भी भारत के राष्ट्रपतिजी को हृदय से इसलिए भी धन्यवाद देता हूँ कि वे भारत के एक गाँव से चले थे, स्वतंत्रता आंदोलन के एक परिवार से निकले थे, गाँवों को देखते-देखते लंबे अनुभव के बाद भारत के राष्ट्रपति भवन तक पहुँचे हैं। उन्होंने देश को देखा है, समाज को देखा है। इसलिए इस भाषण में भी उनके इस चिंतन और अनुभव के प्रभाव जरूर हैं। मेरे जैसे अनेक राजनीतिक कार्यकर्ताओं को राष्ट्रपतिजी ने व्यक्तिगत रूप से राजनीतिक जीवन में प्रोत्साहन दिया। वह आज के राजनेताओं में संभव नहीं है।

मैं इस भाषण को प्रारंभ करने से पहले कहना चाहूँगा कि कांग्रेस पार्टी के नेता मल्लिकार्जुनजी जब भाषण दे रहे थे, उन्होंने अपने भाषण में भारत में जाति प्रथा का जिक्र करते हुए कहा कि आज भी गाँवों में जो पिछड़े, दलित या वनवासी समाज के लोग हैं, उनके साथ सामाजिक भेदभाव होता है, यह उनकी पीड़ा है। उनको प्रताड़ित किया जाता है, वे लोग उपेक्षित हैं। हमारे कुछ साथियों को यह बात अच्छी नहीं लग रही थी, वे उपहास कर रहे थे। लेकिन मैं कहना चाहूँगा कि हमारे बिहार में यह कहावत है कि 'जाके फटे न पैर बिवाई, वो क्या जाने पीर पराई।' जिसने गरीबी, दु:ख, उपेक्षा और अपमान को नहीं देखा है, वह किसी की पीड़ा को क्या समझ पाएगा ? मैं भी उसका भुक्तभोगी हूँ। मैंने 1960 में ग्राम पंचायत का चुनाव लड़ा था। अब 1960 से लेकर आज तक 54 वर्ष तक हिंदुस्तान की राजनीति में मैं चुनाव लड़ता रहा। ग्राम पंचायत से यात्रा प्रारंभ करते हुए, विधानसभा होते हुए, लोकसभा, राज्यसभा से होते हुए भारत सरकार के मंत्रिमंडल तक गया, लेकिन आज भी कहीं-न-कहीं मेरे अंदर वह पीड़ा जरूर रहती है, जो

मैंने अपने बचपन और जवानी में भोगी थी। उस पीड़ा को मैं कभी नहीं भूल सकता और यही लोकसभा के चुनाव में भी था। क्या कारण था कि एक चाय बेचनेवाला, गरीब मजदूर का बेटा, पिछड़े वर्ग में जिसने जन्म लिया, वह भारत के प्रधानमंत्री पद का चुनाव लड़ रहा था, तो उस समय ऐसे बहुत नेता थे, जो यह कहते थे कि क्या प्रधानमंत्री का चुनाव लड़ते हो? मेरे ऑफिस के सामने चले आओ, मेरे घर के सामने आ जाओ, चाय की दुकान खुलवा देते हैं! क्या ये सब बातें यह नहीं बताती हैं कि हिंदुस्तान के अंदर जाति प्रथा का रोग कहाँ तक व्याप्त है कि अगर हिंदुस्तान के किसी गरीब, पिछड़े या दलित का बेटा भारत के प्रधानमंत्री बनने का सपना देखता है और आगे बढ़ता है तो उसकी उपेक्षा की जाएगी, उसका उपहास किया जाएगा, उसके प्रति व्यंग्यात्मक शब्द कहे जाएँगे? यही भारत की जाति प्रथा के बारे में मैं कहना चाहता हूँ कि भारत में जाति प्रथा थी, अब भी है और जाति प्रथा तब तक रहेगी, जब तक कि हिंदुस्तान के करोड़ों गरीब, पिछड़े, दलित, निर्धन, निर्बल, उपेक्षित, प्रताड़ित और पीड़ित रहेंगे। माननीय प्रधानमंत्रीजी ने उन लोगों को उस पीड़ा, प्रताड़ना से निकालने के लिए जो कदम उठाया है, इसलिए भारत के प्रधानमंत्रीजी को भी मैं हृदय से धन्यवाद देता हूँ, क्योंकि उन्होंने उस गरीबी, उस पीड़ा और उस प्रताड़ना को भोगा है। इसलिए वे चाहते हैं कि देश के गरीब, निर्धन और निर्बल को वह प्रताड़ना न भोगनी पड़े। इसलिए उस तरह की योजनाएँ बनती हैं, जिससे समाज के गरीबों का उद्धार होगा। आज भी समाज के जो बड़े लोग हैं, ऊपरवाले लोग हैं, निहित स्वार्थी लोग हैं, संपन्न लोग हैं, जब वे गरीब, पिछड़े और दलित को ऊपर उठने की बात देखते हैं, उनको ऊपर सम्मान के पद पर देखते हैं तो कहीं-न-कहीं उनके मन में यह पीड़ा जरूर होती है कि कहाँ से यह ऊपर उठकर आ रहा है? इसलिए उन योजनाओं का विरोध भी करते हैं और उस व्यक्ति का विरोध भी करते हैं। इसलिए मैं प्रार्थना करना चाहूँगा कि जब तक समाज में ये जातीय बंधन हैं, तब तक समाज पीड़ित रहेगा। नरेंद्र मोदीजी के अपने मंत्रिमंडल से तैयार महामहिम राष्ट्रपतिजी ने जो भाषण दिया है, उसमें उन्होंने जाति को तोड़ने के लिए, गरीबी-अमीरी के भेदभाव को मिटाने के लिए, शहर और देहात के भेदभाव को मिटाने के लिए, कृषि और उद्योग के भेद को मिटाने के लिए, किसान और उद्योगपति के भेद को मिटाने के लिए समरस समाज और डॉ. लोहिया के समता समाज की स्थापना के लिए जो कदम उठाने के लिए जिन कार्यक्रमों की घोषणा की है, उसके लिए अभिनंदन के पात्र हैं।

हिंदुस्तान के गाँव, गरीब, किसान, मजदूर सब आभारी हैं। मैं इस संसद् में खड़ा होकर अपने इस छोटे समय में केवल यही कहूँगा कि गाँव, गरीब, मजदूर, किसान मिलकर बनाएगा हिंदुस्तान और उनके लिए श्री नरेंद्र मोदीजी ने जो कार्यक्रम चलाया है, वह नरेंद्र मोदीजी का आभारी रहेगा, ऋणी रहेगा। आनेवाली पीढ़ी, गाँव, गरीब, किसान, मजदूर नरेंद्र मोदीजी के प्रति जय-जयकार करता रहेगा, उनके प्रति सदा आभारी रहेगा। धन्यवाद।

(26 फरवरी, 2015)

□

मनरेगा पर बहस (नियम 193)

श्री हुक्मदेव नारायण यादव (मधुबनी) : सभापति महोदया, माननीय सदस्य बोल रहे थे, आँकड़े भी दे रहे थे, वे एक प्रदेश के बारे में ज्यादा कह रहे थे और अन्य प्रदेशों के संबंध में भी उदाहरण दे रहे थे। मैं अपनी पार्टी के नेताओं को धन्यवाद दूँगा कि उन्होंने मुझे पहले वक्ता के रूप में अवसर दिया है।

पंडित बाँचे पोथिन लेखा।
कबीरा बाँचे आँखिन देखा॥

हिंदुस्तान में एक तो ऐसे लोग हैं, जो किताब पढ़कर बोलते हैं, दूसरे आँख से देखकर अनुभव से बोलते हैं। जो अनुभव-आधारित ज्ञान है, वही परफेक्ट नॉलेज है। किताब के ज्ञान को कभी हम पूर्ण ज्ञान नहीं मानते हैं। इसलिए मैं इस विषय पर जब बोलूँगा तो सभी माननीय सदस्यों से कहूँगा कि 'जो दर्शन करना चाहिए तो दर्पण माँजत रहिए, दर्पण में लागा काई तो दरस कहाँ से पाई'; हम इस संसद् में जब बैठते हैं तो बात करने लगते हैं, यह हिंदुस्तान न केवल मजदूर का है, न केवल किसान का है, न केवल व्यवसायी का है, न केवल उद्योगपति का है, न केवल विद्वान् का है, न केवल अनजान का है, यह देश समग्र भारत में बसनेवाले नीचे से ऊपर तक के सभी लोगों का है और इस धरती पर, इस मिट्टी पर सबका समान अधिकार है। यह भारत देश है। प्रधानमंत्री नरेंद्र मोदीजी जब कहते हैं कि 'सबका साथ, सबका विकास' तो उसमें नीचे से ऊपर तक सबका सहयोग चाहिए, सबका विकास चाहिए, समग्रता में चिंतन चाहिए, हम समग्रता में चिंतन करें।

अभी त्रिपुरा के माननीय सदस्य बोल रहे थे, 15वीं लोकसभा में विख्यात नेता, मार्क्सवादी पार्टी के 15वीं लोकसभा में नेता थे, पुराने मार्क्सवादी नेता बसुदेव आचार्यजी, वे कृषि संबंधी स्थायी समिति के अध्यक्ष थे। मैं पाँच वर्ष तक लगातार उनके साथ कृषि समिति का सदस्य रहा। हमने संपूर्ण भारतवर्ष में दौरा किया। देश

भर के किसानों के सभी दलों के संगठनों को बुलाया गया। गैर-सरकारी संगठनों को बुलाया। कृषि क्षेत्र में जो एन.जी.ओ. काम करते थे, उनको बुलाया। अभिलेख है कि भारतवर्ष के सभी किसान संगठनों ने एक स्वर से माँग की थी कि अगर किसानों का हित चाहते हैं और खेती की तरक्की चाहते हैं तो इस मनरेगा को बंद कर दीजिए। यह किसान की दृष्टि है। मैं बोलूँगा, क्योंकि, मैं किसान हूँ। मैं ऐसे ही नहीं बोल रहा हूँ। मैं केवल चुनाव लड़कर लोकसभा में नहीं आ गया हूँ। मैं दो बार ग्राम पंचायत का प्रधान रहा हूँ। एक बार ब्लॉक का प्रेसीडेंट रहा। एक बार जिला परिषद् का अध्यक्ष रहा हूँ। तीन बार मैं विधानसभा का सदस्य रहा और तब पाँचवीं, छठवीं बार संसद् का सदस्य हूँ। मैं गाँव की गली से चला हूँ, खेत की मेंड़ से चला हूँ। अपने हाथ से हल चलाया, कुदाल चलाया, खुरपी चलाई, हँसुआ चलाया, धान के विचरे उखाड़े, धान की रोपनी की, अपने हाथ से कटनी की, अपने हाथ से सिर पर उस धान के बंडल का बोझा भी ढोकर खलिहान तक लाया। मैंने किसान के दर्द को देखा है, मेरे पूर्वज भी किसान थे। इसीलिए मैंने कहा कि—'दरसन करना चाहिए तो दरपन माँजत रहिए, दरपन में लागा काई तो दरस कहाँ से पाई।' मनरेगा योजना क्यों बनी ? किसी चीज का मूल्यांकन करें, आज हिंदुस्तान में क्या हमारे साथी लोग कभी इस बात की समीक्षा करेंगे कि सन् 1951 की जनगणना के मुताबिक खेतिहर मजदूरों की संख्या 28.01 प्रतिशत थी और 2011 में 54.09 प्रतिशत हो गई है ? आखिर यह संख्या क्यों बढ़ी, किसने बढ़ाई ? जो किसान थे, वे मजबूर होकर खेतिहर मजदूर बन गए। जितनी 26 प्रतिशत किसानों की संख्या में कमी हुई है, उतनी ही 26 प्रतिशत खेतिहर मजदूरों की संख्या में बढ़ोतरी हुई है। इसका मतलब यह है कि यह आँकड़ा स्पष्ट करता है कि किसान जितना कम हुआ है, उतना खेतिहर मजदूर बना है। खेतिहर मजदूर का मतलब क्या है ? जिसको मार्क्सवादी लोग सर्वहारा कहते हैं, 'Dictatorship of the proletariat', यह सर्वहारा का मतलब क्या है ? मैं कभी-कभी साधु-संतों की संगति में बैठता हूँ, शब्दों का विश्लेषण करता हूँ तो सर्वहारा का मतलब होता है, जो सबकुछ हारा हुआ हो। तन का हारा, मन का हारा, धन का हारा, विद्या का हारा, बुद्धि का हारा, पेट में भरपेट रोटी न हो, तन पर भर तन कपड़ा न हो, पाँव पसारकर सोने के लिए परिवार भर को मकान न हो, वह है सर्वहारा।

मैं पूछना चाहता हूँ कि सर्वहारा का नारा देनेवाले जितने लोग रहे, उनके राज्यों में सर्वहारा की कितनी उन्नति हुई और कितने ऊपर गए और उसमें से कितना

नेतृत्व पैदा हुआ, जो केंद्रीय स्तर से लेकर प्रांतीय स्तर तक आया? नेता, नीति और नीयत। नेता भी दुरुस्त हो, नीति भी साफ हो, अगर नीयत खराब हो तो नेता के देखने से और नीति के रटने से कुछ नहीं मिलेगा। आज भारत का सौभाग्य है कि भारत को जो प्रधानमंत्री मिले हैं, वे नेता भी सही हैं, नीति भी सही है और नीयत भी साफ है। 'गाँव, गरीब, मजदूर, किसान, मिलकर बनाएँगे हिंदुस्तान', यह स्पष्ट दृष्टि है, लेकिन देखने की बात है, जैसा मैंने पहले कहा कि आपकी दृष्टि जैसी होगी, वैसा आप देखेंगे, जैसी दृष्टि मेरी होगी, वैसा हम देखेंगे।

सभापति महोदय, सबकुछ की अदला-बदली हो सकती है, लेकिन दृष्टि की अदला-बदली नहीं हो सकती है, क्योंकि वह तो अंदर से प्राप्त होती है और अंतर्मन की दृष्टि अलग होती है, वह कोई दे नहीं सकता, किसी से उधार ले नहीं सकता। भले कोई विद्वान् हो जाए, आँकड़े दे दे, किताबों में से जाल निकाल दें, लेकिन मैं पूछना चाहता हूँ कि हिंदुस्तान में काम देने के लिए किताब में कहते हैं कि इतना दो। केवल हिंदुस्तान अकेले त्रिपुरा नहीं है। केवल हिंदुस्तान अकेले तमिलनाडु, बिहार और उत्तर प्रदेश नहीं है। हिंदुस्तान की भौगोलिक स्थिति, प्राकृतिक स्थिति, सामाजिक स्थिति अलग-अलग हैं।

मैं पूर्वी उत्तर प्रदेश के साथ लगे बिहार का रहनेवाला हूँ। चाहे हरियाणा, पंजाब या जहाँ का भी किसान हो, जहाँ तीन फसला खेती है, वह खेत 12 महीनों में से मुश्किल से डेढ़-दो महीने खाली रहता है, नहीं तो हमेशा फसल रहती है। मिट्टी कहाँ काटेंगे, कहाँ से मिट्टी काटने देंगे? हम अपनी फसल कटवाकर दे देंगे। आज मेरे यहाँ बिहार में, मेरी ही पंचायत में मनरेगा वाले जाते हैं और किसान अपने खेत में मिट्टी नहीं काटने देते हैं। ये कहते हैं कि 60 परसेंट मिट्टी का काम करो और 40 परसेंट पक्का काम करो। कागज में करो, चाहे हो या न हो। कागज में करो तो कागज में लिखो, कागज में अँगूठा छापो, कागज में लो, कागज में भुगतान करो, चाहे किसी के हाथ में जाए या न जाए! 'खाता न बही और मनरेगा का एजेंट जो कहे, वह सोलह आना सही।' सरकारी अफसर जो कहे, वह सोलह आना सही। यही तो हो रहा है। आप जो बात यहाँ करते हैं, मैंने उसको देखा है।

खेतों में गेहूँ लगे होते हैं और उसमें से मिट्टी काटकर आज 'प्रधानमंत्री ग्राम सड़क योजना' में डाल दी जाती है। किसानों की मिट्टी गई, गाँव में सड़क बनी, यह बड़ी अच्छी बात है, लेकिन आज खेती केवल खेती नहीं है। मेरे दादाजी, पिताजी खेती करते थे, तो वे खेती करते थे, पर आज जब मैं खेती करता हूँ या मेरे

बच्चे खेती करते हैं, तो उनकी खेती का व्यवसायीकरण हुआ है, क्योंकि उसमें पूँजी का इनवेस्टमेंट होता है। उसमें खाद डालते हैं, बीज डालते हैं, पैसे लगाते हैं, पूँजी लगाते हैं, उत्पादन बढ़ाते हैं, उत्पादकता बढ़ाते हैं। उससे किसी तरह अपना जीवन और जिंदगी चलाते हैं और उससे दो पैसे कमाते हैं तो बच्चों को पढ़ाते हैं, बेटी का विवाह करते हैं, बाप का श्राद्ध करते हैं। यही तो हमारी पूँजी है। हमारा रिजर्व बैंक तो हमारा गेहूँ है। रिजर्व बैंक, धान है। रिजर्व बैंक, ज्वार-बाजरा है। रिजर्व बैंक, सरसों है। वह फसल हमारी रिजर्व बैंक है, जो हमारे घर में बोरी में बंद है, जिसे जब चाहते हैं तो ले जाते हैं, बाजारों में बेचते हैं और पैसा लाकर अपना काम करते हैं, वह है रिजर्व बैंक।

इसलिए मेरी आपसे विनम्र प्रार्थना है। जब योजना आयोग का रूपांतरण हो सकता है तो यह मनरेगा और फूड सिक्योरिटी का रूपांतरण क्यों नहीं हो सकता? क्या यह परम ब्रह्म परमेश्वर का अवतार है, क्या ये भगवान् के अवतार हैं कि इनके रूप नहीं बदले जा सकते हैं? जब योजना आयोग का रूपांतरण हो सकता है, उसका ग्रामीणीकरण हो सकता है, उसका लोकतंत्रीकरण हो सकता है, जब जनोन्मुखी बनाने की योजना चल सकती है, जब देश में एक नई राह बनेगी तो पुरानी राह पर चलनेवाले को थोड़ी तकलीफ जरूर होगी। यह शिखर से लेकर सतह तक की बात है। पहले योजना शिखर से लेकर सतह तक बनती थी। एक पाइप लगता था, जिससे पानी नीचे तक जाता था। उसके साथ-साथ दूसरा पाइप लगता था, जिसके मार्फत पानी वहाँ जाने से पहले रिटर्न होता था और जगह-जगह टोंटी लगी होती थी और सब जगह वह पानी गिरते-गिरते शिखर से चलकर सतह में, जमीन में गए बगैर फिर लौटकर शिखर तक आता था और जगह-जगह वह पानी गिरता था। ये योजनाएँ किसलिए बनी थीं? योजना चलाओ, गरीबों को मूर्ख बनाओ, मुंगेरी लाल के हसीन सपने दिखाओ, उनको कहो कि सबकुछ मिलेगा, इसके नाम पर वोट बटोरो और शिखर से लेकर सतह तक भ्रष्टाचार का जाल बिछाओ! शिखर का भ्रष्टाचारी आएगा, सतह तक भ्रष्टाचार ले जाएगा और जब चुनाव आएगा तो भ्रष्टाचारी-भ्रष्टाचारी एक बन जाएँगे, सारे भ्रष्टाचारी मिल जाओ, मुझे वोट देकर सत्ता तक पहुँचाओ, हम भी लूटें, तुम भी लूटो, लूट-बाँटकर खाओ, देश को रसातल में पहुँचाओ! ये जो भारत की योजनाएँ बनती रही हैं, इन योजनाओं से अब देश को मुक्ति पाने का समय आया है, भारत के रूपांतरण का समय आया है, कायाकल्प का समय आया है। श्री नरेंद्र मोदी के नेतृत्व में भारत का कायाकल्प

होने जा रहा है, भारत का रूपांतरण होने जा रहा है। इसलिए कुछ खलबली जरूर मचेगी।

मैं अपने उन साथियों से कहना चाहता हूँ कि आखिर इन पैसों से गरीबों को काम देना है न? अगर सभी गाँव की गलियों का पक्कीकरण कर दिया जाता, खड़ंजा लगा दिया जाता, पी.सी.सी. में ढाल दिया जाता तो आज वहाँ स्थिति अच्छी होती। हमारे बिहार में, पूर्वी उत्तर प्रदेश में, बंगाल में, असम में, चाहे जहाँ कहीं भी बाढ़ प्रभावित क्षेत्र हैं, चार महीने उन गाँवों की औरतों को जो तकलीफ होती है, उस तकलीफ का अहसास वही करेगा, जिसे एक बार औरत का जन्म लेकर उस इलाके में जाना पड़ेगा। इसके बिना वह उस दर्द को कैसे समझेगा? चार महीने तक घुटने भर कीचड़ है, कहीं निकलने का रास्ता नहीं है, उस समय उनको शौच लग जाए तो वे उस घुटने भर कीचड़ में कहाँ जाएँ, किधर शौच को जाएँ? वे अपने पाखाने को पेट में बारह घंटे तक सड़ाकर रखती हैं, इसलिए हिंदुस्तान की माताएँ बीमार होती हैं। जब माताएँ बीमार रहेंगी तो बच्चे भी बीमार और विकलांग पैदा होंगे। इसलिए हिंदुस्तान में विकलांग बच्चों की संख्या ज्यादा है। आपने ग्रामीण भारत का रूपांतरण क्यों नहीं किया, अगर गाँवों को खुशहाल बनाना था तो इन पैसों को क्यों नहीं लगाया? आपने नारा लगाया कि शौचालय बनाएँगे, शौचालय बनाएँगे। क्या, कहाँ? आधा देगा पी.एच.ई.डी. और आधा देगा मनरेगा।

बताइए, कौन सी योजना बना रहे हैं? खिचड़ी बनाओ, चावल तुम्हारा, दाल मेरी, तुम चावल लगाते जाओ, दाल हम न देंगे, खिचड़ी कैसे बनेगी, तो आप खा लेना। अगर मनरेगा के कुल पैसे को एक काम में लगा दिया जाता कि स्वच्छ भारत का निर्माण करना है, सर्व स्वच्छता अभियान, श्रीमान अटल बिहारी वाजपेयीजी की सरकार में जो चलाया गया था, उस सर्व स्वच्छता अभियान के तहत अगर हर घर में शौचालय बनाने के लिए मनरेगा की राशि को लगा दिया गया होता, तो आज गाँव से गंदगी मिट गई होती। यह क्यों नहीं किया गया, उस पैसे को क्यों नहीं लगाया गया? क्योंकि हमारी नीयत नहीं थी, हमारी आँख में आँसू थे, लेकिन दिल में दर्द नहीं था। हमारे मुँह में वाणी थी, लेकिन हमारे हृदय में करुणा नहीं थी।

पंडित दीनदयाल उपाध्याय ने अंतिम मानव की कल्पना की थी। अंतिम मानव जब खुशहाल होगा, गांधीजी ने भी उसकी कल्पना की थी। अंतिम मानव कौन? हिंदुस्तान के गाँव में बसनेवाला, शहर में बसनेवाला, झुग्गी-झोंपड़ी में रहनेवाला, गली में रहनेवाला, मेहनत-मजदूरी करनेवाला, उसके उत्थान के लिए

आपने योजना क्यों नहीं बनाई?…(व्यवधान) मेरी आपसे विनम्र प्रार्थना है कि आप इन बातों पर सोचें।…(व्यवधान) मैं भी गाँवों में घूमता हूँ, किसानों के बीच में जाता हूँ, खेत-खलिहान में जाता हूँ, सब जगह मैं इस बात को देखता हूँ।…(व्यवधान) सरकार का अगर चिंतन है और सरकार इसे करना चाहती है तो यह क्यों नहीं होगा?

मैं हाथ जोड़कर किसान की तरफ से, गाँव के गरीब, किसान, मजदूर, पिछड़े, दलित की तरफ से माँग करूँगा। आजाद भारत में जितनी योजनाएँ चलाई गईं, उन सभी योजनाओं का मूल्यांकन होना चाहिए। जैसे एक बिल लाकर नब्बे या सौ पुराने बिलों को निरस्त कर दिया गया, उसी तरह एक बिल लाकर सब योजनाओं को निरस्त कर दें और नए सिरे से भारत में नई योजना का निर्माण करें, जो जनता के लिए हो, देश के लिए हो, भारत के लिए हो, गाँव, गरीब और किसान के लिए हो।।

संयोग से महात्मा गांधी का नाम इसमें जोड़ दिया गया, यह नरेगा से हो गया मनरेगा। हमारे यहाँ किसान लोग कहते हैं कि 'मनरेगा का मतलब है कि देश का किसान मरेगा, उसका नाम है मनरेगा।' मेरी आपसे विनम्र प्रार्थना है कि सारी योजनाओं पर पुनर्विचार हो। केवल इसलिए कि हमारा नाम चले, हमारे खानदान का नाम चले, हमारे रिश्तेदार का नाम चले, बाप-बेटा दलाल और बैल की कीमत बारह आना! क्या इसलिए योजना चलाई जाए? योजना का मतलब है कि वह गाँव के लिए हो, किसान के लिए हो, मजदूर के लिए हो, पिछड़े के लिए हो, दलित के लिए हो, छात्र के लिए हो, नौजवान के लिए हो और समग्रता में चिंतन हो। मैं आपसे विनम्र प्रार्थना करना चाहता हूँ कि इस पर विचार किया जाना चाहिए। इसकी समीक्षा हो, मूल्यांकन हो, उपयोगिता पर चिंतन हो और आवश्यकता के अनुसार इसका रूपांतरण किया जाए। समय बदलेगा, भारत की जनता चलती रही है।

सन् 1967 में डॉ. राममनोहर लोहिया के नेतृत्व में हम लोगों ने नारा दिया था, पंडित दीनदयाल उपाध्याय और डॉ. लोहिया मिलकर चले थे, तब हमने नारा दिया था कि 'कांग्रेस हटाओ और देश बचाओ।' जय प्रकाशजी, आप सन् 1967 में बच्चे रहे होंगे या माँ की गोद में खेलते होंगे, आप क्या जानेंगे हुक्मदेव नारायण के उस संघर्ष को, जिसके कारण हुक्मदेव नारायण लड़ा है।…(व्यवधान) पसीना बहाए कोई और, मालपुआ खाए बिहार में कोई!

सन् 1967 में डॉ. लोहिया ने कहा था कि कांग्रेस हटाओ, देश बचाओ। सन्

1967 में लोहियाजी ने कहा, 1967 से लेकर आज तक चलते गए। एक बार डॉ. लोहिया ने मुझे कहा था कि 'हुक्मदेव तुम घबराना मत, मेरी राह पर चलते जाना। एक-न-एक दिन आएगा, हिंदुस्तान के किसी पिछड़े वर्ग का बेटा निकलेगा, जो समग्र भारत का नेता होगा। समग्र समाज का उसे समर्थन मिलेगा और एक-न-एक दिन भारत में कोई पिछड़े का बेटा, भारत का प्रधानमंत्री बनेगा। उस दिन कांग्रेस का जड़-मूल से सफाया होगा।' डॉ. लोहिया का वह सपना आज साकार हो गया है।

नरेंद्र मोदीजी के नेतृत्व में डॉ. लोहिया का सपना साकार हो गया है। हम क्या करते रहे हैं, नाम लिया लोहिया का और काम उनके आचरण के विरुद्ध किया है! इसलिए मेरी विनम्र प्रार्थना है कि मूल्यांकन हो, आत्मचिंतन हो, समीक्षा हो, हजारों रुपए लगे, कई हजार रुपए लगाए गए, उन हजारों रुपए से योजनाएँ बनाई जाती हैं, जैसे प्रधानमंत्री कृषि सिंचाई योजना है। एक योजना बनाइए और उसमें पैसा लगाइए, ताकि हर खेत में पानी जाए। हर खेत को पानी और हर हाथ को काम, यह सपना साकार हो। अगर योजना बने तो किसी एक योजना की तरफ चलना चाहिए। यह नहीं कि हम आँख मूँदकर चलें।

मैं अपनी बात समाप्त करने से पहले आपसे प्रार्थना करूँगा कि तीन तरह के लोग होते हैं। एक होता है—आगे देखें, दूसरा होता है—पीछे देखें, तीसरा होता है—बगल देखें। आजादी के बाद की जितनी सरकारें देश में आईं, वे सब बगल देख रही हैं, बगलवाला क्या करता है, अमेरिका कैसे चलता है, इंग्लैंड कैसे चलता है, जापान कैसे चलता है। हिंदुस्तान में किसानों को चाहिए कि खेतों में 'जाए पानी', तो हमने नारा लगाया कि 'खेती करो जापानी'। इसलिए मेरी आपसे विनम्र प्रार्थना है कि मनरेगा योजना पर संसद् में जो बहस हुई है और बहस हो रही है, हमारे साथी उस पर अपने विचार देंगे।

अंत में केवल मैं यही निवेदन करूँगा कि योजना का स्वरूप, योजना की दिशा और योजना की गति, इन तीनों की समीक्षा हो, उसका मूल्यांकन हो, उसका सही विश्लेषण हो। उसका विश्लेषण कौन करे? एक विश्लेषण योजना बनानेवाले शिखर पर करते हैं और एक विश्लेषण सतह पर होता है। सतह का विश्लेषण करनेवाले इधर हों या उधर हों, ऐसे बहुत से लोग हैं। भारतीय जनता पार्टी में भी बहुत से ऐसे लोग हैं। जयप्रकाशजी, समझिए जो समाजवादी धारा से निकलकर भा.ज.पा. में आए हुए हैं, वह डॉ. लोहिया के साथवाले समाजवादी हैं, किसी और नेता के साथवाले समाजवादी नहीं हैं। वे पिछलग्गू समाजवादी नहीं हैं। हमारे

डॉ. लोहिया ने जो कहा था, उसी के आधार पर मैं आज यहाँ बोल रहा हूँ। इसी जगह वर्ष 1963 में डॉ. लोहिया ने बहस करते हुए, तीन आना बनाम तेरह आना की बहस चलाई थी, उससे पंडित नेहरू भी हतप्रभ हो गए थे और उनकी सरकार की चूलें भी हिल गई थीं। आज श्री नरेंद्र मोदीजी ने जो एक सपना देखा है, उसे साकार करने के लिए, भारत के रूपांतरण के लिए, गाँवों को खुशहाल बनाने के लिए, गरीब को खुशहाल बनाने के लिए, हिंदुस्तान में सबके हाथ को काम मिले, सबको रोटी मिले, सबके तन पर कपड़ा हो, सबको मिले मकान, यही है हिंदुस्तान, हम समाजवादी आंदोलन में नारा लगाते थे—'माँग रहा है हिंदुस्तान, रोटी कपड़ा और मकान।' नरेंद्र मोदीजी आए हैं, वह भी कहते हैं कि हिंदुस्तान को चाहिए—रोटी, कपड़ा और मकान। उस सपने को साकार करना है तो कांग्रेसी हटाओ और देश बचाओ। कांग्रेस को हटाना और देश बचाना है तो कांग्रेस ने जितनी योजनाएँ चलाई थीं, उन सभी का बंडल बाँधकर होली जला दें, उनको राख बना दें और नए भारत का निर्माण करें।···(व्यवधान)

HON. CHAIRPERSON : The next speaker is Shri K.H. Muniyappa....*(Interruptions)*

HON. CHAIRPERSON: Nothing else will go on record.

(Interruptions)...(Not recorded)

(9 फरवरी, 2014)

□

प्रश्नकाल

श्री हुक्मदेव नारायण यादव (मधुबनी) : अध्यक्षजी, मैं आपके माध्यम से मंत्रीजी से जानना चाहता हूँ कि सरकार द्वारा दिल्ली में अस्पताल, कॉलेज और दूसरे कामों के लिए जमीन दी जाती है, उस पर जो लोग या संगठन अस्पताल, कॉलेज और डीम्ड यूनिवर्सिटी बना लेते हैं, वे अपनी मर्जी से उसे चलाते हैं, मनमर्जी से फीस लेते हैं, गरीब बच्चों को एडमिशन नहीं देते हैं, उनको सही से पढ़ाते-लिखाते नहीं हैं। सरकार को ऐसे संस्थानों को जमीन देने से पहले इस प्रकार की शर्त लगानी चाहिए कि गरीब, निर्धन, पिछड़े और दलित समाज के बच्चों को स्थान मिले। जब वे सरकारी सुविधा का लाभ उठाते हैं तो सरकारी स्कूलों में जिस प्रकार से नामांकन और नियंत्रण होता है, उसी प्रकार से इनमें भी फीस और नामांकन पर नियंत्रण होना चाहिए। क्या सरकार इस पर गंभीरता से विचार करेगी ?

(10 दिसंबर, 2014)

□

नियम 193 पर चर्चा

श्री हुक्मदेव नारायण यादव (मधुबनी) : उपाध्यक्ष महोदय, बिहार के बहुत बड़े हिस्से में हुदहुद का प्रभाव पड़ा था। उसके साथ-साथ मधुबनी, जो मेरा क्षेत्र है, वहाँ भी हुदहुद के आंशिक प्रभाव पड़े। बेनीपट्टी और बिस्फी, इन दो ब्लॉक्स में कई गाँव ऐसे हैं, जहाँ काफी क्षति हुई, बरबादी हुई। जब इसका मूल्यांकन किया गया तो उसमें इन गाँवों का मूल्यांकन नहीं हो पाया, जिससे उन्हें जो भरपूर सहायता मिलनी चाहिए, वह नहीं मिल पाई।

मेरा आग्रह है कि उन लोगों को भी पूरी सहायता मिले और इसकी ठीक से समीक्षा, मूल्यांकन और सर्वेक्षण हो तथा उन लोगों को भी सहायता मिले। बात यह है कि प्राकृतिक आपदा का कारण क्या है? जब तक उसके कारण का निवारण नहीं होगा, हम रिलीफ बाँटते रहें, सहायता देते रहें, उससे किसी समस्या का निदान नहीं होगा। हमने प्रकृति के साथ छेड़छाड़ की है। हमने पहाड़ पर से लकड़ियाँ काटी हैं, पहाड़ को नंगा किया है। पहाड़ पर से जमीन का, भूमि क्षरण होता है, सभी नदियाँ हिमालय से निकलती हैं, उन नदियों में इतनी मिट्टी आती है कि सभी नदियों के पेट भर जाते हैं। उन नदियों को दोनों तरफ से बाँध से घेर दिया गया है। पानी का बहना सहज स्वभाव है। उसे बहने का रास्ता चाहिए। हमने उसके रास्ते को घेरा है। प्रकृति के विरुद्ध, उसके स्वभाव के विरुद्ध हमने काम किया है। जब मिट्टी ऊपर से आती है तो नदी का पेट गाद से ऊँचा होता गया, अब नदी ऊँची होती जाती है और दोनों तरफ की जमीन गहरी होती चली गई है। बाढ़ का पानी हर साल ऊँचा उठता जाता है। जब बाँध टूटता है तो वह प्रलयंकारी हो जाता है। गाँव के गाँव बरबाद हो जाते हैं। मेरी विनम्र प्रार्थना है कि नदियों के सभी तटबंधों को तोड़कर ध्वस्त कर दिया जाए, नदियों को स्वतंत्र कर दिया जाए। जब तक हमारे मिथिलांचल में ऐसी स्थिति थी, तब ऐसी दुर्गति नहीं होती थी। जब से यह बाँध बाँधा

गया है, तब से हम दुर्गति में आ गए हैं। इसलिए इस पर विचार किया जाना चाहिए।

पानी के बहाव के जो परंपरागत स्रोत—नदी, नहर, नाले थे, उनका अतिक्रमण कर लिया गया, लोगों ने उन्हें भर दिया। ताकतवर लोगों ने घर बना लिया। मेरे मिथिलांचल में एक-एक तालाब 50-100 एकड़ का था। वे सभी अंग्रेजी राज में खुदवाए गए थे, उसमें बाढ़ का पानी आता था। एक बाढ़ का पानी तालाब के पेट में चला जाता था। अब उन पोखरों को भर दिया गया, भूमि-सुधार के नाम पर उसको बाँट दिया गया, उसमें खेती हो गई। अब बाढ़ का पानी आता है तो उसके रुकने के लिए कहीं तालाब नहीं है, जो डैम का काम करता था, उससे सिंचाई भी होती थी, मछली पालन होता था और बाढ़ से सुरक्षा भी होती थी। जितने नहर-नाले थे, वे सब भर दिए गए। मनरेगा योजना के द्वारा एक अभियान चलाया जाए कि ऐसे जितने परंपरागत सिंचाई के स्रोत थे और पानी भरने के स्रोत थे, उन्हें अतिक्रमण से मुक्त करके सभी की खुदाई कर दी जाए, मृत नदियों की खुदाई कर दी जाए, ताकि बाढ़ का पानी आए तो सीधे बहते हुए गंगा नदी या समुद्र में चला जाए, वह कहीं न रुकने पाए। इससे हमें लाभ मिलेगा। हमें इस पर जोर देना चाहिए। मधुबनी और दरभंगा में पश्चिमी कोसी नहर बनाई गई। उसका जो रेखांकन है, पानी पहाड़ पर से आता है और उत्तर से दक्षिण की ओर बहता है। पश्चिमी कोसी नहर की सभी नहरें पूर्व से पश्चिम की ओर हैं। पानी के विपरीत इन नहरों के जो बाँध हैं, उनके कारण पानी रुकता है। नहर के भी बाँध टूटते हैं और बाढ़ की समस्या निरंतर बढ़ती जाती है। इसीलिए बगहा, वाल्मीकि नगर से लेकर किशनगंज तक, पश्चिम से पूर्व तक एक नहर की खुदाई की जाए, ताकि हिमालय से आनेवाली नदियाँ, मिथिलांचल में लगभग एक-दो दर्जन नदियाँ हैं, वे सब उस नहर से जुड़ जाएँ और सभी नदियों में एक बार बाढ़ नहीं आती है, किसी एक नदी में जब बाढ़ आएगी तो वह उस नहर के द्वारा सभी नदियों में बिखर जाएगी। जब पानी आएगा तो उससे सिंचाई का कार्य भी होगा, उसमें डैम बना दिया जाए। हमारे यहाँ एक छोटी नदी बछराजा है, जो अंत:सलिला नदी है, उसमें 12 महीने तक जल स्रोत के रूप में पानी निकलता रहता है। उस पर हम लोग लड़ते रहे। यदि उसमें जगह-जगह पर सुलीस गेट बना दिए जाएँ तो बाढ़ की समस्या भी रुकेगी और साथ-साथ उससे सिंचाई भी होगी। किसान, ग्रामवासी, गरीब, मजदूर जो चाहते हैं, उनकी इच्छा के अनुरूप योजना नहीं बनती है। योजना शिखर से बनती है और सतह पर जाती है। योजना सतह पर बने और शिखर उसे लागू करे; शिखर से योजना बनाए और सतह पर लागू कराए

तो वह जन विरोधी योजना बन जाती है। इसलिए मैं भारत सरकार के प्रधानमंत्री से यह निवेदन करूँगा कि इसमें परिवर्तन होना चाहिए। गाँव से योजना बने और दिल्ली आए। दिल्ली उसका कार्यान्वयन करे, तब गाँवों का कल्याण और विकास होगा तथा बाढ़ की समस्या के साथ प्राकृतिक प्रकोप का निराकरण हो सकता है।

□

श्री हुक्मदेव नारायण यादव (मधुबनी) : सभापति महोदय, यह प्रस्ताव मूलतः स्वामीनाथन आयोग की सिफारिशों को लागू करने से संबंधित है। जो इस प्रस्ताव के प्रस्तुत करनेवाले थे, उन्होंने इस पर काफी गंभीरतापूर्वक, विस्तार से और आँकड़ों के साथ चर्चा की थी। जब महताबजी बोल रहे थे तो उन्होंने काफी विस्तार से इसके बारे में बातें बताई हैं। माननीय प्रह्लाद पटेलजी ने गाँव, गरीब, किसान और मजदूर के दिल की वेदना की कहानी बताई। मैं एक बुनियादी प्रश्न की ओर जाना चाहता हूँ। हिंदुस्तान में जितने किसान आयोग बनते हैं, क्या किसान उस आयोग का वास्तविक प्रतिनिधि होता है ? कृषि वैज्ञानिक होना एक बात है और किसान वैज्ञानिक होना दूसरी बात है। भारत में कृषि की उन्नति तभी होगी, जब कृषि वैज्ञानिक से निकलकर खेती के फ्रंटलाइन डेमोस्ट्रेशंस या जितने काम लैब टू लैंड चलते हैं, उन सभी अनुसंधान संस्थानों का काम, कृषि वैज्ञानिक के हाथों से निकलकर, किसान वैज्ञानिक के हाथों में चला जाए। आप किसानों को ट्रेनिंग देते हैं तो उनकी भाषा, भूषा, संस्कार, संस्कृति, मानसिकता, बौद्धिकता को समझे बगैर ट्रेनिंग देते हैं। हम उन्हें मैकेनाइज्ड, साइंटिफिक ट्रेनिंग देते हैं, लेकिन उनकी पहुँच वहाँ तक नहीं होती है।

भारत के किसानों ने अन्न का उत्पादन बढ़ाया है। वर्ष 1990-91 में अनाज का उत्पादन 176.49 मिलियन टन था, जो वर्ष 2011-12 में बढ़कर 260 मिलियन टन हुआ। वैज्ञानिक चाहे अपनी पीठ को जितना भी थपथपा लें, लेकिन यह योगदान भारत के सीमांत किसानों का है। हमारे किसानों ने कम-से-कम वैज्ञानिक उपकरणों का उपयोग किया, अपनी अक्ल से खाद का इस्तेमाल किया और वह अपने परिवार के साथ खेत में सड़ा है, गला है, तपा है, मरा है और उसने अपने परिश्रम से भारत के अनाज भंडार को भरकर आत्मनिर्भर बनाने का काम किया है; लेकिन कभी भी पद्मश्री या पद्मभूषण की उपाधि किसी किसान को नहीं दी गई। वह इसलिए, क्योंकि वह निर्धन है, निर्बल है। उसने परंपरागत तरीकों से भारत की कृषि में जो उन्नति की है, उसका विकास किया है, दुनिया का कोई भी वैज्ञानिक उसकी बराबरी नहीं कर सकता है। एक तरफ परंपरागत तकनीक है तो दूसरी तरफ मॉडर्न और

साइंटिफिक तकनीक है, दोनों में कहीं मेल नहीं है। भारत के किसान के लिए अपग्रेडेशन, मॉडिफिकेशन एंड मॉडर्नाइजेशन ऑफ ट्रेडिशनल टेक्नॉलॉजी जरूरी है। परंपरागत तकनीक को अपग्रेड कीजिए, मॉडर्नाइज कीजिए और तब उसे नया बनाइए। हमारे धर्म-शास्त्रों ने कहा है कि विशिष्टीकरण का सामान्यीकरण और सामान्य का विशिष्टीकरण, जिस पर विवेकानंदजी ज्यादा जोर देते थे। जो सामान्य जन के पास विज्ञान है, उस विज्ञान को विशिष्टता प्रदान करना और जो विज्ञान की विशिष्टता है, उसे सामान्य करके जन-साधारण तक पहुँचाना, यही असली विज्ञान है और यह विज्ञान अगर कृषि क्षेत्र में नहीं हो पा रहा है तो उस अनुसंधान का कोई महत्त्व नहीं है।

वर्ष 1951 में भारत में 71.09 प्रतिशत किसान थे, लेकिन वर्ष 2011 की कृषि जनगणना के मुताबिक भारत में किसानों की संख्या 45.01 रह गई है। हमारे 26.08 प्रतिशत किसान अब गायब हो चुके हैं।

कहाँ चले गए, खोजना चाहिए। जब खोजने लगते हैं तो खेतिहर मजदूर वर्ष 1951 में 28.01 प्रतिशत था, जो बढ़कर वर्ष 2011 में 54.09 प्रतिशत हो गया, वह 26.08 प्रतिशत बढ़ा है। 26.08 प्रतिशत किसान घटा और 26.08 प्रतिशत खेतिहर मजदूर बढ़ा। इसका मतलब जितना किसान घटा है, उतना किसान खेतिहर मजदूर बढ़ा है। जिसका दादा सौ एकड़ जमीन जोतनेवाला था, पचास एकड़ जमीन जोतनेवाला था, उसका पोता सीमांत किसान बन गया और जो बड़े-बड़े उद्योगों में थे, जो सामान्य थे, आज वे अरबपति, खरबपति और विश्वपति बन रहे हैं। कितना अंतर है कि उद्योग व्यापार चलता है घोड़े की चाल से और खेती चलती है कछुए की चाल से? क्या दोनों में कभी मुकाबला हो सकता है, क्या दोनों की गति में कभी बराबरी हो सकती है, नहीं हो सकती है। पैसा कितना दिया जाता है? 11वीं पंचवर्षीय योजना में भारत की सरकार ने कृषि अनुसंधान और शिक्षा के लिए योजना का 0.56 प्रतिशत दिया है। 12वीं योजना में 0.70 प्रतिशत दिया है। एक प्रतिशत राशि भी योजना में से नहीं दी गई है। जब अनुसंधान के लिए पैसा ही नहीं जाएगा तो वैज्ञानिक प्रयोगशाला में या अनुसंधान केंद्र में बैठकर क्या करेंगे? तंबाकू खाएँगे, ताश खेलेंगे, वैज्ञानिक औरतें स्वेटर बुनेंगी, क्या करेंगे वे, जब आप उनको अनुसंधान के लिए पैसा नहीं देंगे? इसलिए वैज्ञानिकों को पूरे साधन मिलने चाहिए। कृषि कॉलेजों को पूरे साधन मिलने चाहिए। कृषि और सहकारिता विभाग को 11वीं योजना में 1.92 प्रतिशत दिया गया। 12वीं योजना में 1.98 प्रतिशत दिया गया। उसी

तरह से पशुपालन और मत्स्य पालन है, 11वीं योजना में 0.37 प्रतिशत और 12वीं योजना में 0.70 प्रतिशत दिया गया।

मैं सदन में यह बात रखते हुए भारत की सरकार से माँग करता हूँ कि कृषि विकास पर जोर देना आपका लक्ष्य है। हमारी जनसंख्या गाँवों में बसनेवाली है। वर्ष 1951 में 82.07 प्रतिशत थी और वर्ष 2011 में यह 68.08 प्रतिशत हो गई है। 14 प्रतिशत गाँव का आदमी कहाँ चला गया? गाँव का आदमी, जो खेती करता था, किसानी करता था, वह शहर में आ गया है। रिक्शा चलाता है, ठेला चलाता है, मजदूरी करता है, फुटपाथ पर सोता है, पेड़ के नीचे सोता है, इस पेड़ के नीचे के परिवारवाले की उस पेड़ के नीचे के परिवारवाले से शादी होती है। वह पेड़ के नीचे जनमता है, बढ़ता है, सोता है, शादी करता है, पेड़ के नीचे हनीमून मनाता है, पेड़ के नीचे बच्चा पैदा करता है, वह बच्चा फिर पेड़ के नीचे बढ़ता है और फिर वहीं अपनी जिंदगी गुजारता है। यह उस किसान के शहर में आने का दुष्परिणाम है। क्या हम उसे बचाने का काम कर सकते हैं? किसी आयोग का ध्यान इस ओर नहीं गया है।

महोदय, मैं दो बातें कहकर अपनी बात समाप्त कर दूँगा, आपका ज्यादा समय नहीं लूँगा। इसीलिए मेरी विनम्र प्रार्थना है कि हिंदुस्तान में 751 कृषि विज्ञान केंद्र हैं। कृषि विज्ञान केंद्र में न जमीन है, न साधन है, न उपकरण है, कुछ नहीं है। इनको पूरी तरह से मजबूत करने का काम किया जाए। सीमांत किसानों की संख्या 64.77 प्रतिशत है और लघु किसानों की संख्या 18.52 प्रतिशत है। कुल मिलाकर 83.29 प्रतिशत किसान, लघु और सीमांत हैं। ये छोटे किसान हैं। इनकी उन्नति कब होगी? इसलिए मैं भारत सरकार से प्रार्थना करना चाहूँगा कि बजट को बढ़ाइए, राशि को बढ़ाइए।

अंत में एक बात की ओर ध्यान दिलाना चाहूँगा कि हिंदुस्तान में कृषि भूमि वर्ष 1990-91 में 185.2 मिलियन हेक्टेयर और वर्ष 2011-12 में 182 मिलियन हेक्टेयर हो गई। खेती की जमीन घटती जा रही है और जनसंख्या बढ़ती जा रही है! यह कहाँ का नियम है? 'तेल कम होता जाए और नाच बढ़ता जाए', ऐसी मिथिलांचल में कहावत है। खेती की जमीन कम है और जनसंख्या का भार ज्यादा है। इसलिए किसान की हालत यह है। मेरी आपसे विनम्र प्रार्थना है कि खेती की उपजाऊ जमीन को उद्योग से बचाया जाए। कारखानों से बचाया जाए और उस जमीन को खेती लायक रहने दीजिए। अगर आपको उद्योग लगाना है, आप

झारखंड, ओडिशा और आंध्र प्रदेश में चले जाइए, जहाँ बंजर तथा पथरीली भूमि है, वहाँ कारखाना लगाइए, आदिवासी इलाके में लगाइए। वहाँ कारखाने बनेंगे, विकास होगा, सड़कें बनेंगी, फ्लैट बनेंगे, दुकानें बनेंगी और उन गरीबों का कल्याण होगा।

अंत में, मेरी विनम्र प्रार्थना है कि चूँकि भारत की विभिन्न योजनाओं में गाँवों के गरीब किसान कहीं पर नहीं हैं, उनका कहीं स्थान नहीं है, उनका कहीं प्रतिनिधित्व नहीं है, इसलिए उनकी बातें कहीं पर नहीं रखी जाती हैं। बड़े लोग ए.सी. में बैठकर योजनाएँ बनाते हैं। गाँवों की झोंपड़ियों में अगर योजनाएँ बनेंगी, तब गांधीजी का दर्शन पूरा होगा, तब भारत का कल्याण होगा। इसलिए मेरी विनती है कि एक नया आयोग बनाया जाए। स्वामीनाथन आयोग की सिफारिशों के आधार पर फिर गाँव, गरीब किसानों के हित में नई सिफारिशें आएँ, उनको भारत की सरकार लागू करे। गाँव, गरीब के उत्थान की तरफ जब भारत सरकार का ध्यान जाएगा, तभी भारत का सच्चे अर्थ में विकास होगा। मैं नरेंद्र मोदीजी की उस दृष्टि को धन्यवाद देना चाहता हूँ तथा मेरा अनुरोध है कि उस दृष्टि का कार्यान्वयन जल्दी हो।

धन्यवाद।

HON. CHAIRPERSON (SHRI RAMEN DEKA) : Hon. Members, time on this Resolution was extended by one hour when further discussion on the resolution was taken up today. As the extended time is now over, and there are still many more Members to speak on this Resolution, we may further extend the time for two hours. I do hope the House will agree.

SEVERAL HON. MEMBERS : Yes.

(5 दिसंबर, 2014)

□

शून्यकाल

श्री हुक्मदेव नारायण यादव (मधुबनी) : महोदया, बिहार में सकरी से भबटियाही रेल लाइन की स्वीकृति श्रीमान अटल बिहारी वाजपेयीजी की सरकार के समय में हुई थी। उसे बड़ी लाइन में बदलने का काम अब तक अधूरा है। इस रेल लाइन के बन जाने से दिल्ली और गुवाहाटी के बीच में सबसे कम दूरी की रेल चलेगी। यह प्रतिरक्षा के दृष्टिकोण से भी आवश्यक है। भारत-नेपाल की सीमा पर सीतामढ़ी, जयनगर, निरमणी रेल लाइन का काम अधूरा पड़ा हुआ है। दरभंगा-मुज्जफरपुर की रेल लाइन का काम अधूरा है। मधुबनी, बेनीपटी, पोपरी रेल लाइन का काम अधूरा है।

मैं माननीय रेल मंत्रीजी से आग्रह करूँगा कि इन रेल लाइनों पर शीघ्र से शीघ्र काम शुरू किया जाए और उनको पूरा करवाया जाए।

माननीय अध्यक्ष : श्री कीर्ति आजाद को श्री हुक्मदेव नारायण यादव द्वारा उठाए गए विषय के साथ संबद्ध करने की अनुमति प्रदान की जाती है।

□

श्री हुक्मदेव नारायण यादव (मधुबनी) : उपाध्यक्ष महोदय, एन.टी.सी. में काम करनेवाले जो मजदूर हैं, उनमें अधिकतर पिछड़े वर्ग, अनुसूचित जाति और जनजाति के लोग हैं, लेकिन दुर्भाग्य है कि एन.टी.सी. के बोर्ड ऑफ डायरेक्टर्स में एक भी ओ.बी.सी., अनुसूचित जाति या जनजाति का कोई डायरेक्टर नहीं होता है। इसलिए विशेष प्रावधान करके उसमें अनुसूचित जाति, जनजाति और पिछड़े वर्ग से डायरेक्टर को रखा जाए, जो उनके हित को देखे। एक छोटा सा निवेदन है कि बिहार के कटिहार में जो जूट मिलें इनके अंडर हैं, वे बहुत दिन से बंद हैं, उनको शीघ्र चालू करें, जिससे उस इलाके के जूट उत्पादकों को लाभ हो।

श्री भैरों प्रसाद मिश्र (बांदा) : उपाध्यक्ष महोदय, मैं आपके माध्यम से

माननीय मंत्रीजी से कहना चाहता हूँ कि उत्तर प्रदेश के बांदा में कताई मिल है, जो बहुत दिन से बंद पड़ी है। उसके विषय में उन्होंने कुछ नहीं कहा है। उसको भी पुनरुद्धार की योजना में शामिल करें, क्योंकि बुंदेलखंड में कोई उद्योग नहीं है। एकमात्र उद्योग बांदा में कताई मिल है। उसको करेंगे तो अच्छा रहेगा।

SHRI KADIYAM SRIHARI (WARANGAL): Just now the hon. Minister inform the House that a new textile policy will be announced soon. He was talking about textile parks and textile clusters. I want to know from the hon. Minister whether there is any proposal with NTC to start new composite textile mills in the country.

श्री केशव प्रसाद मौर्य (फूलपुर) : उपाध्यक्ष महोदय, मैं आपके माध्यम से माननीय मंत्री महोदय का ध्यान आकर्षित कराना चाहता हूँ कि इलाहाबाद के अंदर तीन कताई मिलें हैं। एक नैनी में है, एक मउआइमा में है और एक मेजा में है। इनके संबंध में पहले भी कई पत्र मैंने आपको प्रस्तुत किए हैं। एक मिल को तो बेच डालने की स्थिति पैदा हो गई है। कृपया उस पर ध्यान दें। बाकी दोनों मिलें बंद पड़ी हैं। मैं निवेदन करूँगा कि इन पर भी ध्यान दें।

योगी आदित्यनाथ (गोरखपुर) : माननीय उपाध्यक्ष महोदय, पडरौना चीनी मिल के बारे में जो भ्रांति पैदा हुई है, मैं चाहूँगा कि माननीय मंत्री महोदय द्वारा उसका स्पष्टीकरण होना चाहिए कि वह एन.टी.सी. की है या नहीं है।(…व्यवधान)

श्री शरद त्रिपाठी (संत कबीर नगर) : उपाध्यक्षजी, मैं आपके माध्यम से निवेदन करना चाहूँगा कि संत कबीर नगर जनपद में मगहर कताई मिल बहुत दिनों से बंद पड़ी है। उसमें सैकड़ों एकड़ जमीन उस मिल के पास है।

(1 दिसंबर, 2014)

□

गैर-सरकारी संकल्प

श्री हुक्मदेव नारायण यादव (मधुबनी) : महोदय, मैं हृदय से गैर-सरकारी संकल्प का समर्थन करता हूँ। प्रस्ताव पेश करते हुए माननीय निशंकजी ने विस्तार से इस पर चर्चा की थी। माननीय सौगत रायजी जब बोल रहे थे तो उन्होंने बहुआयामी दृष्टिकोण से हिमालय के संबंध में बातें सदन में रखी थीं और उस पर चर्चा भी विस्तार से की थी।

हमारे महताब साहब उस दिन भी बोले और आज भी उन्होंने ऐतिहासिक तथ्यों के आधार पर कहा है और कई दृष्टिकोण से हिमालय के महत्त्व को सिद्ध करते हुए इस बात का समर्थन किया है कि अलग मंत्रालय बनना चाहिए। अलग मंत्रालय का मतलब है कि इस मंत्रालय के अधीन सभी चीजें होंगी।

हिमालय का मतलब केवल पहाड़ नहीं है। हिमालय का मतलब केवल जंगल नहीं है, हिमालय का मतलब केवल मिट्टी नहीं है। सौगत रायजी की एक बात से मैं बहुत भिन्न मत रखता हूँ कि हर बात में उन्हें क्यों लग जाता है कि हिंदुत्व के साथ जुड़े हुए साधु-संन्यासी हैं तो उन्हें हर बात में वे क्यों जोड़ने लगते हैं? अगर हिंदुत्व से हिमालय को निकालकर रख दें तो भारतीय संस्कृति, भारतीय दर्शन और भारतीय धर्मशास्त्र सभी लुप्त हो जाएँगे, क्योंकि इनका उद्गम स्थान ही वही है। रामायण और महाभारत दो महान् ग्रंथ हिंदू धर्मशास्त्र के सबसे लोकप्रिय ग्रंथ हैं और जिनका सबसे ज्यादा महत्त्व है, जिन्हें सब जगह लोग जानते हैं। उनका संपूर्ण रहस्य ही हिमालय की यात्राओं में छिपा हुआ है, वहीं से निकला है। अगर कैलास-मानसरोवर नहीं होता, अगर शंकर-पार्वती की कहानी न हो, तो रामचरित मानस का पाठ घर-घर में बाबा तुलसीदासजी कहाँ से करवा देते?

आप कहते हैं कि उसे भूल जाओ। उसे हिंदुत्व से अलग कर दो। अगर उसके सांस्कृतिक, धार्मिक, आध्यात्मिक महत्त्व से आपका कोई मतलब नहीं है

तो आप अपने दृष्टिकोण से उसे महत्त्व न दें, लेकिन आप हमें क्यों कहते हैं कि हम उस दृष्टिकोण से न देंखे? हम भारतीय हैं और भारत में बसने के कारण हिंदू हैं। विवेकानंदजी ने जब कहा था कि गर्व से कहो कि हम हिंदू हैं, तो आज भी यह कहने में हमें कोई संकोच नहीं है और हम गर्व से कहते हैं कि हम हिंदू हैं। हिंदू हैं, तो इसका मतलब कि भारत के भूगोल से, संस्कृति से, धर्म से, पहाड़ से, नदियों से, पशुओं से हमें एकात्म बोध है, इसलिए हम जब कभी बात करेंगे तो उनके साथ हमारा संबंध जरूर जुड़ेगा।

डॉ. लोहिया 'हिमालय बचाओ सम्मेलन' करते थे। जब हम समाजवादी आंदोलन में थे और जिस समय तिब्बत की घटना घटी थी, उस समय डॉ. लोहिया ने सारे देश में एक आंदोलन चलाया था, उसका नाम 'हिमालय बचाओ आंदोलन' था। डॉ. लोहिया ने कहा था कि हिमालय भारत का प्रहरी नहीं है, बल्कि जब मुझमें ताकत रहती है और हम हिमालय की रक्षा करते रहते हैं तो हिमालय भी भारत की रक्षा करने में सक्षम रहता है। अगर हम हिमालय की रक्षा करने में सक्षम नहीं हैं तो हिमालय भी भारत का प्रहरी नहीं है। आज भी हिमालय का बहुत बड़ा हिस्सा भारत के हिस्से में से निकलकर किसी दूसरे के कब्जे में है। एक लाख 18 हजार वर्ग किलोमीटर जमीन उसी क्षेत्र के अंदर, जो वर्ष 1947 को भारत के नक्शे में था, वह जमीन आज भारत के नक्शे में नहीं है। यह मैं नहीं कहता हूँ, बल्कि यूनेस्को द्वारा प्रकाशित ईयर बुक में है, अगर 1952 और 1962 की किताब निकालकर देखें तो भारत के क्षेत्रफल का अंतर दिखाई दे जाएगा। मेरी विनम्र प्रार्थना है कि भारत की संस्कृति और दर्शन का जो उद्गम स्थान हिमालय रहा है और हिमालय से निकलने वाली नदियाँ रही हैं, हमारे तो सारे धर्म ग्रंथों का निर्माण ही नदियों के किनारे हुआ है या पहाड़ों की कंदराओं में हुआ है। इसलिए डॉ. लोहिया ने तीर्थ स्थलों की रक्षा, भारत की नदियों की स्वच्छता और इन सब को जोड़ने की बात कही थी। हिमालय के अंदर हमारे कितने तीर्थ स्थल हैं? उमा भारतीजी यहाँ बैठी हैं, वे ज्यादा जानती होंगी। एक साधारण संत मेरे साथी थे, उनके साथ चर्चा करते समय उन्होंने मुझसे पूछा कि उत्तर प्रदेश नाम क्यों पड़ा? मैंने कहा कि भूगोल के हिसाब से नाम पड़ा होगा। उन्होंने कहा कि इसका अर्थ धार्मिक दृष्टिकोण से खोजो। हमने कहा कि आप बताओ। उन्होंने कहा कि जहाँ सभी प्रश्नों के उत्तर दिए गए हों, वही उत्तर प्रदेश है। उन्होंने कहा कि काशी विश्वनाथ उत्तर प्रदेश में है, राम की जन्मभूमि उत्तर प्रदेश में है, कृष्ण की जन्मभूमि उत्तर प्रदेश में है, रामचरितमानस के उत्तर

कांड का निर्माण उसी प्रदेश में हुआ था, जिस उत्तर कांड में सभी प्रश्नों के उत्तर काकभुशंडीजी ने गरुड़ महाराज को दिए हैं। अगर काशी विश्वनाथ से शुरू करें और बद्रीधाम से लेकर केदारनाथ तक जाएँ तो भारत के सभी अधिकतर तीर्थस्थल उत्तर प्रदेश में इसी हिमालय और इसी गंगा के किनारे पाए जाते हैं। जब हमारे सभी तीर्थस्थल, सभी सांस्कृतिक स्थल हिमालय और गंगा के किनारे पाए जाते हैं तो हमारा उनके साथ एकात्मबोध तो होगा ही। उनके साथ हमारा मानसिक और आध्यात्मिक लगाव होगा ही। हम कैसे इसे अलग करेंगे या काटेंगे? मैं आपसे प्रार्थना करना चाहूँगा कि भौगोलिक दृष्टिकोण से, सांस्कृतिक दृष्टिकोण से, धार्मिक और आध्यात्मिक दृष्टिकोण से हिमालय को देखने का काम करना चाहिए। केवल भौगोलिक और भौतिक दृष्टिकोण से ही न देखें, बल्कि उनके महत्त्व को हम भारत के सांस्कृतिक और आध्यत्मिक दृष्टिकोण से भी देखें।

भारत के धार्मिक तीर्थ स्थलों के बारे में डॉ. लोहिया कहा करते थे कि यह केवल धर्म के लिए महत्त्वपूर्ण नहीं हैं, बल्कि हिंदुस्तान की संस्कृति को जोड़नेवाली कड़ी है। धर्म शास्त्र ने कहा है कि रामेश्वरम पर जो गंगा जल चढ़ाता है, मुक्ति पा जाता है। यह भी लिख दिया कि जो रामेश्वरम का दर्शन करता है, वह मुक्ति पा जाता है। इसका मतलब है कि दक्षिण के लोग चलें गंगा जल लाने और रामेश्वरम पर चढ़ाकर मुक्ति पाने तो भारत की सांस्कृतिक कड़ी जुड़ेगी और उत्तर के लोग जब गंगाजल लेकर रामेश्वरम में मुक्ति पाने जाएँगे तो भारत की कड़ी जुड़ेगी। अयोध्या, मथुरा या हिमालय के तीर्थ स्थलों में जब देश भर के लोग जुड़ते हैं, उनकी भाषा, भूषा, भोजन, रूप, रंग अनेक होते हैं, लेकिन सबकी सांस्कृतिक कड़ी एक होती है और यही राष्ट्र को जोड़ती है। 'राम कृष्ण शिव' किताब लिखते हुए डॉ. लोहिया ने बड़े विस्तार से समझाया था। मैं माननीय सांसदों से कहना चाहता हूँ कि अगर कहीं यह किताब मिले तो जरूर पढ़िए। यह किसी संघ के प्रचारक ने नहीं लिखी है, किसी भा.ज.पा.वाले ने नहीं लिखी है। इसमें लिखा है कि राम उत्तर से दक्षिण के देव हैं। जनकपुर में शादी करते हैं और जनकपुर हिमालय की गोद में है। हिमालय से यात्रा प्रारंभ करके अंत में दक्षिण तक जाते हैं। भारत के उत्तर से दक्षिण तक चलकर सीमा का निर्धारण करते हैं। यह भारत की भौगोलिक, सांस्कृतिक, आध्यात्मिक, धार्मिक सीमा है। उसी तरह कृष्ण द्वारिका से चलते हैं, कामरूप तक जाते हैं। कृष्ण की यात्रा ने पश्चिम से पूर्व, द्वारिका से कामरूप तक कण-कण से जोड़ने का काम किया है। राम, कृष्ण और शिव भारत के त्रिदेव हैं। भारत के जन-

जन में समाए हुए हैं, कण-कण में रमे हुए हैं।

मैं आपसे विनम्र प्रार्थना करता हूँ कि माननीय निशंकजी ने जिस प्रश्न को उठाया है, महत्त्वपूर्ण है। हिमालय से जुड़े हुए भौतिक मूल्य हैं। यहाँ रत्नों के भंडार हैं, उनके बारे में खोज की जाए। हिमालय से निकलनेवाली नदियों के जलस्रोत के लिए माननीय उमा भारतीजी आंदोलन चला रही हैं, ताकि निर्मलता और अविरलता बनी रहे, इसे भी खोजा जाना चाहिए, ताकि जलस्रोत चलते रहें। इसके अंदर रत्नों के भंडार हैं, उनका पता लगना चाहिए। जंगलों की रक्षा हो, जीव-जंतुओं की रक्षा हो। भारत के लिए सौभाग्य का दिन होगा, जिस दिन भारत के लोग कैलाश मानसरोवर में बिना चीन के परमिट के शिव और पार्वती का दर्शन करेंगे, वहाँ स्नान करेंगे। हमारे धर्म शास्त्र में इसका वर्णन है। हमारे पूर्वज हजारों वर्षों से इस पर अधिकार मानते रहे हैं। पूर्व से पश्चिम तक, जहाँ भी हिमालय का क्षेत्र है, उनको जोड़कर एक जगह बात की जाएगी तो राष्ट्रीय एकता, अखंडता भी बनेगी और राष्ट्रीय सांस्कृतिक, धार्मिक, आध्यात्मिक एकता भी जुड़ेगी। हिमालय के एक छोर से दूसरे छोर तक के समग्र विकास के लिए, समग्र उत्थान के लिए, वहाँ बसने वाले लोगों की समग्र भौतिक चेतना की उन्नति के लिए सरकार अलग मंत्रालय बनाएगी तो वह हिमालय का मंत्रालय ही नहीं होगा, बल्कि भारत की संस्कृति, सभ्यता, धर्म, इतिहास, भूगोल, ऋषि, मुनि, पूर्वजों की कहानी को एक बार भारत में पुनःस्थापित करेगा। एक बार फिर मौका आएगा, जब इतिहास को पुनः लिखने का काम करेंगे। एक बार फिर हिमालय उठेगा, भारत का स्वाभिमान जगेगा और भारत अपने स्वाभिमान को प्राप्त करके फिर एक बार उसी जगह पर जाएगा, जहाँ शिव-पार्वती ने रामचरितमानस की कहानी दोनों ने आपस में सत्संग के जरिए दुनिया को सुनाई थी। फिर एक बार भारत वहाँ तक पहुँचे, इसलिए जरूरी है कि हिमालय के लिए अलग से मंत्रालय बने। यह देश की एकता, अखंडता के लिए अच्छा होगा।

इन्हीं शब्दों के साथ मैं अपनी वाणी को विराम देता हूँ। धन्यवाद।

(18 जुलाई, 2014)

□

बाढ़-सुखाड़ पर चर्चा

श्री हुक्मदेव नारायण यादव (मधुबनी) : सभापतिजी, राजेश रंजनजी अभी उस इलाके की कहानी के साथ-साथ कुछ सुझाव दे रहे थे। संयोग से उनका और हमारा जन्म उसी मिथिलांचल के कोसी कमलाबलान क्षेत्र में हुआ है। एक पैर बाढ़ में और एक पैर सुखाड़ में। जब नेपाल में पहाड़ पर पानी जोर से बरस जाए, तो हम बाढ़ में डूबने लगते हैं। जब पहाड़ में पानी न बरसे तो सुखाड़ की चपेट में आ जाते हैं। फिर न जाने कब बाढ़ आ जाए! मेरी जिंदगी में हथिया नक्षत्र में भी दो-तीन बार बाढ़ आई है, जब धान की लहलहाती फसलें बरबाद हो गई थीं। डूब जाती हैं और किसान बिल्कुल निर्धन और दरिद्र हो जाता है। ऐसे इलाके मिथिलांचल में हमारा जन्म हुआ है, उस इलाके के लोग शुरू से मैथिली भाषा में गाते रहे हैं—

"कखन हरब दुःख मोर हे भोला बाबा, कखन हरब दुःख मोर
दुःखहि जनम भेल दुःखहि गमाऔल सुख-सपनेहु नहीं भेल
हे भोला बाबा, कखन हरब दुःख मोर।"

लेकिन आज तक न भोला बाबा सुन रहे हैं और न ही सरकार द्वारा कुछ हुआ है। वे लोग दुःख में ही पड़े हुए हैं और महिलाएँ गाती हैं कि "अविरल आँसू बहे नैनन से, अब तो दया करो, हे राम कृपा करो।" उस इलाके में जन्म लेने के कारण उसकी दर्दनाक कहानी मैं नहीं कह सकता हूँ। अगर कहने लगें तो इस सदन की ईंट की आँख से भी आँसू निकल पड़ेंगे, क्योंकि इतनी वेदना और इतने दर्द के साथ उस इलाके के लोग तीन महीने तक जीवन जीते हैं।

मैं थोड़े से सुझाव देना चाहता हूँ कि अगर ऐसा किया गया होता, बराह क्षेत्र में, कोसी में, शीशा पानी में, कमलाबलान में और नूनथर अधवारा समूह में डैम बनाने की पच्चीसों वर्ष से चर्चा चल रही है, लेकिन भारत सरकार आगे बढ़ती नहीं है और न बिहार सरकार कुछ करती है। न जाने कब से केंद्र के और बिहार के तथा

नेपाल के, इन तीनों के चक्कर में हम बाढ़ में और सुखाड़ में मरते रहे हैं। मैं भारत सरकार से प्रार्थना करूँगा कि अब आगे बढ़ें। नेपाल सरकार के साथ समझौता करें। माननीय प्रधानमंत्रीजी नेपाल जानेवाले हैं। शायद मेरी बात वहाँ तक पहुँचे तो इस बात पर भी वे नेपाल सरकार से चर्चा करें, जिससे इन तीनों डैम का निर्माण हो जाए। इससे इतनी बिजली पैदा होगी कि बिहार की क्या बात करें, बल्कि आधे भारत को बिजली मिलेगी।

हमारी दो फसलें धान और गेहूँ, जो हम पैदा करते हैं, ये हमारी फसलें हमेशा लहलहाती रहेंगी। मैं इसके लिए प्रार्थना करता हूँ कि इस पर ध्यान दिया जाए।

बगहा से लेकर किशनगंज तक उसी इलाके में कृषि मंत्री राधा मोहन सिंहजी भी रहते हैं। बगहा से लेकर किशनगंज तक का जो इलाका है, नेपाल की तराई के साथ-साथ हम जिस समय डॉ. लोहिया के आंदोलन में थे, उस समय हम उस इलाके में 'बाढ़, सुखाड़ स्थायी निदान सम्मेलन' किया करते थे। हम लोग तब से माँग कर रहे हैं,…(व्यवधान) हमें अपनी बात बोलने दीजिए। आप कभी हमसे बाद में बहस कर लीजिएगा। हमसे बहस करते-करते बहुत लोहियावादी थक गए। आप तो लोहियावादी कभी नहीं थे।…(व्यवधान) आप शांत रहिए। इसीलिए मेरी प्रार्थना है कि बगहा से लेकर किशनगंज तक हम उस समय से आंदोलन करते रहे हैं कि बगहा से किशनगंज तक सीधे पश्चिम से पूर्व तक नदी जोड़ दी जाए, जिससे उत्तर बिहार की, मिथलांचल की सभी नदियाँ उसमें जुड़ जाएँ। अगर किसी नदी में बाढ़ आएगी, वह पानी सभी नदियों में चला जाएगा, जिसके कारण बाढ़ की समस्या का निदान होगा। इसलिए नदियों को जोड़ो। हम कहते हैं कि नदियाँ जोड़ो, जिससे बाढ़ और सुखाड़ की समस्या का निदान होगा। बगहा से किशनगंज तक लंबी नहर खोदकर सभी नदियों को जोड़ा जाना चाहिए।

दूसरे, पश्चिमी कोसी नहर का निर्माण हुआ। पूर्वी कोसी नहर में कुछ सिंचाई हुई, लेकिन बालू की समस्या से लोग पीड़ित रहे। पश्चिमी कोसी नहर अब तक अधूरी है। उसके रेखांकन गलत किए गए। डीपीआर गलत बनाया गया। साईफन बड़ा होना चाहिए तो छोटा कर दिया गया। जहाँ साईफन होना चाहिए, वहाँ साईफन नहीं बनाया। इसके कारण परेशानी है। इसलिए उसका फिर से डी.पी.आर. बनाया जाए और फिर से उसका प्राक्कलन बनाकर, सुधार करके पश्चिमी कोसी नहर को शीघ्र पूरा किया जाए तो मिथलांचल के अंदर बहुत सारी समस्याओं का निदान हो जाएगा।

तीसरी बात मैं कहना चाहूँगा कि हमारे यहाँ आहर कहते हैं, जो सिंचाई के स्रोत हैं, आहर मृत नदियों के जितने बैड हैं और उसके साथ-साथ तालाब और पोखर हैं, इन सबकी खुदाई क्यों नहीं करवाई गई ? मनरेगा पर हजारों-करोड़ों रुपए खर्च किए गए, लेकिन अगर इनकी खुदाई करा दी जाती तो सिंचाई के स्रोत बढ़ जाते जितने मृत नदियों के बैड हैं, पुराने तालाब हैं, वे सब अतिक्रमण से ग्रसित हैं, उन पर नाजायज अतिक्रमण कर लिया गया। इसके लिए अतिक्रमण कानून में नया संशोधन किया जाए और यह कहा जाए कि सड़क में, विद्यालय में, सिंचाई के स्रोत पर अगर किसी का अतिक्रमण है तो उसको नया कानून बनाकर, उस पर काररवाई की जाए। Prevention of Damage to Public Property Act संसद् से बना हुआ है। उसके तहत काररवाई की जाए तो हमारी सभी समस्याओं का निदान हो सकता है, लेकिन यह सरकार को करना चाहिए।

अंत में, मेरी आपसे विनम्र प्रार्थना है कि हम उस बाढ़ में जनमते हैं, उसी बाढ़ में पलते हैं, उसी बाढ़ में मरते हैं और मरने के बाद हमारी लाश भी बाढ़ के पानी में बहा दी जाती है, क्योंकि हमें जलाने के लिए कहीं सूखी जमीन नहीं रहती है। इस विपत्ति को हम झेलते आए हैं तो और कितने दिनों तक झेलेंगे ? इसलिए उस इलाके के लोगों ने बड़ी आशा, उमंग और विश्वास के साथ श्री नरेंद्र मोदीजी का साथ दिया। लोगों को जिताकर यहाँ भेजा। अब हम चाहते हैं कि अंत में कृषि मंत्रीजी और जल संसाधन मंत्रीजी; दोनों मिलकर एक आयोग बनाएँ और उस आयोग के द्वारा मिथलांचल और उत्तर बिहार में बाढ़ और अकाल से निदान के लिए एक बड़ी योजना बनाई जाए और उसके आधार पर काम किया जाए। उसमें नेपाल सरकार से भी समझौता किया जाए।

अगर इतना कर दिया जाएगा तो आनेवाले समय में हमारे बच्चे रोएँगे नहीं।

कखन हरब दुःख मोर हे भोला बाबा,
कखन हरब दुःख मोर,
दुःख ही जन्म भेल, दुःख ही गमाओल,
सुख सपनेहुं नहीं भेल,
हे भोला बाबा, कखन हरब मोर।

ये गाते-गाते रोते आए हैं, उससे निदान होगा। धन्यवाद।

(31 जुलाई, 2014)

□

बजट पर सामान्य चर्चा

श्री हुक्मदेव नारायण यादव (मधुबनी) : सभापति महोदय, मैं बिहार के मधुबनी संसदीय क्षेत्र से आता हूँ, जो नदियों के जाल से घिरा हुआ क्षेत्र है, बाढ़ से हर साल परेशान होनेवाला क्षेत्र है। हमारे वहाँ की भाषा मैथिली है। मैं श्रीमान अटल बिहारी वाजपेयीजी का आज इस सदन में खड़ा होकर मिथिलांचल के करोड़ों लोगों की तरफ से हृदय से आभार प्रकट करता हूँ कि उन्होंने मैथिली भाषा को अष्टम सूची में स्थान देकर हमारा सम्मान किया था। श्री अटल बिहारी वाजपेयीजी के समय में मिथिलांचल में फोर लेन की सड़कें बनी थीं, द्वारिका से लेकर कोहिमा तक एक्सप्रेस हाईवे का निर्माण किया गया था, कोसी में पुल बना था। सभी छोटी रेल लाइन को उन्होंने बड़ी रेल लाइन में कन्वर्ट किया था। कुल 1100 किलोमीटर सड़कें एन.एच. की स्वीकृत हुई थीं, उसमें से सात सौ किलोमीटर उन्होंने केवल मिथिलांचल के लिए दिया था, इसके लिए भी मैं उनके प्रति हृदय से आभार प्रकट करता हूँ, हृदय से अभिनंदन करता हूँ।

महोदय, आजादी के इतने दिनों के बाद भी मिथिलांचल पिछड़ा रहा। मैं उस समय संघ का स्वयं सेवक होने के साथ-साथ समाजवादी आंदोलन में डॉ. लोहिया और कर्पूरी ठाकुर के नेतृत्व में कांग्रेस के खिलाफ संघर्ष करता रहा। 1960 में ग्राम पंचायत का प्रधान बना, 1967 में जब विधायक बना, तब से 1977 में लोकसभा में आने तक 10 वर्षों में से पाँच वर्ष मुझे कांग्रेसी राज की जेल में सड़ाया गया। वह दिन भी याद है, जब सात फीट चौड़ी और 11 फीट लंबी कोठरी में हम लोगों को बंद करके खतरनाक बंदी की हैसियत से रखा जाता था। एक घड़ा पानी और एक गमला दिया जाता था। क्या अपराध था, यही कि हम गाँव की बात करते थे, किसान की बात करते थे, गरीब की बात करते थे, पिछड़ों की बात करते थे, निर्धन, निर्बल, उपेक्षित, पीड़ित, प्रताड़ित, वंचित लोगों को अधिकार दिलाने की बात करते

थे, जिसके कारण कांग्रेस के राज में हम लोगों को जेल में बंद किया जाता था। रोम-रोम से आज भी वह ज्वाला भड़कती है। अभी कुछ नहीं हुआ है, हमारे गुरु डॉ. लोहिया ने 1967 में नारा दिया था, पंडित दीनदयाल उपाध्याय के साथ मिलकर गैर कांग्रेसवाद की एक योजना बनी थी। तब उन्होंने नारा दिया था—'कांग्रेस हटाओ, देश बचाओ'। वह सपना अधूरा था, परंतु जब नरेंद्र मोदीजी बोल रहे थे तो उन्होंने गांधी, लोहिया और दीनदयाल का नाम लिया था। मैं लोहियावादियों की तरफ से तथा देश के गरीबों, मजदूरों, किसानों, पीड़ितों की तरफ से उनका अभिनंदन करता हूँ कि उन्होंने गांधी, लोहिया, दीनदयाल तीन महान् राजनीतिक गुरुओं का नाम लिया था, उनके आदर्शों पर भारत के निर्माण का संकल्प लिया।

सभापतिजी, मैं आपसे फिर निवेदन करना चाहूँगा, आज प्रधानमंत्रीजी विदेश में हैं, वे ब्राजील में ब्रिक्स की मीटिंग में गए हैं, उन्होंने नए भारत का जो सपना देखा था, मैं इस संसद् से खड़ा होकर विदेश में बैठे प्रधानमंत्रीजी का हृदय से अभिनंदन करता हूँ और उन्हें धन्यवाद देता हूँ, जिन्होंने ब्रिक्स के सम्मेलन में भारत के यश की विजय पताका दुनिया में फहराने का काम किया है। इससे विश्वास होता है कि नरेंद्र मोदीजी के नेतृत्व में भारत विश्व की एक महान् शक्ति के रूप में खड़ा होनेवाला है। बैंक शंघाई में बनेगा, लेकिन उसका प्रथम सीईओ भारतीय बनेगा। यह सम्मान भारतीयों को मिला है और इस सम्मान के लिए हर भारतीय की छाती गर्व से फूल जानी चाहिए। मैं आपसे प्रार्थना करना चाहूँगा और इन कांग्रेस के लोगों को सुनाना चाहूँगा कि माननीय ज्योतिरादित्यजी कांग्रेस के नए उदीयमान नेता हैं। उनके पिताजी भी मेरे साथ सदस्य थे। तब भी वह मेरी बात को सुनते थे। उस दिन वह कांग्रेस की तरफ से बहस का प्रारंभ करके आँकड़े दे रहे थे। सभापतिजी आँकड़े सुनते-सुनते मेरे 74 वर्ष गुजर गए, उससे देश के लिए क्या निकला—3 में 13 डालो, 13 में 15 डालो, 15 में 18 डालो, 18 से 27 निकालो, 27 में 22 डालो, यह हिसाब सुनते-सुनते इस देश के पिछड़े, निर्बल किसानों और मजदूरों को क्या मिला है? हम अपनी जवानी के दिनों में जेल में बंद होकर गाते थे। आज भी वही गीत हम गाते हैं और आज भी खेत में किसान, मजदूर, पिछड़े और दलित जब काम करते हैं तो वे राष्ट्र के निर्माण के लिए काम करते हैं।

तब भी हम कहते थे—'धूप-ताप में मेहनत करते, बच्चे तड़प-तड़प कर मरते, फिर भी पेट नहीं है भरता, जीवन कटता रो-रोकर, हम चलो बसाएँ नया नगर।' हम तो नया नगर बनानेवाले गरीब, निर्धन, निर्बल हैं, नए हिंदुस्तान को बनाने

का सपना देखा था। कांग्रेसमुक्त भारत बनाने का सपना देखा था। मैं हिंदुस्तान के किसानों, मजदूरों, गरीबों, पिछड़ों, दलितों, निर्धनों, निर्बलों, उपहासित और उपेक्षित लोगों का हृदय से आभार प्रकट करना चाहता हूँ, जिन्होंने इस बार उस सपने को पूरा किया है और नरेंद्र मोदी के नेतृत्व में कांग्रेसमुक्त भारत बनाने का जो संकल्प लिया है, वह संकल्प आगे बढ़ेगा और पूरा होगा। हम भी पाँच वर्ष उस तरफ बैठे थे। यहाँ से वे बोल रहे हैं। इससे पहले पाँच वर्ष हम वहीं बैठे थे, दूसरी बेंच पर, मेरा डिविजन नंबर 462 था। उस समय हमारे दल से प्रतिपक्ष की नेता सुषमा स्वराज थीं। उनके सफल नेतृत्व में हम विरोधी दल के आचरण का निर्वाह कर रहे थे। इस संसद् में विरोधी दल के एक नए इतिहास का निर्माण किया था। आज नरेंद्र मोदीजी के नेतृत्व में सत्ता पक्ष में हैं। इसलिए मैं आपसे प्रार्थना करूँगा कि तब भी कांग्रेसवालों को सुनाया करता था। ये समाजवाद की बात करते हैं। ये समता की बात करेंगे। ये क्या-क्या बात करेंगे?

उहरहि अंत न होई निबाहूँ,
कालनेमि जिवि रावण राहू

रावण ने भी तपस्वी बनकर सीता माता का हरण किया था। कालनेमि भी साधु बनकर हनुमान के मार्ग को रोकने गया था, लेकिन वह पकड़ में आ गया। उनके परदे उठ गए। आपके परदे भी उठ चुके हैं। अब थोड़ा बाकी है। जब वह पूरा उठेगा, तो आप कहाँ रहोगे, वह भगवान् जाने, वह ईश्वर को पता होगा, मुझे तो पता नहीं है, लेकिन मैं जानता हूँ कि जिसके लिए मैं इतने दिनों तक लड़ा हूँ, मैं उस दिन को देखना चाहता हूँ कि सदन में कांग्रेस नाम की कोई चीज न रहे, कोई पार्टी न बैठे और उनकी तरफ से कोई सदस्य न रहे। ऐसे भारत का हम सपना देखते हैं। उस संकल्प को हम पूरा करना चाहते हैं। वह दिन आनेवाला है। वह इस देश की जनता करेगी। नौजवान करेंगे। जब हम आपके खिलाफ लड़ते थे तो उनका आह्वान करते थे—

"आओ श्रमिक, कृषक मजदूरों,
इनकलाब का नारा दो।
शिक्षक, गुरुजन, बुद्धिजीवियों,
अनुभव भरा सहारा दो।
तब देखें कांग्रेसी सत्ता,
कितनी बर्बर और बौराई है।

तिलक लगाने तुम्हें जवानों,
क्रांति द्वार पर आई है।"

हम तो वह जमाना पार करके आए हैं। इसी सदन में डॉ. लोहिया ने 16 मार्च, 1965 को कहा था, मैंने वहाँ से भी सुनाया था। आप जिस समय सत्ता में थे, उस समय डॉ. लोहिया ने आपको सुनाया था, लेकिन क्या आपने उस बात पर ध्यान दिया था? हमारे बहुत साथी समाजवाद की बात करते हैं। लोहिया की बात करते हैं, उनके गीत गाते हैं, लेकिन उनके दर्शन को समझ नहीं पाए हैं। इस सदन में उन्होंने कहा था कि भारत की दृष्टि क्या हो, दिशा क्या हो, संकल्प क्या हो, राह क्या हो? उन्होंने एक मार्गदर्शक का काम किया था, जिसको मैं आज पढ़कर अपने सदस्यों को थोड़ा सुनाना चाहता हूँ, जो उनको समझ लें। समाजवाद हर किसी अन्य सिद्धांत की तरह एक होता है थोक, एक होता है फुटकर। एक होता है सगुण, एक होता है निर्गुण। एक होता है सिद्धांत, एक होता है कार्यक्रम। समाजवाद से कोई एक सीढ़ी नीचे उतरो, उस सीढ़ी का नाम है बराबरी। उस बराबरी से एक सीढ़ी और नीचे उतरो, आर्थिक बराबरी, सामाजिक बराबरी, राजकीय बराबरी, धार्मिक बराबरी। उससे एक सीढ़ी नीचे उतरो, तब उसके बाद आएगी समता, संपूर्ण समता, संभव समता। एक सीढ़ी नीचे उतरो, तब होगा अधिकतम और न्यूनतम का सीमा लगाव। यह है भारत का दर्शन! अगर इसके आधार पर भारत का निर्माण हुआ होता तो आज भारत में गरीबी नहीं रहती, निर्धनता नहीं रहती, अशिक्षा नहीं रहती। गाँव नर्क नहीं रहता। हरियाणा और पंजाब जैसे आस-पास के कुछ राज्य हैं, वहाँ के गाँवों से हमारे गाँवों की तुलना मत करो।

सभापति महोदय, कभी किसी को अगर मेरे गाँव में रहना पड़ा होगा, तो उस दर्द को जानता होगा, जब तीन महीने पानी में खड़े रहते हैं। हमारे घर के मर्द क्या, औरतें भी घुटने भर पानी में शौच को जाती हैं। उस हिंदुस्तान को हमने देखा है। उस नर्क की जिंदगी को हमने जिया है। नर्क की जिंदगी जिलानेवाले कौन हैं? आप हैं। आपने भारत के गाँव के किसान को, मजदूर को नर्क की जिंदगी में बंद रखा। कीड़े-मकोड़े के जैसे रखा। आपने उनको जानवर से भी बदतर बनाकर रखा।

आज उसके जीवन में एक नए संकल्प, एक नए दिन की संभावना है, उसके मन में एक आशा जगी है। नरेंद्र मोदी ने उनको एक संभावना दिखाई है कि आओ मेरे साथ, तुम्हें एक नया देश बनाकर देंगे, एक नया संकल्प बनाएँगे, एक नए देश में तुम्हें खुशहाली देंगे, रोटी-कपड़ा और मकान देंगे, इज्जत देंगे। वह सब इस बजट

में है। इस बजट में क्या नहीं है ? मैं हिंदुस्तान के गरीब, किसान के नाते इस बजट का समर्थन करता हूँ। मैं इसका समर्थन इस नाते नहीं करता हूँ कि मैं सत्ताधारी पार्टी का सदस्य हूँ। मैं इसका इसलिए समर्थन करता हूँ कि मैं अपने जीवन में जिसके लिए लड़ता आया, उसकी रोशनी इस बजट में दिखाई पड़ रही है और एक नई किरण दिखाई पड़ी है कि नए भारत का निर्माण होनेवाला है। इस बजट में क्या नहीं है ? आदरणीय जेटलीजी आ गए हैं, मैं इनकी योग्यता, विद्वत्ता, प्रतिभा, क्षमता को नमस्कार करता हूँ, लेकिन मैं इनसे प्रार्थना करूँगा, पहले आया था कि एक रुपए में 33 पैसे कम, पिछली बार आया 27 पैसे कम, इस बार आया है 24 पैसा कम, मैं कहता हूँ कि इस कम से भारत को कभी मुक्ति मिलेगी या नहीं? इससे मुक्ति मिलेगी, अगर भारत संकल्प करे, तब मुक्ति मिलेगी।

किसान विकास पत्र है। किसान विकास पत्र के लिए एक नियम बना दिया जाए। मैं उसमें अपने को भी ऑफर करता हूँ कि इस देश का हर आदमी, जो सरकारी खजाने से वेतन, भत्ता उठाता है, वह अपने वेतन, भत्ते का एक-चौथाई किसान विकास पत्र में लगाएगा और 20 वर्ष तक उसके पैसे उसमें लगे रहेंगे, 20 वर्ष के बाद वह पैसा वापस होगा। ऐसा करने से इतना धन आएगा कि हिंदुस्तान का गाँव स्वर्ग बन जाएगा। हम ऐसा कर सकते हैं।

महोदय, मैं आपसे प्रार्थना करता हूँ कि मैं एक बात और सुनाकर दो मिनट में अपनी बात समाप्त करूँगा। हमारे बहुत साथी इसमें आते हैं, वे बड़ी-बड़ी बातें सुनाते हैं, लेकिन जब भारत के स स्कृतिक राष्ट्रवाद और प्रखर हिंदुत्व की बात आती है तो उनको बड़ी पीड़ा होती है। ये संघ के दर्शन नहीं हैं, ये किसी भा.ज.पा. के नेता के नहीं हैं। इसी संसद् में डॉ. लोहिया ने भारत के इतिहास की आलोचना करते हुए कहा था, "समन्वय दो तरह का होता है, एक दास भाव का समन्वय, एक स्वामी भाव का समन्वय। पिछले हजार बरस के इतिहास से हिंदुस्तान ने स्वामी भाव का समन्वय नहीं सीखा है। यह एक दास भाव का समन्वय रहा है। इस संबंध में मैं खाली परदेशियों को ही दोष नहीं देता, उनके सबब से जितने भी इतिहासकार हैं, वे सभी जहर से बिल्कुल धुल जाते हैं। आज भारत में दो इतिहास के स्कूल हैं। एक डॉ. ताराचंद और एक डॉ. मजूमदार, ये दोनों इसी समन्वय धारा के हैं, विशेषता की धारा के हैं। भारत क्या है, इसको भूलकर भारत के जो विभिन्न अंग हैं, उनकी तरफ निगाह चली जाती है। दास भाव का समन्वय बड़े, हम उठते हैं और कहते हैं कि हमने सांस्कृतिक समन्वय किया है। हमने सभी धर्मों के साथ समन्वय किया है।

डॉ. लोहिया ने कहा कि भारत में अगर हमने दूसरे धर्मों के साथ सांस्कृतिक समन्वय किया है तो दास बनकर समन्वय किया है, हमने स्वामी बनकर समन्वय नहीं किया है। भारत में स्वामी भाव से समन्वय की धारा चलनी चाहिए, तब कहीं जाकर भारत का स्वाभिमान जगेगा, भारत की आशा-पूर्ति होगी। इसलिए मैं निवेदन करूँगा कि इस पर भी ध्यान देना चाहिए।

अंत में मैं वित्त मंत्रीजी से प्रार्थना करूँगा कि मैं पिछड़ा हूँ, पिछड़ों के लिए अगर न माँगूँ तो मेरे लिए माँगेगा कौन? अपने लिए मैं न माँगूँ, दूसरा कोई माँगे नहीं, अपने लिए माँगने में संकोच कर जाऊँ, तो फिर पाऊँगा नहीं। इसलिए मैं कहता हूँ कि भारत के केंद्रीय सचिवालय में एक भी पिछड़ी जाति और दलित जाति का सचिव नहीं है। ऐसा क्यों है, क्यों नहीं है इतने दिनों में? ये बड़ी डींग मारते हैं कि इन्होंने बहुत दिया। आज भारत सरकार के केंद्रीय सचिवालय में पिछड़ी और दलित जाति का एक भी सचिव नहीं है। आज भी बैंक के डायरेक्टर बनते हैं, उस बैंक के डायरेक्टर में 14-15 डायरेक्टर होते हैं, उसमें एक भी पिछड़ा और दलित नहीं होता है। जितने अधिवक्ता बनाए जाते हैं, उनमें पिछड़ों और दलितों को स्थान नहीं दिया जाता। मैं अपनी बात को समाप्त करते हुए प्रार्थना करूँगा, हिंदुस्तान के उन करोड़ों, दलितों, पिछड़ों की तरफ से मैं वित्त मंत्रीजी से प्रार्थना करूँगा कि नरेंद्र मोदी आए हैं, नया भारत बनाएँगे, इनके आने से देश भर के पिछड़ों में एक आशा जगी कि हिंदुस्तान में पहला निर्धन, निर्बल, अति पिछड़ों का बेटा भारत का प्रधानमंत्री बनेगा, वह गद्दी पर आएगा और मेरे लिए कुछ करके जाएगा।

आपसे मेरी विनम्र प्रार्थना है कि भारत की नौकरियों में, भारत के विश्वविद्यालयों में, भारत के सचिवालयों में, भारत के आयोगों में, भारत के हर बोर्ड में, भारत की अंडरटेकिंग्ज में पिछड़े और दलित समाज का प्रतिनिधि होना चाहिए—डायरेक्टर होना चाहिए, चेयरमैन होना चाहिए, जिससे उनको सम्मान मिले। आशा है कि इन सबकी पूर्ति होगी। धन्यवाद।

(17 अप्रैल, 2014)

□

शून्यकाल

श्री हुक्मदेव नारायण यादव (मधुबनी) : सभापति महोदय, मैं जिस इलाके से आता हूँ, उस मिथिलांचल में मधुबनी और दरभंगा में सुखाड़ से बहुत लोग पीड़ित हैं। एकमात्र वहाँ सिंचाई का साधन पश्चिमी कोसी नहर है, जिससे सिंचाई करके वे खेती आबाद कर सकते थे। उस पश्चिमी कोसी नहर में साइफन काफी संख्या में टूट गया है, क्योंकि गलत जगह पर सुलिस गेट बना हुआ है। इस कारण खेत तक पानी नहीं जा पाता है। उसके अंदर रेखांकन गलत है, इसलिए उस रेखांकन में सुधार किया जाए और सुलिस गेट को सही बनाया जाए, टूटे हुए साइफन की जगह फिर से साइफन बनाया जाए। मधुबनी और दरभंगा की सभी नहरों में भरपूर पानी दिया जाए, जिससे वहाँ के किसान पानी से लाभ उठा सकें। इसलिए नहरों को जल्द-से-जल्द पूरा किया जाए, यही हमारी माँग भारत सरकार के जल संसाधन मंत्री से है, और यह भी आग्रह है कि भारत सरकार वहाँ एक विशेष टीम भेजकर पश्चिमी कोसी नहर के सभी कामों की फिर से समीक्षा करके पुनर्प्राक्कलन बनाया जाए।

(8 अगस्त, 2014)

□

प्रश्नकाल

श्री हुक्मदेव नारायण यादव (मधुबनी) : अध्यक्ष महोदया, दूध की रखवाली बिल्ली नहीं कर सकती है।

अध्यक्ष महोदया, एक तरफ मंत्रीजी रोजगार देने की बात करते हैं, दूसरी तरफ अनुसूचित जाति, जनजाति और पिछड़े वर्ग के लिए जो आरक्षण है, उसके अंतर्गत ही उनको अपना जायज हिस्सा नहीं मिल रहा है, तो दूसरे रोजगार कहाँ से दिला पाएँगे? इसलिए मैं सरकार से कहना चाहता हूँ कि नए रोजगार दिलाने के साथ-साथ उनको जो असली रोजगार के संविधान के तहत अधिकार प्राप्त हैं, अगर वही, अनुसूचित जाति, जनजाति और पिछड़े वर्ग के लोगों को उनके लिए किए गए आरक्षण के अनुसार सभी जगह भरती कर दिया जाए, तो बहुत बड़ा कल्याण कर देंगे।

श्री थावर चंद गहलोत : अध्यक्ष महोदया, वैसे इस प्रश्न का भी सीधा संबंध मेरे विभाग से नहीं है, परंतु मैं माननीय सदस्य को आश्वस्त करता हूँ कि मैं संबंधित विभागों के साथ एवं मेरे विभाग के साथ विचार-विमर्श करके, जो रिक्त स्थान हैं और आरक्षित पदों को भरने का उनका हक है, उनको भरने का प्रयास करेंगे।

(5 अगस्त, 2014)

□

शून्यकाल

श्री हुक्मदेव नारायण यादव (मधुबनी) : माननीय सभापति, बिहार के मिथलांचल में एन.एच. 104 और 105 दोनों सड़कों की हालत जर्जर है। इसके अलावा 101, 102, 103, 104, 105, 106 और 107 सड़कें भी हैं, इनका नाम मैंने इसलिए लिया, क्योंकि जिस समय मैं माननीय अटलजी की सरकार में मंत्री था, उस समय इन सड़कों को अनुमति दी गई थी। सड़क 104 और 105 की हालत बहुत खराब है। यह नहीं पता चलता कि गड्ढे में सड़क है या सड़क में गड्ढा है, कब गाड़ी उलट जाए, पता ही नहीं चलता। इस तरह कितनी दुर्घटनाएँ हो जाती हैं। ठेकेदार ने काम लिया हुआ है, लेकिन तीन साल से काम नहीं कर रहा है। उस ठेकेदार के खिलाफ काररवाई की जाए, उसका नाम काली सूची में दर्ज किया जाए, उसकी सिक्योरिटी जब्त की जाए। मेरी माँग है कि प्रिवेंशन ऑफ डेमेज टू पब्लिक प्रॉपर्टी ऐक्ट के तहत उस ठेकेदार के खिलाफ काररवाई की जाए। इसी से जुड़ा एक और विषय है कि उत्तर और दक्षिण बिहार को जोड़नेवाला पटना में गांधी सेतु और सिमरिया में राजेंद्र सेतु दो पुल बने हैं, इनकी हालत जर्जर है। दोनों पर भारी वाहनों का चलना मना कर दिया गया है। दक्षिण बिहार से बालू, सड़क या मकान बनाने के मैटीरियल लोहा, सीमेंट आदि जाते हैं। बड़े ट्रकों का जाना मना कर दिया गया है, इसलिए उत्तर बिहार में निर्माण कार्यों के लिए हाहाकार मचा हुआ है, क्योंकि सड़क और मकान नहीं बन पा रहे हैं। हम 2001 से आवाज उठाते रहे, लेकिन वैकल्पिक पुल नहीं बनाया गया। मेरी माँग है कि गंगा पर दूसरा पुल बनाया जाए, राजेंद्र पुल की बगल में पुल बनाया जाए। उत्तर और दक्षिण बिहार के बीच जो व्यवधान आया है, उसे शीघ्र समाप्त किया जाए।

(16 जुलाई, 2014)

□

आर्थिक आरक्षण के फायदे

माननीय अध्यक्ष : श्री हुक्मदेव नारायणजी, I am sorry, मैं आप जैसे सीनियर माननीय सांसद को बोलने के लिए दो-तीन मिनट का समय दे पा रही हूँ। आप इतने समय में अपनी बात कहने के लिए सक्षम हैं।

श्री हुक्मदेव नारायण यादव (मधुबनी) : अध्यक्ष महोदया, मैं जिन बातों के लिए जीवन भर लड़ता आया हूँ, आज वह सपना पूरा हुआ है। समाजवादी आंदोलन में हमारे ऊँची जाति के लोग, आज मैं जिनको स्मरण करता हूँ, डॉ. वैद्यनाथ झा, डॉ. शिवचंद्र झा, दिगंबर ठाकुर, भगीरथ झा, जब ये लोग हमारे साथ समाजवादी आंदोलन में चलते थे और कहते थे कि 'डॉ. लोहिया बाँधी गाँठ, पिछड़ा पावे सौ में सात'। उस समय जब मैं उनके घर पर जाता था, वे साधारण परिवार के गरीब लोग थे। वे मुझे कहते थे कि कभी आप लोगों का राज आएगा तो ऊँची जाति, ब्राह्मण के भी गरीब बच्चे हैं, उनके लिए भी सोचिएगा। उनके मन में एक अरमान था कि कभी पिछड़ी जाति का ऐसा आदमी सत्ता में आएगा, जो संपूर्ण समाज के समग्र विकास के लिए सोचेगा और उस दिन ऊँची जाति के गरीबों के भी बच्चों के अरमान को पूरा करेगा, मैं सोचता हूँ कि वह दिन आ गया।

बिहार में रामानंद तिवारी, कपिलदेव सिंह, श्रीकृष्ण सिंह, सच्चिदानंद सिंह, जब ये लोग कर्पूरी ठाकुर के नेतृत्व में लड़ते थे।...(व्यवधान) मैं जानता हूँ कि जब बाबू सत्येंद्र नारायण सिंह के साथ वर्ष 1977 में कर्पूरी ठाकुरजी के नेतृत्व का संघर्ष हुआ था तो उस समय मेरी पार्टी में, जनता पार्टी में 33 राजपूत थे, उनमें से 17 राजपूतों ने कर्पूरी ठाकुर का समर्थन किया था, बाबू सत्येंद्र नारायण सिंह का समर्थन नहीं किया था। क्या उनका अरमान नहीं था? इसलिए जब वर्ष 1977 में कर्पूरी ठाकुर ने 26 प्रतिशत आरक्षण दिया तो उन्होंने दिया 12 प्रतिशत पिछड़ा एनेक्सचर-वन, आठ प्रतिशत एनेक्सचर-टू, तीन प्रतिशत महिला, तीन

प्रतिशत आर्थिक दृष्टिकोण से गरीब के लिए, उन्होंने शुरुआत की थी, आज बढ़ते-बढ़ते, हम यहाँ तक आए हैं। पिछड़ा वर्ग कमीशन का सवाल आया, इतने दिनों नहीं हुआ, उसे जाने दीजिए, लेकिन मुझे लोग कहते थे कि भारतीय जनता पार्टी कभी पिछड़ा वर्ग राष्ट्रीय आयोग को संवैधानिक दर्जा दे पाएगी? यह ऊँची जातिवालों की पार्टी है, यह कभी ऐसा करेंगे? लेकिन पिछड़ा वर्ग आयोग को राष्ट्रीय आयोग का संवैधानिक दर्जा दिया गया, तो उसके पास करने के समय में भाई राजनाथ सिंह, सुषमा स्वराजजी, आडवाणीजी, गडकरीजी, कलराज मिश्रजी बैठे हैं। इन सभी ऊँची जाति के लोगों ने जब पिछड़ा वर्ग आयोग को राष्ट्रीय आयोग का दर्जा दिया, तो क्या पिछड़े वर्ग के लिए इनकी कुरबानी नहीं है? क्या इनकी इस कुरबानी को भूल जाएँगे? मैं केवल इतना ही कहना चाहता हूँ कि देश में दो विचारधाराओं का द्वंद्व रहा है। चाहे वह सवर्ण हो, चाहे अवर्ण हो, चाहे कुवर्ण हो, चाहे पिछड़ा हो, चाहे दलित हो—एक धारा कट्टरपंथी है और एक धारा उदारवादी है। वाल्मीकि से लेकर समाजवादी आंदोलन की विचारधारा को देख लीजिए। आज भारतीय जनता पार्टी में राजनाथ सिंहजी से लेकर सुषमा स्वराज तक उसी वाल्मीकि उदारपंथी धारा के प्रतिपोषक हैं, इसलिए मैं इन सभी को धन्यवाद देता हूँ। श्री नरेंद्र मोदी पिछड़े वर्ग के हैं, वे इस आरक्षण को लाए हैं। कर्पूरी ठाकुरजी के नेतृत्व में जब ऊँची जाति के साथी मुझे कंधे पर उठाकर नेता बना रहे थे, आज सदन में गरजनेवाले लोगों का जन्म भी नहीं हुआ था। हमने क्या-क्या नहीं भोगा और उसे भोगते हुए यहाँ तक आए हैं, हमने सब देखा। अभी धर्मेंद्रजी बोल रहे थे। क्या वे भूल जाते हैं कि मुलायम सिंहजी और अखिलेश को बनाने में जनेश्वर मिश्र का क्या इनके पसीने से कम योगदान है, बृजभूषण तिवारी का कम योगदान है, मोहन सिंह का कम योगदान है, राज नारायण का कम योगदान है? आप उनको धन्यवाद दो। ऊँची जाति के लोगों को डॉ. लोहिया ने कहा था कि आप नमक बन जाओ, खाद बन जाओ, तब आपके इस नमक पर, आपकी खाद पर पिछड़े और दलित के कमल खिलेंगे। उन्होंने खाद बनने का काम किया, पसीना बहाने का काम किया, परिश्रम देने का काम किया। आज पिछड़े दलित के हाथ में सत्ता आई है, तो ऊँची जाति के गरीब बेटे की आँख के आँसू नहीं पोंछोगे, तो यह राजनीतिक पाप होगा। मैं आपसे प्रार्थना करता हूँ कि उदार बनकर सोचो।

महोदया, कट्टरपंथी धारा का मैं हमेशा विरोधी रहा हूँ। कट्टरपंथी कोई

भी धारा हो, चाहे सांप्रदायिक हो, धार्मिक हो, चाहे राजनीतिक हो, कट्टरपंथी जात-पाँत की धारा से मैं लड़ते आया हूँ। यदि मैं नहीं लड़ता तो हुक्मदेव नारायण यादव भारतीय जनता पार्टी में क्यों आता ? मेरी लड़ाई इसी बात की थी और आज भी लड़ाई है। जीवन के अंतिम क्षण तक कट्टरवाद के विरुद्ध मैं लड़ता आया हूँ और जीवन के अंतिम क्षण तक लड़ूँगा। भारत ने हमेशा उदारवादी धारा का समर्थन किया है और माना है। आज यह विधेयक सामाजिक समरसता लाने में ऊँच-नीच का भेद मिटाने का काम कर रहा है।

अंत में, मैं कहूँगा कि सुषमा स्वराजजी एक समय लीडर ऑफ अपोजिशन थीं। राजनाथजी, आडवाणीजी आगे बैठते थे। मैं दूसरी पंक्ति में बैठता था। महिला आरक्षण विधेयक आया था। गोपीनाथ मुंडेजी के नेतृत्व में हम पिछड़ों ने भाजपा में कहा था कि आरक्षण स्वीकार है, लेकिन महिला आरक्षण में पिछड़े और दलित के लिए भी आरक्षण का प्रावधान होना चाहिए। माननीय आडवाणीजी ने अपने घर पर सबको बुलाया। पार्टी में सहमति बनी कि उस विधेयक में इन्हें आरक्षण मिलना चाहिए। लेकिन जब भी हम पिछड़ा वर्ग की बात करते थे, तो कांग्रेस पार्टी उसमें अड़ंगा लगा देती थी कि इसमें अल्पसंख्यक भी घुसाओ। पता नहीं इनकी पिछड़ों से क्या दुश्मनी है, मुझे समझ में नहीं आया। मैं कांग्रेस पार्टी से पूछना चाहता हूँ कि इन्होंने अखिल भारतीय स्तर पर पिछड़ी जाति का एक भी नेता पैदा किया है तो बताएँ या प्रादेशिक स्तर पर भी पैदा किया हो तो बताएँ? आपने पिछड़ी जाति का इसलिए विरोध किया कि गैर-कांग्रेसवाद की राजनीति का विरोध करनेवाला सबसे अग्रिम पंक्ति में पिछड़ी जाति का था। मुनियप्पाजी, हाथ उठाओ। पीछे-पीछे ढोल बजानेवाले की गिनती नहीं होती है। गिनती उसकी होती है, जो आगे चलता है। आगे कौन था और आपको क्या मिला ? मैं अपनी वाणी को विराम देते हुए आज हिंदुस्तान में इस लोकसभा टीवी पर, जहाँ करोड़ों लोग देख रहे है, पिछड़े देख रहे हैं, दलित देख रहे हैं, सवर्ण देख रहे हैं और सभी सुन रहे हैं, मैं उन सभी से हाथ जोड़कर प्रार्थना करता हूँ कि आओ, श्री नरेंद्र मोदी ने जिस उदारवाद की धारा बहाई है, उस उदारता को लेकर चलो। 'सबका साथ सबका विकास' अपनाओ। अगर 'उज्ज्वला योजना' में गैस कनेक्शन बाँटा गया, तो सबसे ज्यादा पिछड़ों को, दलितों को, अनुसूचित जाति के लोगों को, मुसलिमों को बाँटा गया। उसमें कहाँ विवाद है ? इसलिए जितनी भी सरकार की योजनाएँ हैं, वे सभी गरीबोन्मुखी हैं, झोंपड़ीवालों के लिए हैं, गरीब के लिए हैं, निर्धन के लिए

हैं, निर्बल के लिए हैं। आज ऊँची जाति के निर्धन और निर्बल के लिए आरक्षण का विधेयक आया है, मैं उसका समर्थन करता हूँ, स्वागत करता हूँ और देश के करोड़ों नौजवानों को कहता हूँ कि उठो—नए भारत के निर्माण के लिए एक नए सूरज का उदय हुआ है। नरेंद्र मोदीजी के नेतृत्व में इस सूरज का अभिनंदन करो और इस समाज में सभी को मिलाकर आगे बढ़ो।

(8 जनवरी, 2019)

□□□